本书为河北省社会科学基金项目(HB15LS004)成果

《汉书·艺文志》与汉代学术形态

杨新宾　著

燕山大学出版社
YANSHAN UNIVERSITY PRESS
·秦皇岛·

图书在版编目（CIP）数据

《汉书·艺文志》与汉代学术形态 / 杨新宾著. —
2版. — 秦皇岛：燕山大学出版社，2018.6（2019.5重印）
ISBN 978-7-81142-639-7

Ⅰ. ①汉… Ⅱ. ①杨… Ⅲ. ①《汉书艺文志》—研究
Ⅳ. ①Z812.34

中国版本图书馆CIP数据核字（2018）第115111号

《汉书·艺文志》与汉代学术形态

杨新宾　著

出 版 人：陈　玉
责任编辑：柯亚莉
封面设计：吴　波
出版发行：燕山大学出版社 YANSHAN UNIVERSITY PRESS
地　　址：河北省秦皇岛市河北大街西段438号
邮政编码：066004
电　　话：0335-8387555
排　　版：中国标准出版社秦皇岛印刷厂
印　　刷：北京建宏印刷有限公司
经　　销：全国新华书店

开　　本：700mm×1000mm　1/16　　印　　张：14.75　　字　　数：240千字
版　　次：2018年6月第2版　　印　　次：2019年5月第2次印刷
书　　号：ISBN 978-7-81142-639-7
定　　价：45.00元

序　言

杨新宾同志的专著《〈汉书・艺文志〉与汉代学术形态》，在认真修改、不断完善的基础上，即将付梓出版了。作为新宾的老师，我当然是非常欣慰，不胜喜悦，感到由衷的自豪，并致以诚挚的祝贺！承蒙新宾不弃，嘱我援笔为他的专著作序，我觉得这是信任，更是责任，义不容辞，责无旁贷。遂不揣谫陋，聊述几言。

近些年来，“国学热”方兴未艾，如火如荼，成为一个非常显著的文化现象。“国学热”的兴起，其原因当然是多种多样的，不过，其深层次的根源，毫无疑问与我们的国家在新世纪全面崛起密切相关，是中国在世界舞台上闪耀亮相的重要标志之一。换言之，在我们与其他国家和民族对话的时候，必须有自由而坚实的平台和载体，要在传播自己的思想、展现自己的文化之时赢得最广大的认同，即找到文化的“最大公约数”。这样也可以使对方最大程度地了解我们，减少误解，同时我们也要对西方有所了解，这就是文化的作用。国学就在此时扮演了重要的角色，即所谓“各美其美，美人之美，美美与共，天下大同”。

今天的人们呼吁重归传统、倡导弘扬国学，这当然值得赞许，应该肯定。然而，当激情渐渐消退，理性终占上风之时，我们是否该扪心自问：我们究竟要回归哪个传统？我们到底是弘扬哪种国学？是回到明清，还是唐宋？抑或秦汉，甚至先秦？是依据《隋书·经籍志》所最终确定的经史子集的四部之学，还是复振《汉书·艺文志》所系统构建的六艺、诸子、诗赋等六略之学？是回归以经典传承为中心的诗、书、礼、乐、易、春秋的“六艺”呢，还是回归以全人培养为宗旨的礼、乐、书、数、射、御的“六艺”？

要对这些问题作出比较科学的回答，就需要我们回归经典，回归学术，考镜源流，辨章学术，发隐烛微，提玄钩要。而重点关注与深入研究《汉书·艺文志》，毫无疑问，就是实现这个目标的必有之义、必由之途。

众所周知，《汉书·艺文志》在中国学术发展史上具有提纲挈领、举足轻重的地位，它承载了先秦至秦汉学术形态演变的基本脉络，是后世梳理、认知、评判先秦及两汉学术的最重要凭借。因此，还原《汉书·艺文志》形成的历史场景，再现《汉书·艺文志》编排的内在逻辑，梳理《汉书·艺文志》论列学术的基本考量，对把握先秦秦汉的学术文化整体面貌与基本特征具有关键的意义，而后世对先秦秦汉学术若干重大问题的争论，也往往以《汉书·艺文志》为探讨的逻辑起点与根本核心。套用明代兵家茅元仪评论《孙子兵法》的话来说，就是：“前《汉志》者，《汉志》不遗；后《汉志》者，不能遗《汉志》。”

《汉书·艺文志》是《汉书》“十志”之一。它首先是记载“六艺”百家文献的图书总目录，其内容分为《六艺》《诸子》《诗赋》《兵书》《数术》《方技》六略，共收书三十八种，五百九十六家，一万三千二百六十九卷。《汉志》同时又是体现先秦至两汉的学术文化发展总成就、总趋势与总特征的理论总结，因为在叙录书目的同时，《汉志》在每种图书之后均有“小序”，在每一略之后均撰有“总序”，对先秦至两汉的学术文化的源流、嬗变、特色、价值、影响，都有系统的梳理与全面的总结。

我始终认为，图书的目录分类，不能单纯地视为目录学问题，而是学术思想文化发展状态与特征的综合性、集中性体现，即准确折射了其所处时代的“学科建设”面貌与特色。《汉志》身上这一点有尤其明显的反映。所谓的“经、史、子、集”图书四部分类法，是历经荀勖《中经新簿》、阮孝绪《七录》，至《隋书·经籍志》最终确立的。虽说它在目录学史上有重要的地位与价值，但是明显偏重于纯学理的图书分类，与《汉书·艺文志》的目录体系与学术旨趣有显著的差异。稍加分析，我们能发现，在《汉书·艺文志》中，实用之学与理论之学是结合在一起的，“七略”实际上是“六略”。它传承西汉刘向《别录》、其子刘歆《七略》而来，在刘氏父子的学术总结基础上集粹撮要，遂成文献总目和学术渊薮。

第一略“辑略”，即导言、通论；紧接而来的六艺略，就是理论指导，诗、书、礼、乐、春秋、易，即国家的统治思想与文化；诸子略，就是中国的学术思想流派；诗赋略，就是文学艺术作品；兵书略，就是用于指导战争实践的理论及其相应的操作方法；数术略，近似于现代的“理科”；方技略，颇类似于今天学科体系中的“工科”。这些都是属于自然科学范畴的东西，但经史子集里淡化了这些操作性、实践性的东西。这样的图书目录分类，从学科体系构筑上考察，显然更全面、更系统。所以，我们今天认知国学的眼光，不应该局囿于“经、史、子、集”，而理当超越它，回归到《汉书·艺文志》的学科传统中。西周时期的“六艺”，是培养“全人”人格的，德、智、体、美全方位发展，有精神思想的指导——“礼”“乐”，有自然科学知识、文化技能的掌握——“书”“数”，也有军事技能、操作实践能力的培养——“射”“御”。孔子之后的“六艺”却变成了纯粹的经典文献学知识。换言之，我们今天弘扬国学，要真正超越经史子集的传统，回归理论与实践相结合的中国传统学术的原生态。实际上，经史子集就是次生态，原生形态应该是六艺之学，就是从西周的六艺之学，一直延续到班固《汉书·艺文志》的六略之学。

而“六略”之学之所以向“四部”之学嬗递，我有一个大胆的猜测，即除了魏晋门阀制度背景下，史部著述数量由于谱牒学、方志学等发达而剧增等文献积累内容变化的具体原因外，也与中国文化性格特征、价值取向的转型有内在的关系。这种转型，从本质上来概括，就是由“尚武”转向“崇文”，由阳刚转向阴柔，由进取转为守成。在先秦乃至两汉社会中，人们普遍具有“尚武”精神，“执干戈以卫社稷”才是正儿八经的事业，只有孔武有力的武士，才是人群中的精英、社稷的靠山、国家的栋梁，所谓“赳赳武夫，公侯干城”（《诗经·周南·兔罝》），讲的就是这种时代风尚。正如顾颉刚先生所言“吾国古代之士，皆武士也”（《浪口村随笔·武士与文士之蜕化》）。他们是“国士”，地位崇高，万人钦仰：“国士在，且厚，不可当也。”（《左传·成公十六年》）因此，《左传·昭公元年》载郑国贵族徐吾犯之妹择婿时，弃衣冠楚楚"盛饰"、忸怩作态的公子黑（子皙），而取"戎服入，左右射，超乘而出"的公孙楚（子南），其理由就是公孙楚粗犷强悍，有一身的蛮劲，"子皙信美矣。抑子南，夫也。夫夫妇妇，所谓顺也"。

这种魂魄，至两汉而未改，故张骞敢于横绝大漠，致力"凿空"；班超勇于进取开拓，"投笔从戎"；陈汤能斩钉截铁地发出铿锵有力的时代强音，"犯我强汉者，虽远必诛！"这种"尚武"的文化精神，折射到当时的图书目录分类，就是"兵书略"独立成为一"略"，是一级学科，学科门类与"诸子略"并列。兵家高于儒、道、法、墨等其他诸子。但是，在后来"崇文"的文化氛围越来越浓厚的历史背景下，兵家的地位日趋低落，兵书的总量相对萎缩，兵书略作为独立一大门类被取消，归入"子部"之中，且日益边缘化，由"蔚为大国"退化为"蕞尔小国"了。这就是目录分类变化背后的学术文化变迁之一个显著事例。

因此，我们对《汉书·艺文志》的研究，必须以更开阔的视野切入，不能为目录学历史考察所局限，而应该以学术文化发展史的探讨为重点。

《汉书·艺文志》的研究自其产生之日起即已开始，后世历代均有学人参与其中，已形成较为稳定的研究领域与范式，形成了一些重点问题，并取得部分重要共识，如马国翰《玉函山房辑佚书》，姚振宗《七略别录佚文》《汉书艺文志条理》，王应麟《汉艺文志考证》，章太炎《别录七略佚文征》，顾实《汉书艺文志讲疏》，张舜徽《汉书艺文志通释》，陈国庆《汉书艺文志注释汇编》等，余嘉锡、汪辟疆、姚名达、钟肇鹏、容肇祖等亦有论著涉及《汉志》研究。此外历代史志、书目、史评等多有关《汉志》的讨论，典型者如《七录》《通典》《文史通义》等。总体看来，过去的《汉志》研究主要在文献学、学术史、目录学等多个层面展开，学界在这些方面取得的进展可以支撑从学术史角度对《汉志》进行本体研究，这也是学术研究中的必然逻辑顺序。新宾沉潜治学，好学深思，锲而不舍，笃实质朴。他的著作就是从学术文化史的视野深入考察《汉书·艺文志》并取得丰硕成就的优秀之作。其书视野开阔，观点鲜明，逻辑谨严，史料翔实，论析透彻，新义迭呈，富有创见。概略而言，其新意集中体现在以下几点：

对《汉志》承载的经学传承信息，本书多有新意。如论析《汉志》与西汉经学传承的关系，指出汉代经学传承以“家法”“师说”为特征，《汉志》中亦有表征。具体地讲，《汉志》中所载汉人传经之作，多有“某氏某书”字样，乃“家法”“师说”的文本依据，与《汉书・儒林传》等相参照，可大致勾勒西汉经学传承谱系；再如，阐释《汉志》中以《易》为首的六经次序问题。强调以《诗》为首至以《易》为首的六经次序的变革，涉及经学内部五经关系与侧重点的转变，乃先秦秦汉易学，特别是象数易发展的逻辑结果；又如评议《汉志》与今古文之争。今古文之争肇始于刘歆争立古文，《汉志》主体出自刘歆，与此问题亦有密切联系。宣、元二帝所新增之博士，与武帝之五经系统有着紧密的传承关系，体现了官方经学中初现端倪的“师法”意识。而刘歆争立之古文经，乃武帝五经系统之外的新兴学术，更多带有私学对抗官学的色彩，后世所称之“今古文之争”，乃不断层累之概念。这些分析，都言之有据，自成一说。

有关《汉志》在诸子学术体系构建中的价值问题，本书的讨论亦多有独到之处，不无新解。如判断《汉志》的诸子学术体系，承袭自《天下》《解蔽》《非十二子》《显学》《不二》《要略》及《论六家之要指》等，指出《汉志》的推进亦十分明显，如将因人论学的松散模式定型为“九流十家”，将虚陈的学派概念与人物、书籍一一对应，奠定了诸子派别的清晰格局。又如，新宾认为《汉志》的诸子学术框架，以判别学派为主要宗旨，但也带有图书目录的性质。故《汉志》诸子派别的格局，带有判别学术和图书分类的双重性质，此问题的关键在于梳理“杂家”在《诸子略》中的特殊位置。再如，关于“诸子出于王官说”这个学术公案，历来众说纷纭，莫衷一是。新宾别出机杼，认为这无非是历代学者不断阐释的结果。在他看来，《汉志》对诸子起源的表述，多是笼统的言辞，未将其与某种具体经典相涉。后世学者基于刘歆与《汉志》及《周礼》的双重联系，认为《汉志》中诸子起于上古官守的说法取自《周礼》。就史载看，《周礼》地位的抬升，更多是源于王莽欲假周公以自重的效应。《汉志》所提及诸子起源之官守与《周礼》相关度不高，简单将两者挂钩，证据显然不足。这些见解，不乏新意，能给他人以莫大的启迪。

虽说不能以简单的目录学著作看待《汉书・艺文志》，但这并不意味着否定它的记载文献目录之性质。新宾的著作，在这方面同样有一定的探究，并取得了相当出色的成绩。例如，对于《汉志》在目录学史中的地位，新宾的评价也公允而准确。他认为，《汉志》确立的六分法，至魏晋南北朝时期逐渐向后世之四分法过渡，这种变化并不是对《汉志》图书分类标准的否定，而仅仅是局部框架的调整。《汉志》确立的“序六艺为九种”的经学体系，“九流十家”的诸子格局均为后世正史经籍志、艺文志继承。兵书、数术、方技类典籍，虽作为独立一级目录不复存在，但在四部分类法之子部中，其名目和内容仍出自《汉志》的规制。可以说，《汉志》图书部类的划分及对各部类内涵的界定，在目录学史上具有标杆性的意义。应该说，作为一家之言，新宾的论证基本上是比较充分的。我本人对此虽持一定的保留态度，但是，我十分欣赏新宾的探索精神，因为只有独立思考，勇于创新，学术才能永葆生机，不断进步。而切磋琢磨，疑义相析，也是深化讨论，追究共识的永恒前提。

总之，新宾的这部著作，在前人研究《汉书·艺文志》所取得成果的基础之上，又有了新的推进，达到了新的高度，是学术上的一大收获，必将有助于有关先秦两汉学术发展史研究的深化，值得庆贺！当然，《汉书·艺文志》的研究，乃至整个先秦两汉学术文化发展史的探讨，任重而道远，任何人都无法毕其功于一役。新宾的著作也不例外。在学术研究的道路上，就像《周易》“未济”卦所蕴含的哲理一样，永远无法真正过河，永远是在路上，人们只能接近真理，却始终无法穷尽真理。如此，我们才能虚怀若谷，戒骄戒躁，不断进取，从而奉献学术，实现自我。

谨以此与新宾共勉！

是为序。

黄朴民

2016年12月2日

目　录

第四章 《汉书·艺文志》与先秦秦汉学派观念的形成 / 124

第五章 《汉书·艺文志》与"诸子出于王官说" / 153

绪　论

一、《汉书·艺文志》之价值

《汉书·艺文志》(以下简称《汉志》)在中国学术史上具有十分重要的意义,清代学者金榜曾说:“不通《汉艺文志》,不可以读天下书。《艺文志》者,学问之眉目,著述之门户也”。[①]《汉志》的学术价值主要体现在三个方面:

第一,它保存了当时西汉中央政府藏书的详细目录(包括学派、作者、篇名、卷数等),为纵览先秦至西汉的思想、学术提供了基本的文献信息,这也是《汉志》作为藏书目录价值的自然体现。而且就《汉志》著录的典籍看,囊括了六艺、诸子、诗赋、兵书、方术、医学等各个领域,从精英学术至民众文化,涵盖了当时知识结构的各个层次,展现了时人精神世界的多重维度。

第二,《汉志》本身体现了西汉学术界和思想界的起伏和交融。一方面,从中国学术史发展的脉络来看,西汉处于一个承上启下的重要时期,上承先秦诸子的余绪,以较为自觉的姿态对诸子予以扬弃;另一方面,大一统的出现使得学术的统一也得到初步的实现,经学作为官方学术的地位得到认可。《汉志》在这种时代背景下出现,不可避免地要对这一学术转折作出回应。在经学作为“显学”的西汉,《汉志》是在经学思维指导下对西汉时期学术和思想变迁的一次总结,其在中国学术史上的地位不言自明。

第三,《汉志》之主体——《七略》,虽出于皇家藏书目录,但其内容并不限于

① 王鸣盛:《十七史商榷》卷二十二《汉书二十六》“汉艺文志考证”条引,凤凰出版社,2008年,第125页。

此，还注入了刘歆等人辨章学术的意味。如《六艺略》之论列六经，其中体现了刘歆较为强烈的信从“古文”的色彩，与其《移让太常博士书》之旨趣遥相呼应；且《汉志》对易类文献尤为重视，将易类列于诸经之首，视之为“五经之原”，多引《易》以论诸学，形成了“以《易》为首”的六经次序，标志着六经学术在西汉的一个崭新阶段。又如《诸子略》部分，“九流十家”的学派划分是先秦学术史的大事，刘歆在《庄子·天下》篇、《荀子·解蔽》《非十二子》、《韩非子·显学》、《吕氏春秋·不二》、《淮南子·要略》及司马谈《论六家之要指》的基础上将先秦学术厘定为十家，各家学派名目及所属典籍、人物第一次有了明确的归属。后世学者对某些人、书的学派归属虽有异议，间或有小的改动，甚至有新的学派如黄老等的创设，均是在《诸子略》基础上的修补，没有超出其框架。另外，《诸子略》推阐诸子起源，多与古之职官相涉，后被引申为所谓“诸子出于王官说”，成为与“救弊说”并列的探究诸子起源的两大范式。这些都是中国学术史上的重要议题。

第四，《汉志》六分法的体例，在目录学史上占有十分重要的地位，与《隋书·经籍志》为代表的四分法，成为古代目录学两大规制。《汉志》的体例，与先秦秦汉时期典籍的结构、数量及知识类别是相互适应的，伴随各部类学术的消长及典籍分量的转化，及佛、道等新兴学术的涌现，其内容已非六分法所能涵盖。四分法虽代《汉志》而起，但相当程度上保留了《汉志》目录规制的痕迹，如子部之类例、名目基本取自《汉志》之诸子、兵书、数术、方技类文献，“九流十家”的诸子体系也一直被沿用；以《六艺略》为本的经部，在类例划分上也同样遵循着六经、《论语》、《孝经》、小学的区分。从这个角度看，《汉志》之于中国目录学的影响是深远而持久的。

二、《汉书·艺文志》研究之回顾

（一）《汉书·艺文志》研究的基本路径

正是由于《汉志》的重要地位，历代均不乏关注和倾力之人，汉代之时已经有对其价值的评价，如《汉书》言："《七略》剖判艺文，总百家之绪"[①]，《汉纪》言："刘向父子典校经籍，而新义分方，九流区别，典籍益彰矣"[②]。鉴于《汉志》在目录学、学术史及史学考证方面的多重价值，亦有学者将《汉志》研究划分为史书注解派、目录本体派、学术考辨派和专题派[③]。换言之，我们认为历代《汉志》研究的主要关注点有三个：以探讨"六分法""九流十家"等为代表的《汉志》之体例；以疏解、辑佚为代表的《汉志》之文本；以"王官说"、经学传承为代表的《汉志》之学术思想。前人在这三个方面都取得了较大的成绩和进展。

第一，文本疏证方面，这是传统学术背景下《汉志》研究的主流。由于《艺文志》是《汉书》的一部分，所以历代注解《汉书》者均涉及《汉志》，著名者如颜师古之《汉书注》，汇集汉唐之间《汉书》注解的成果，影响最大，中华书局点校本《汉书》即采颜注；又如清代王先谦之《汉书补注》，代表了清代考据学《汉书》研究的最高水平。如此者还有很多，如杭世骏《汉书蒙拾》、王念孙《读汉书杂志》、沈钦韩《汉书疏证》及周寿昌《汉书注校补》等。当代一些著名学者也有类似之作品，如陈直《汉书新证》和杨树达《汉书窥管》，都有涉及《汉志》的内容。

以上关于《汉志》的研究都是注解《汉书》过程中的附带作品，虽有不少新解，但较之《汉书》之宏制，谈及《汉志》的地方毕竟有限，较为零散，系统性不足。因此，也有学者专门致力于《汉志》部分的疏解和考证，典型者如王应麟《汉艺文志考证》、姚振宗《汉书艺文志条理》、姚明辉《汉书艺文志注解》等，他们以《汉志》文本为线索，全面梳理《汉志》著录典籍的作者、篇卷、主旨、存佚情况，用力甚巨。近当代学者中有梁启超《汉书艺文志诸子略考释》、陈国庆《汉书艺文志注释汇编》、张舜徽《汉书艺文志通释》、顾实《汉书艺文志讲疏》等，李零的《兰台万卷——读〈汉书・艺文志〉》也可归为此类。这种研究可以帮助我们了解《汉志》收录书籍的来龙去脉，对史籍中关于《汉志》著录书籍、人物的痕迹进行钩沉，为我们全面把握《汉志》文本打下基础。

除了疏通文字外，对《汉志》前身——《别录》《七略》的辑佚也是文本研究的

---

① 《汉书》卷三十六《楚元王传》，中华书局，1962 年，第 1972～1973 页。

② 荀悦：《两汉纪》，中华书局，2002 年，第 438 页。

③ 傅荣贤：《〈汉书・艺文志〉研究源流考》，黄山书社，2007 年，第 23～24 页。

重要方面。此方面的工作主要起于清代考据之学，较有成绩者如洪颐煊《经典集林》、严可均《全汉文》、马国翰《玉函山房辑佚书》、姚振宗《七略别录佚文》和章太炎的《别录七略佚文征》，诸书所辑佚之内容主要出于《汉志》所存班固自注和历代注解《汉书》者所引《录》《略》内容，间或有引自其他史籍者。但由于《别录》《七略》原书已佚，散见于古籍者又多经后人剪裁，真假参半，辑佚之作不可信之过度。数种之中，以姚振宗所辑可信度为最高，本书引自《录》《略》者，主要依据姚书。

第二，对《汉志》体例的探讨。《汉志》起于皇家图书目录《七略》，虽有小的调整和增删，但变动有限，特别是保留了刘歆典籍部类划分及诸子学术类别的框架。后世艺文、经籍诸志在沿袭《汉志》规制的同时，也多有评论和改易。这方面的记载最早可追溯至南朝之阮孝绪，其在《七录序》中对《别录》《七略》《汉志》的成书过程有较为详细的记载，如“昔刘向校书，辄为一录，论其指归，辩其讹谬，随竟奏上，皆载在本书。时又别集众录，谓之别录”，“子歆探其旨要，著为《七略》，其一篇即六篇之总最，故以撮略为名”[①]，对《别录》《七略》的由来和体例上的区分一一点明。阮氏对《汉志》体例上的一些处理也作出了解释，如“刘氏之世史书甚寡，附见《春秋》，诚得其例”[②]。

南宋郑樵《通志》之二十略是著名志书，其中与目录学相关者有《校雠略》《艺文略》《图谱略》和《金石略》，尤以《校雠略》涉及《汉志》体例的内容最多。如郑樵对班固沿袭刘向父子的做法十分不满，“惟依缘他人，以成门户”[③]；认为《汉志》遗漏了汉初萧何、张苍、韩信所整理之律令、章程、军法等。郑氏还对《汉志》一些具体典籍的类属提出质疑，如杂家有《尉缭子》，郑氏以为“见名不见书”[④]；又如《汉志》将《司马法》由兵书类调整至六艺之礼类，《太公兵法》著录在道家类，郑樵亦表示不解，谓“此何意也”。

章学诚之《校雠通义》是传统学术中论述《汉志》体例的集大成之作，其中《原

① 阮孝绪：《七录序》，《广弘明集》卷三，见于《四部精华》（子部四），上海古籍出版社，1992年，第97页。

② 同上。

③ 郑樵：《通志二十略》，中华书局，1995年，第1821页。

④ 郑樵：《通志二十略》，中华书局，1995年，第1809页。

道》《宗刘》《互著》《别裁》《补郑》等中，都将《汉志》之类例作为核心问题加以讨论。如《原道》对《汉志》在目录学和学术史上的双重地位进行了肯定，“将以折衷六艺，宣明大道，不徒为甲乙纪数之需”[①]；《宗刘》对《汉志》之六分法向四分法演进的原因进行了探讨，共有五点理由，涉及典籍数量之消长、学术盛衰、文体之变化等；《互著》与《别裁》则从《汉志》对《七略》所作之调整入手，认为《七略》对一些性质冗杂、内容多样的典籍进行有意识的重复著录，以保存此类典籍的多重功用，此即“互著”；《七略》之小学类，著录《管子》之《弟子职》，论语类又著录《三朝记》，章学诚认为此乃刘歆有意为之，谓之“别裁”，是为了“补苴部次，别出门类，以辨著述源流”[②]。此说影响很大，后世信从者甚众。

传统学术范式下，除郑、章二书较为集中外，其他论及《汉志》之体例的也有不少，历代正史艺文志、经籍志或私家目录中间或有涉及者，如《隋书·经籍志》《四库全书总目》《郡斋读书志》《直斋书录解题》《书目答问》等，但基本都是一语而过，所论之问题也基本未超出郑、章两家。

近现代学术兴起后，特别是专门的目录学兴起后，学界对《汉志》体例的探讨又逐渐增多，名家辈出，论著迭出。较著名者如容肇祖《中国目录学大纲》、刘咸炘《校雠述林》《续校雠通义》、余嘉锡《目录学发微》、汪辟疆《目录学研究》、姚名达《中国目录学史》、蒋伯潜《校雠目录学纂要》等。这些论著中都有相当篇幅论及《汉志》的体例问题，虽然总体看来论及的问题很多承袭郑樵、章学诚等，但他们在论证方法上更加多样，视野更为广阔，特别是自觉地以目录学的立场来考察《汉志》的价值，这些都是传统学术无法比拟的。

如余嘉锡《目录学发微》及《古书通例》。余氏对《汉志》的成书过程，二刘及班固与《汉志》的关系，《汉志》体例的意图，《汉志》在中国目录学史上的地位，《汉志》六分法向后世四分法的转变过程都有论述。《古书通例》谈及《汉志》之处也很多，其书还有许多章节直接以《汉志》为研究对象，如“诸史经籍志皆有不著录之书”，对《汉志》未收典籍情况予以说明，并指出这种情况出现的多重原因；“汉志著录之书名异同及别本单行”，探讨西汉同书异名之种种情况；“叙刘向之校雠

---

① 叶瑛：《文史通义校注》，中华书局，1985 年，第 952 页。

② 叶瑛：《文史通义校注》，中华书局，1985 年，第 972 页。

编次”，对刘向整理书籍的基本过程、校雠的某些原则予以还原，很有启发意义。

姚名达《中国目录学史》在溯源篇中专门谈论《汉志》体例问题，内容包括刘向典籍和写定叙录的义例、《别录》与《七略》之体例同异、刘歆分类编目之义例等，分析细致，将两书体例的细微处一一点明，文字简洁，信息量大。

第三，对《汉志》学术思想的探索与挖掘。需要指出的是，我们对《汉志》研究三种路径的划分是相对的，因为《汉志》是一个整体，其目录学、学术史的双重价值是不可分割的。前面所述对《汉志》文本和体例研究的论著，也有很多涉及《汉志》思想内容的考察。如章学诚论及先秦学术起源时，曾有“有官斯有法，故法具于官；有法斯有书，故官守其书……私门无著述文字，则官守之分职，即群书之部次”[①]，被视为“王官说”形成的重要一环。张舜徽在疏解文本的同时，对一些与学术相关的问题，除罗列前人意见外，还以“按语”的形式表明自己的立场。余嘉锡在《目录学发微》中，除探讨《汉志》体例外，还对《汉志》所体现的学术倾向和刘歆的关系，《汉志》之体例所体现的时代学术特点等都有精彩的评论。

但不可否认的是，较之前两种研究，传统学术体系中对《汉志》学术思想的研究起步较晚，涉及的内容多以偶尔的点评为主，缺乏系统、严密的梳理。对《汉志》本身学术思想内容的讨论，一直到了近现代学术兴起后才逐渐成为热点，如章太炎之《诸子学略说》《国故论衡》中均有从学术史角度探讨《汉志》的内容，胡适还以章太炎为驳斥对象，有《诸子不出于王官说》一文。由此带动了 20 世纪以来关于探讨诸子起源的讨论，成为《汉志》研究的一个热点，不少学界巨擘如傅斯年、冯友兰、胡适等都参与其中。另一个新近的问题是《汉志》中“以《易》为首”的六经次序问题，此问题在《经典释文》中已有涉及，陆德明以六经出现之早晚解释之；近代伴随清末“今古文”研究范式的凸显又有新说，周予同以今古文之别视之；当代学者廖名春、王凤及黄丽丽等，都撰文提出了自己的意见，详情见本书第二章。但总体看来，《汉志》学术思想的研究还是明显滞后于其他两个方面，引起学界较多关注的问题点乏善可陈。

因此，概观前人对《汉志》的研究，涉及内容较广，论著数量颇丰，对《汉志》研

---

① 叶瑛：《文史通义校注》，中华书局，1985 年，第 951 页。

究的方方面面都已论及，某些重大问题业已达成基本一致，这无疑是值得肯定的。但同时也不免有所疏漏和基于视角、立场的误解，对《汉志》的一些基本问题仍然没有给出完全令人信服的答案。

我们认为《汉志》研究仍然存在一定的不足。首先，《汉志》研究的不平衡性。《汉志》三种研究的基本路径中，文本研究和体例研究历史悠久，从事者众，取得的成果汗牛充栋，取得的共识也最多。这两种研究虽在《汉志》研究中处于基础性地位，但毕竟尚属外围。古今对《汉志》本身在学术史、思想史的地位较少涉及，特别是对《汉志》在西汉学术和思想转型中的地位仍然缺乏较为明晰的认识。这就限制了对《汉志》在分类方法、分类次序上的深意的探讨，更无法认识《汉志》背后体现的学术选择和思想倾向。

其次，《汉志》研究的热点过于单一、集中，某些研究观点反复陈说、沿袭不改。研究《汉志》的论著、文章众多，但在这种表面繁荣的背后，其实隐含着研究范式陈旧、问题意识淡薄等不足。且有些论著仅限于一些概论、总括的研究，对一些核心的细节问题概而论之，对细节内容深究尚显不足。具体表现为脱离《汉志》文本，脱离《汉志》的成书过程，脱离《汉志》作者的知识背景，因而得出一些较为简单和草率的结论。

因此，《汉志》的研究有了丰硕的成果为积淀，前辈先贤为我等后辈开阔视野做了一些铺垫工作，同时也为我们留下了一些亟待解决的问题，《汉志》研究仍有继续推进的必要和空间。

（二）《汉书·艺文志》研究之重点问题

《汉志》自诞生起已两千年，关于它的研究也贯穿这一历史时期。由于《汉志》在目录学和学术史上的重要作用，历代学者倾力研究，使得《汉志》研究中形成了一系列的重点和焦点问题。我们试举数例，以更加清楚认识《汉志》研究的进展和关节点。

第一，《汉志》与《别录》《七略》的关系问题。三者之间存在着沿袭关系，历来均无异词。由于三书分别成于刘向、刘歆和班固之手，这个问题也可以视为如何区分三人在《汉志》内容、体例、学术取向等的不同作用问题。三者的关系问题，最原始可信的记载莫过于《汉书》。《艺文志》载刘向奉命校书，“每一书已，向辄条其篇目，撮其指意，录而奏之”，为《别录》；刘向死后，“歆于是总群书而奏其《七略》”；班固作《汉书》时，又在《七略》的基础上“今删其要，以备篇籍”，为《汉志》。[①]《楚元王传》言“诏向领校中《五经》秘书”，刘向死后，“歆乃集六艺群书，种别为《七略》”。《汉书》所载大体已具，三书的基本关系也较清楚，但细节略而不详，也为后世围绕此问题的争论埋下了伏笔。

《汉书》之后，又有阮孝绪之《七录序》。阮氏在序中追溯了《汉志》的成书过程，“光禄大夫刘向及子俊、歆等，雠校篇籍，每一篇已辄录而奏之”，后来“歆遂总括群篇，奏其《七略》”，再后来“固乃因《七略》之辞，为《汉书·艺文志》”。[②] 阮序所载条理更为清晰，三者的因袭关系更加清楚，只是提供的细节也未能超出《汉书》。阮序和《汉书》的记载，也成为后世探讨《汉志》与《别录》《七略》问题的基本依据。

由于史书记载的疏阔，加之《别录》《七略》均已散佚，一些问题也逐渐显现出来。如有学人以三书的因袭关系为凭，以《汉志》为资料探讨《别录》《七略》问题，将《汉志》的体例特点、学术倾向推阐至二书，带来一些认知上的误区。如古今多将《别录》视为与《汉志》《七略》性质相类的目录之作，这实际是忽视了《别录》的产生背景及其历史功用，《别录》乃校对某一典籍时的“工作简报”，著录该典籍的存佚、篇卷、文字讹误、主旨及校对依据等，乃是校对工作的自然产物，与《汉志》《七略》作为目录的效用还是有明显差异的。

又如《汉志》之体例承自《别录》还是《七略》的问题，即《别录》是否存在六分法的问题。古今学者多将六分法创始归于《七略》，《别录》并无此类例。如郑樵、章学诚谈及《汉志》体例，必从《七略》言之，实则默认六分之法乃刘歆所创。近代以来学者也多从此说，如姚名达依据《汉书》所载刘歆“种别为《七略》”语，认为“盖所谓种别者，即依书之种类而分别之，明乎‘时又别集众录，谓之《别录》’，并

---

① 《汉书》卷三十《艺文志》，第 1701 页。

② 阮孝绪：《七录序》，《广弘明集》卷三，见于《四部精华》（子部四），上海古籍出版社，1992 年，第 97 页。

未分类，至《七略》始分类编目也”[①]。但也有学者认为《别录》也已有了类似《七略》的体例，如姚振宗之辑佚《别录》佚文，将所汇集之条目以《汉志》之框架分布，大小部类均无二致。今人钟肇鹏也认为：“《别录》把这些散于各书的书录，汇集起来，按六略的次第编成”。[②]

第二，《汉志》学术价值的定位问题。从总体看来，《汉志》体例较为严整，六分法也基本符合当时的知识结构，加之大小部类后均有“辨章学术，考镜源流”的文字，所以古今学人多将其视为先秦两汉学术史的上乘之作。但也有人从刘向父子校书的实际过程出发，认为《汉志》体例的形成具有一定的偶然性，《汉志》之体例乃是校书之人分工的附带结果，如钟肇鹏表示：“窃疑《七略》诸子兵书、数术、方技之分，盖以刘向领校诸子，兵书校自任宏，太史令尹咸校数术，侍医李柱国校方技，因校理人殊，故歆纂《七略》亦各别为部。其于分合之故，初未必有何深意，后人亦不必过事深求，转失本真也”。[③]

这种观点在某种程度上是有一定道理的。《七略》是在官藏书籍的整理过程中产生的，藏书目录是其原始和基本功能；刘歆虽在其中尤其是《诸子略》中倾注了学术关怀，使之部分具有了学术史的功能，但仍不能完全撼动《七略》书籍目录的基本性质。所谓“考镜源流”的文字，并非学术梳理的预定学术标准，应将其视为在图书整理业已完成之后所做的补充，虽带有一定学术总结的意味，但绝非《七略》六分法的真实依据。就刘向等人的校书过程来看，几人的校书活动是并行不悖的，刘向对其他几人的校书工作基本采取不干预的态度。从《七略》的整体来看，尚缺乏系统、严密的学术关照。由此，我们不能简单认为《汉志》是一个体系严密的学术史篇章。当然，此次分工的依据是图书的性质和各人的学术所长。而对图书性质的判定，还是应有相当的学术依据的，刘向等人的分工也不能说全无学术依据。

总体看来，《汉志》的类例是融合了学术和目录的双重规制，且在多数情况下两者的结合还是较为圆融的，但两者的效用毕竟各有侧重，一些地方也带有杂糅

---

① 姚名达：《中国目录学史》，上海古籍出版社，2011年，第39页。

② 钟肇鹏：《校雠目录学论丛》，见于《求是斋丛稿》，巴蜀书社，2001年，第116页。

③ 钟肇鹏：《校雠目录学论丛》，见于《求是斋丛稿》，巴蜀书社，2001年，第19页。

和混合的特点，这在《诸子略》部分较为明显，这是我们在本书中将要提到的。

第三，"六艺"概念辨析。《汉志》对当时之五经经传曾予以著录，并冠以"六艺"之名。《汉志》此举，牵涉经学史上两个"六艺"的关系问题。六艺之内涵有两个系统：一为礼乐射御书数，始见于《周礼》，我们权称之为"礼乐六艺"；一为《诗》《书》《礼》《乐》《易》《春秋》六经，见于汉初，我们权称之为"诗书六艺"。两种六艺的关系，学人也有涉及，徐复观依据《周礼》"伪造说"，认为"礼乐六艺"为后起，乃是对"诗书六艺"概念"旧瓶装新酒式的创造"[1]。也有人认为，两种六艺关系的转变实际代表了儒学史上一次教育变革，即由重礼乐、重军事的西周贵族教育向重教化、重义理的儒家教育转化[2]，"诗书六艺"的概念借自"礼乐六艺"。两种观点对两种六艺称谓的先后顺序判断截然相反，却都默认两种概念之间存在借用与因袭的关系。

但正如我们在后面将要指出的，无论从《周礼》在秦汉时期的普及程度及其重要性上看，还是从两个"六艺"称谓出现的时间线索看，都不好得出定论说两者存在直接的概念上的借鉴关系。"诗书六艺"的称谓，当与经学的世俗化与政治化密切相关；而《周礼》中"礼乐六艺"的称谓，乃是作者在"尚六"思想的指导下，对西周贵族教育的建构和整理，"六"与"艺"的结合只是一种不固定的搭配，在《周礼》的框架内并无深意。两种"六艺"的称谓，乃是字面上的巧合，围绕两者的先后及借鉴问题，似乎不足以成为一个难点（详见本书第二章）。

第四，《汉志》所见《易》地位的提升。《六艺略》中对《易》有较为明显的推崇，各家小序中多引《易》作为小序的起首句，在总序中直接将《易》称为五经之原。这种现象在其他部类也有出现，《汉志》共引据《易》多达十几次。《汉志》的做法引出了经学史上两种六经次序的问题，即"以《易》为首"和"以《诗》为首"。

最早谈及此问题的是陆德明，其在《经典释文》中指出"以《易》为首"的六经次序乃是以各经产生的时间先后为据[3]；周予同认为，在清末以来的今古文经的范式下，六经之所以分别有《诗》《易》为首的两种排序，乃是由于汉代今古文对孔

---

① 徐复观：《徐复观论经学史二种》，上海书店出版社，2006 年，第 335 页。

② 吴龙辉：《六艺的变迁及其与六经的关系》，《中国哲学史》，2005 年第 2 期。

③ 黄焯：《经典释文汇校》，中华书局，2006 年，第 5 页。

子定位的不同[①]；当代学者廖名春依据马王堆汉墓帛书及《史记》《汉书》等，认为孔子晚年喜《易》，“以《易》为首”的六经之序乃是孔子晚年学术重心发生转移的结果[②]；黄丽丽则认为“以《诗》为首”的六经次序源于西周礼乐社会，是《诗》在当时政治、社会及贵族礼仪等各方面效用的真实体现，而后来儒学对《易》的介入，及汉代五经博士的设立，使得《易》地位扶摇直上，出现了“以《易》为首”的六经次序[③]；王凤则从刘向父子的学术背景入手，以《汉书》中“歆及向始皆治《易》”的记载为据，认为“刘向、刘歆父子都是春秋学的大师，他们同时又治《周易》，那么在他们身上，《周易》与《春秋》发生关系是迟早的事”[④]。

以上诸说，各有所据。我们认为，《易》地位的提升还应从更长的历史断限来考察，易学本身的流变、儒门对易学的统摄、汉代易学的新进展等，都应当是《汉志》中易学地位抬升所要考虑的因素。如我们所要讲到的，儒门对《易》的义理化、道德化注解只是易学发展的一个向度，筮占易学和天道易学也一直流传，且在西汉中后期有了汇流的趋势，即所谓象数易的崛起。西汉象数易以孟喜的卦气说和京房的象数易为代表，其主旨即以《易》为核心，建立一个囊括天地人事、阴阳万物的庞大体系，这种思维无疑对刘歆有所影响。在汉末的谶纬中，纬书对《易》的解读也是沿袭这种思路在进行，只不过更加侧重天人感应的层面。西汉时期《易》地位的抬升有过程可考，刘歆对《易》的推崇，是这个过程的重要一环。《汉志》中“以《易》为首”的六经次序的出现，似乎也可以从中寻得一些答案。

第五，《诸子略》之“九流十家”的内在逻辑。《诸子略》是先秦学派体系演进的重要环节，也是对诸子学派划分的集大成和终结之作。历来围绕“九流十家”的争议也一直存在。如杂家，许多人认为其不当成为学派，也有学者以“黄老”或“新道家”取代之；又如农家，有学者认为其为技艺之学，当与兵家或方技并列，不可附于诸子。

---

① 周予同：《群经概论》，岳麓书社，2011 年，第 8 页。

② 廖名春：《“六经”次序探源》，《历史研究》，2002 年第 2 期。本文亦收录于廖氏著《中国学术史新证》，四川大学出版社，2005 年。

③ 黄丽丽：《六经次序辨》，《甘肃社会科学》，2008 年第 5 期。

④ 王凤：《刘歆与〈周易〉最高经典地位的确立》，见于姜广辉主编：《中国经学思想史》（第二卷），中国社会科学出版社，2003 年，第 332 页。

这些质疑虽有一定道理，但某种程度上没有深入考察《汉志》的现实背景和学术考虑。《汉志》之前，已有《论六家之要指》的铺垫，《汉志》对前人的成果无法回避，将其六分法引入到诸子分类中。而《汉志》首先作为目录存在，又势必以实存书籍为据，对体例进行扩充。这种扩充又不得不首先服务于目录学的需要，学术考虑和现实需要成为《诸子略》"九流十家"分类法一系列扞格的关键所在。如杂家类，在司马谈抽象谈论学派的情境下，六家学派都是虚指，纯粹的学派在概念层面上是存在的；而在《汉志》的条件下，学派概念被赋予了现实内容，即典籍和学人。这就使得学派概念丧失了灵活度，《吕氏春秋》等内容复杂的典籍是无法归入某一纯粹学派的，《汉志》的"杂家"也正是在这个意义上得以成立。与此相类，《汉志》所增设之纵横家、小说家、农家等，都有自己的现实考虑和学术逻辑。脱离《汉志》成书的现实场景，孤立地考察"九流十家"，是无法寻得真正的答案的，也无法达到"历史的理解"。

第六，诸子出于王官说的历史考察。在《诸子略》每一家的最后，刘歆曾谈及诸家的学术起源，且将其与周代王官之学挂钩，这一提法引起了很大争议。若从整体看来，诸子学术起于官学当为不虚，章学诚言："刘歆盖深明乎古人官师合一之道，而有以知乎私门初无著述之故也"。[①] 但刘歆"王官说"的表述十分模糊，其所论职官来源复杂，与《周礼》当无直接关系。《隋书·经籍志》在《汉志》基础上，将诸子所出之王官具体到《周礼》中对应的职官，"王官说"由此与《周礼》牵涉一起。近代，康有为《新学伪经考》指斥《汉志》之"王官说"乃是为刘歆伪造的《周礼》张目[②]，将《汉志》所涉之职官直接与《周礼》挂钩。后来胡适《诸子不出于王官说》，亦将矛头指向《汉志》与《周礼》的关系。其实，所谓王官说在《汉志》那里只是一个模糊的表述，其作为一个确凿的提法和与《周礼》附会乃是后人增益的结果，是对《汉志》本意的极大误解和推阐过度。

《汉志》据引王官谈论诸子起源是有自己的考虑的。一方面，将诸子起源归于上古官守，说明诸子仍源出官学，六艺与诸子本是同源同根，为六艺统摄诸子提供了一个重大的佐证，也为诸子存在的合理性提供了论证。另一方面，与《庄

① 叶瑛：《文史通义校注》，中华书局，1985年，第952页。

② 康有为：《新学伪经考》，三联书店，1998年，第121页。

子》之《天下》篇和《淮南子》之《要略》中“诸子起于救弊说”相较，《汉志》从官制入手考虑诸子起源问题，还应有其特殊原因。刘歆的时代，经学已深入到政治层面，其从制度层面阐释这个问题也可以理解。且当时出现了一种儒生复古思潮，而复古的很多议题都是在礼制和官制的基础上产生的，刘歆从上古官制解释诸子起源，也是时风使然。

从以上数点可见，《汉志》研究存在一系列的基础性和全局性难题。前辈学者在这些问题上都曾辛勤耕耘过，也带来了很多建树性的观点。但任何问题的解决都不是一劳永逸的，我等后学也应在《汉志》研究上有所推进。

第一章

《汉书·艺文志》成书过程还原

一、汉初典籍散佚的基本原因

成帝时，刘向父子的校书，其基本动因就是典籍的散乱。除此以外，还有秦末、汉初的一系列事实。我们下面加以简单梳理，以便更加清晰地了解刘向父子校书的基本文化环境。

（一）秦朝的焚书令

秦的焚灭典籍，史载确有其事，秦始皇三十四年（前 213 年），李斯在与博士廷争的时候说："臣请史官非秦记皆烧之，非博士官所职，天下敢有藏《诗》《书》、百家语者，悉诣守、尉杂烧之"。[①] 这一举动，并非秦始皇或李斯个人的一时兴起，实与秦的整体政治、文化环境密切相关。一则，秦国地处西陲，与戎狄杂处，本身就缺乏基本的文化气息，诸侯亦不以中国视之。春秋战国时期，东方六国学术繁盛，诸子授徒讲学，蔚为壮观。但秦国似乎置身其外，除了一些崇尚实力的客卿之外，未闻有任何学术型的代表人物，无怪乎荀子有"其殆无儒邪"[②]的感叹。二来，自商鞅在秦变法以来，其原有的粗放、狂野的文化与法家务实且功利的政治诉求结合起来，秦国的潜力被最大程度地释放，"虎狼之师""尚首功之国"成为秦

① 《史记》卷六《秦始皇本纪》，中华书局，1982 年，第 255 页。

② 王先谦：《荀子集解》卷十一《强国篇》，中华书局，1988 年，第 304 页。

军、秦国的代称。同时，对文化的态度也更趋粗暴，在商鞅那里已有了“六虱”的称谓，《礼》《乐》《诗》《书》赫然在列，“国有《礼》，有《乐》，有《诗》，有《书》……上无使战，必削至之”[①]，商鞅还建议孝公“燔诗书而明法令”[②]。后来被秦始皇激赏的韩非，提出“五蠹”，也将礼乐文化视为国家祸乱的根源。因此，秦国上下一直充斥着反文化的气息，秦的焚书坑儒，很大程度上可视为东西方文化激烈碰撞的结果，也是秦地耕战文化向全国范围渗透的激进表现。

秦焚书之举，史书载之确凿，但与之相关的争论也不在少数，争论主要围绕焚书的范围、诸子之书是否在焚毁之列、焚书的实际效果等。学界多数学者对《史记》的记载表示信从，但也有一些学者依据部分较为晚出的说法，持有不同意见。

据《史记》所载，焚书范围包括非秦国之史记、非博士所藏之六艺及诸子，从《史记》《汉书》的其他纪、传、书、志提供的信息看，这个范围是比较真实的。秦朝建立后，在统治理念上仍没有树立真正的一统意识，而带有较强的诸侯意识，没有以平等的态度将六国纳入统治，这是秦朝统治的一大败笔。因此，秦刻意焚毁六国史记，抹除诸国印记，毁弃其历史，加之史记不同于六艺、诸子，仅藏于宫廷，流传范围更为有限，其毁灭是根本性的，“《诗》《书》所以复见者，多藏人家，而史记独藏周室，以故灭”[③]。司马迁此说，表明其著《史记》时已无缘得见六国史书，这与汉初后逐渐复出的六艺、诸子类文献形成了较大的反差。

六艺和诸子类文献的情形有所不同，它们在先秦时期就有了较大范围的流传和普及，散于民间者应不在少数。如诸子之书多称引六经，六经之学应是知识界较为普及和认同之学术；而诸子号称“百家”，地域遍及南北，且儒、墨等还拥有了庞大的弟子群体，传承更为系统、稳定。因此，六艺和诸子典籍虽然也在焚毁之列，而且确实带来了后来学术进程中的争端，如《尚书》问题、今古文之争等，都在此埋下伏笔，但总体来看，六经和诸子作为学术主体尚存，不大可能在短期的焚书运动中彻底根绝。

---

① 蒋礼鸿：《商君书锥指》卷一《去强》，中华书局，1986 年，第 29～30 页。

② 王先慎：《韩非子集解》卷四《和氏》，中华书局，1998 年，第 97 页。

③ 《史记》卷十五《六国年表》，第 686 页。

尽管如此，就秦焚书的实际效果看，确实对当时的文化造成了一定的消极影响，《史记》即有“及至秦之季世，焚《诗》《书》，坑术士，六艺从此缺焉”[①]的记载，且秦火之后《书》和《礼》确实是有较为严重的残缺，《尚书》“亡数十篇，独得二十九篇”[②]，而《礼》“及至秦焚书，书散亡益多，于今独有《士礼》”[③]，康有为所言之“秦焚六经未尝亡缺”[④]与汉初史实不合。而且就近年出土的简帛资料看，从秦焚书令至汉初解除挟书律，期间出土之资料基本都限于律令、历谱、算书等，“出土的均符合律文所许可”[⑤]。

如进一步分析，焚书令之于汉初典籍的影响还有两个层次：一则，民间藏书的规模被极大压缩。就史载的痕迹来看，焚书令的确在一定程度上被执行，如伏生为秦博士，也不能私藏书籍，只好于墙壁中夹藏《尚书》，此事《史记》《汉书》均有记载，当为不虚。又如武帝末年，鲁共王坏孔子宅，得到了《古文尚书》《礼记》等典籍，此事后世虽有疑者，但也可想见当时将经书藏匿应是较为普遍的事情。而藏书的举动，应该就起于秦朝的焚书令。二则，秦焚书令明言，博士官可以典藏《诗》《书》、百家语，使得六艺、诸子有了一息尚存的机会，同时也极大压缩了书籍流通与传播的范围。而宫廷藏书与政治形势紧密相连，秦末的农民起义及项羽的火烧咸阳，很可能使这些保留最为完整的典籍受到破坏。对于这一后果，焚书令虽负间接责任，但无疑也是无法推卸的责任。

不过，对秦焚书的破坏性效果也不可无限制地夸大。将汉初之学术不兴、典籍散乱归罪于秦，是汉代以来的说法。而这种说法的出现，除了部分的事实依据外，更多的是一种对秦敌视文化政策的排斥和抵触。因为秦亡汉兴之后，“过秦”成为一种普遍的社会心理，焚书令的负面影响在汉儒的口诛笔伐中，也被放大到

---

① 《史记》卷一百二十一《儒林列传》，第3116页。

② 《史记》卷一百二十一《儒林列传》，第3124页。

③ 《史记》卷一百二十一《儒林列传》，第3126页。

④ 康有为：《新学伪经考》，中国人民大学出版社，2010年，第4页。康氏意在证明六艺残缺乃刘歆故意之说，“歆欲伪作诸经，不谓诸经残缺，则无以为作伪窜入之地，窥有秦焚之间，故一举而归之”。康氏此说，背后有其意旨，并非真正考实之作。

⑤ 李学勤：《从出土简帛谈到〈挟书律〉》，《周秦汉唐研究》（第一辑），三秦出版社，1998年，第6页。

了无以复加的地步。

我们认为焚书令的实际效果是值得怀疑的。一则,焚书令始于秦始皇三十四年(前213年),三年之后,始皇病死,次年,陈胜、吴广起义爆发。焚书的高峰应该就在这短短几年中,就政治环境来看,焚书令没有一个稳定的条件,加之古代的交通、信息条件有限,其连续性不能高估。二则,即便在焚书令中,也并非要将文化彻底根绝。焚书的起因源于儒生的以古非今和以下议上。所以,与其将焚书视为文化仇视,不如说是文化控制。与这个目的相应,焚书的主要对象包括秦国以外的诸国史记,及《诗》《书》等旧典,因为两者是以古非今的主要凭借,"秦既得意,烧天下《诗》《书》,诸侯史记尤甚,为其有所刺讥也"[①]。至于诸子之书是否被焚,学术界有不同意见,如王充认为:"秦虽无道,不燔诸子"[②];赵岐在《孟子题辞》中语及《孟子》之书在秦的遭遇时说:"其书号为诸子,故篇籍得不泯绝"[③]。但也有学者认为《史记》明言"百家语"在焚毁之列,而且焚诸子与法家一贯的禁空谈、禁游说的主张相合,焚诸子当无可疑,"不禁诸子的说法显然与此抵触"[④]。我们认为《史记》的记载应是可信的,而后世之所以有不焚诸子的说法,可能是由于诸子数量庞大,而焚书令的对象主要是六国史籍及《诗》《书》,加之焚书令贯彻的时间较短,所以对诸子的影响不甚明显,才有了"秦不焚诸子"的说法。

(二)项羽之火烧咸阳

前面我们讲到,焚书令的目的主要是文化控制,防止普通百姓与下层儒生利用知识造成对秦朝政治的威胁。所以,焚书是愚民而非"自愚",以博士为代表的政府是有书籍典藏的。但汉初六经的残缺也是事实,所以典籍散乱除了秦的焚书应还有其他原因。

秦汉之际是一大变局,灭秦战争、楚汉之争及西汉平定异姓诸侯王,都伴随战乱而来。战乱本身就是对文化一次大的冲击和毁弃,牛弘所言之"五厄"[⑤]及胡

---

① 《史记》卷十五《六国年表》,第686页。
② 黄晖:《论衡校释》卷二十八《书解》,中华书局,1990年,第1159页。
③ 赵岐:《孟子题辞》,见焦循:《孟子正义》卷一,中华书局,1987年,第16页。
④ 钟肇鹏:《校雠目录学论丛》,见《求是斋丛稿》,巴蜀书社,2001年,第13页。
⑤ 见《隋书》卷四十九《牛弘列传》。

应麟所续之“五厄”[①]，基本都是在王朝更替、农民战争或内部反叛的背景下发生的。秦汉之际的战乱，应该也在很大程度上左右了许多典籍的命运。只不过长期以来，我们更多关注于“焚书坑儒”，对这一明显的影响因素反而重视不足。这里，我们谈一谈项羽焚书的问题。

项羽虽出身于楚国贵族，但本人似乎没有什么文化修养，只是粗通文墨，“书足以记名姓而已”[②]。而且从他灭秦及与刘邦争霸的过程看，项羽虽有勇力，能征善战，但政治识鉴却没有过人之处，如只知以妇人之态抚慰部将，不知裂地封赏，不懂应机权变，还是表露了一些贵族的僵化与自矜。以入咸阳来讲，刘邦阵营的萧何虽出身刀笔吏，尚懂得封府库图籍，而项羽只是简单粗暴地付之一炬，其识见之浅狭可见一斑。而毁于战火的，当不仅是咸阳的宫殿，还很可能包括博士所掌的典籍。因此有部分学者认为汉初的典籍散落，项羽也难辞其咎，刘大櫆就认为：“迨项羽入关……烧秦宫室，火三月不灭，而后唐、虞、三代之法制，古先圣人之微言，乃始荡为灰烬，澌灭无余”。[③] 这种说法得到一些学者的认同，如马宗霍就认为：“秦之焚书，只是导致六艺从民间消失；致令‘六艺从此缺焉’者，并非秦始皇的焚书，而是项羽的纵火咸阳宫室”[④]；徐兴无也认为“明堂、石室以及博士官执掌的图书，必毁于项羽及诸侯屠烧咸阳之厄”[⑤]。依照此说，秦虽焚书，六艺诸子尚因博士所掌，得一生存空间，项羽之火才是汉代典籍不全的根本原因。

也有部分学者认为，在项羽入咸阳之前，萧何已将秦之典籍转移，“收秦丞相御史律令图书藏之”[⑥]。所以，项羽所焚只是宫室，秦之藏书并未在列，《三辅黄图》论及石渠阁时，言：“石渠阁，萧何造……所藏入关所得秦之图籍”[⑦]，则萧何收秦宫廷藏书似确为实事。如蒙文通就据此认为“此尤秦书犹存于汉之验”[⑧]。此

---

① 胡应麟：《经籍会通》，见《少室山房笔丛》卷一，中华书局，1958 年，第 8 页。
② 《史记》卷七《项羽本纪》，第 295 页。
③ 刘大櫆：《焚书辨》，见于《刘大櫆集》，上海古籍出版社，1990 年，第 24 页。
④ 马宗霍、马巨：《经学通论》，中华书局，2011 年，第 45 页。
⑤ 徐兴无：《刘向评传》，南京大学出版社，2005 年，第 231 页。
⑥ 《史记》卷五十三《萧相国世家》，第 2014 页。
⑦ 何清谷：《三辅黄图校释》，中华书局，2005 年，第 339 页。
⑧ 蒙文通：《焚书第二》，载《经学抉原》，上海人民出版社，2006 年，第 62 页。

种观点有一定道理，因为司马迁撰写《史记》时确曾见过秦国史书，“独有秦记”，而它们很可能就是取自秦朝之藏书。

但我们对萧何此举的作用不宜高度评价，因为汉初典籍散落确实较为严重，“假若萧何曾收博士官所掌之书，则六艺当不致亡缺很多”[①]。因为萧何搜集秦朝图籍的范围《史记》记载得非常清楚，即限于“丞相御史律令图书”，是为刘邦将来入主天下做准备。丞相、御史是汉廷最重要的执行官吏，其所藏之图籍与六艺、诸子等纯粹之学术性文献还是有很大区别的，更多属于文书、档案性质。特别是丞相与御史直接掌握各郡县的上计之事，《汉书·循吏传》有“使丞相、御史问郡国上计长吏守丞以政令得失”语；又《匡衡传》载“至建始元年，郡乃定国界，上计簿，更定图，言丞相府”[②]。御史大夫的属官中丞“在殿中兰台，掌图籍秘书”[③]，这些图籍也非一般的书籍，而是与天下户籍、地理、经济相关的资料，如张苍在秦时曾任御史，“明习天下图书计籍……领主郡国上计者”[④]，所辖具体事务《史》《汉》没有交代。《通典》保留了一丝信息：“而张苍善算，以列侯主计，居相府，领郡国上计者”，则仍与上计之事密切相关。所以《史记》言两府之书，事关“天下阸塞，户口多少，强弱之处，民所疾苦”等为政所需的资料，确是实情。

可见，萧何所收乃是事关料土理民的行政文书与档案，一般的学术性典籍并未为其关注。博士作为咨询性官吏，“掌通古今”[⑤]，品秩也不高，只有比六百石，并非掌握实权的事务性官吏，其所掌之典籍的重要性与丞相、御史之文书和档案不可并论。出身刀笔吏的萧何不收博士之书，也是完全可能的。这批典籍很可能就毁于战火，而项羽“烧秦宫室，火三月不灭”乃是秦汉之际咸阳遭受的最大兵乱，它们亡于项羽之手的可能性是相当大的。不收典籍的萧何成了刘大櫆笔下的“汉之功臣，而六经之罪人也”[⑥]。

---

① 李锐：《秦焚书考》，《人文杂志》，2010 年第 5 期，收录于李氏著《战国秦汉时期的学派问题研究》，北京师范大学出版社，2011 年，第 180 页。

② 《汉书》卷八十一《匡衡传》，第 3346 页。

③ 《汉书》卷十九上《百官公卿表》，第 725 页。

④ 《史记》卷九十六《张丞相列传》，第 2676 页。

⑤ 《汉书》卷十九上《百官公卿表》，第 726 页。

⑥ 刘大櫆：《焚书辨》，见于《刘大櫆集》，上海古籍出版社，1990 年，第 25 页。

（三）典籍的自然散乱

上述两个原因都是从大的政治运动或动乱着眼的。毫无疑问，这种大的事件对典籍存亡的影响也是最明显的。但我们也不能忽略一些看似平静的因素，这些平稳背后的变数，有时也隐藏着一部分历史的真实。

谈及秦汉的交替，我们可能很简单地认为，汉就是对秦的拨乱反正，这种理解有时只是一厢情愿。就汉初的实际情况看，“汉承秦制”才更贴近历史。起码从典籍传播的角度来看，汉初相当一段时间内并没有什么起色。当然，这部分要归结于汉初百废待兴，无暇顾及文化，也可能由于汉初功臣集团多是草莽出身，惯于行伍，文化修养偏低，不解《诗》《书》为何物。但汉初文化的低迷和典籍的散乱，毕竟是一个客观事实。惠帝四年（前 191 年）才开始废除挟书律，而此时距刘邦称汉王已有 15 年，距刘邦称帝也有 11 年。秦朝博士伏生壁藏《尚书》，直到文帝时才派晁错到九十有余的伏生那里问学；虽然史载高祖时已有萧何、韩信等人审定律令和军法，但此与整理典籍之事差距甚大，性质也迥然有异，不可等而视之，我们后面将详述。汉廷对典籍的有意识整理，还要等到汉武帝之时。因此，在西汉开国的前百年中，典籍的整理几乎没有，这种忽视不能不被视为典籍散佚的一个原因。

且当时的典籍，或书于简册，或书于绢帛，历时一久，编连之绳朽断，木椟和竹简脱落、错乱，都有可能带来典籍字句的颠倒与遗失；自然风化、虫蛀叮咬，也可能带来文字的漫漶或脱衍。考《汉志》所载，有些书籍虽然篇章主体犹存，但偶尔也有字句的脱漏，如刘向校《尚书》时，就出现了“《酒诰》脱简一，《召诰》脱简二”[①]的情况，这很可能就是由于典籍的长久闲置、缺乏必要的管理及维护造成的。而且，史载汉武帝时曾“置写书之官”[②]，想必有对典籍的重新整理和写定，而成帝时要再次搜括、校对，想必也是由于武帝时整理的典籍至此已经有些散乱。

武帝至成帝之间隔，约为百年，期间长安仅有一次兵乱，即巫蛊之祸。但我们认为这次兵乱的范围十分有限，虽在长安城中，但并未危及禁中诸宫殿。兵乱

---

① 《汉书》卷三十《艺文志》，第 1706 页。

② 《汉书》卷三十《艺文志》，第 1701 页。

的战场,《戾太子传》的记载十分简单,仅言"遂部宾客为将率,与丞相刘屈氂等战,长安中扰乱"[1],战火是否波及宫内,没有交代。幸好《刘屈氂传》记载更加详细,其云戾太子"驱四市人凡数万众,至长乐西阙下,逢丞相军,合战五日,死者数万人,血流入沟中"[2],则战场范围乃在宫禁之外,兵灾不曾危及藏于内府的典籍。所以,成帝所见的典籍散乱,还应以自然损毁释之更为恰当。

可见,从秦末至汉初的情况看,无论是焚书坑儒、项羽焚烧咸阳,还是书籍的自然损毁,都有可能带来典籍的散乱和遗失,至于三者何为主因,我们不得而知。不过,通过这些我们可以知道,成帝时的校书确实事出有因,"书颇散亡"也并非全是史家的渲染之辞。

二、文化控制

汉廷的图书搜集,表面的原因是典籍散乱、文化凋零,其实背后还有控制文化、统一学术的潜意识。此说并非妄自猜测,实乃中国历史上一隐性的文化线索,只不过与秦焚书坑儒这种极端露骨的举动相比,西汉的文化控制显得更为隐蔽而已。除了我们熟知的"罢黜百家,独尊儒术"外,控制典籍其实也是一个重要手段。汉武帝及成帝的两次校书,都有这个意图在里面。

西汉的文化控制,史载不是很多,但在几次大的政治事件中,还是有一些端倪可寻。如西汉时几次王国谋叛事件中,就有学术的因素。王国问题一直是西汉中前期政局中的一个危险因素,高祖时的异姓王叛乱,文帝时的济北王刘兴居叛乱,景帝时的"七国之乱",都是当时的政治大事。不过至"七国之乱"后,地方诸侯势力的巅峰期已经过去,加之人事权逐渐被中央控制,封地也在"推恩令"的作用下越来越小,王国的实质性威胁基本消除。但诸侯王毕竟还是享有一些特权,财富自不待言,更为重要的是他们与皇室同出一宗,有着先天的亲缘关系,在古代"家天下"的意识下,他们虽身处地方,但也有着入主大位、窥伺神器的条件与可能性。最起码在充满猜疑心理的君主眼里,这种可能性还是很大的。特别是在朝廷混乱、权臣掌权的情况下,外王入继的可能性更大,西汉也不乏其例,文帝

---

① 《汉书》卷六十三《武五子传》,第 2743～2744 页。

② 《汉书》卷六十六《刘屈氂传》,第 2881 页。

及昭、宣二帝都是这样的典型。

除了这种皇位继承的危机感外，君主对地方诸侯的学术活动也颇有戒心。君主理想中的诸侯，是那种满足于富足生活、溺于安逸的“寓公”，君主并不希望他们有任何过人的作为。学术虽不像兵器、军队那样有直接的杀伤力，但毕竟也代表着一种资源，是一种话语权，足可威胁君主的权威，西汉皇帝对诸侯的防范，也就由“实”转“虚”，“至武帝，则诸侯王的领土与职权已不成问题，于是猜防的重点转向到诸王的宾客上面，尤其是转向到有学术意义的宾客上面”[①]。总体看来，西汉初年对诸侯王学术的防范还是很宽疏的，如高祖少弟刘交，曾从浮丘伯学《诗》，被立为楚王后，又延请申公为楚国博士，并以《诗》传家，“元王好《诗》，诸子皆读《诗》”[②]，并亲自为《诗》作传，号称《元王诗》。刘交的学术活动，并未受到高祖的猜忌。以文获罪，主要出现在武帝时期，尤其以淮南王和河间献王最为典型。

（一）淮南王谋反案

刘安之父刘长，史载是高祖刘邦少子，后来因“谋反”，文帝将他流放于蜀郡，刘长绝食死于途中。其实刘长是否谋反就很有疑问，《史记》提供的证据是“废先帝法，不听天子诏，居处无度，为黄屋盖乘舆，出入拟于天子，擅为法令，不用汉法”[③]。这些很难说是确凿的谋反证据，因为刘长为高祖少子，从小又是由吕后带大的，所以薄太后及文帝也“皆惮”之，这只能说明他任性独断、行事乖张而已。这与“谋反”问题似乎性质还不完全一样，因为他并没有像吴王刘濞那样豢养死士、积聚兵甲之事。且刘长在临死前对左右有“吾以骄，故不闻吾过至此”[④]之语，也说明他只有骄横之心，确无谋反之意。总之，刘长的“谋反”是不明不白的。

而刘安的谋反，看来也是疑点重重。《史》《汉》提供的刘安谋反的基本证据

---

① 徐复观:《汉代专制政治下的封建问题》，见《两汉思想史》(第一卷)，华东师范大学出版社，2001年，第107页。

② 《汉书》卷三十六《楚元王传》，第1922页。

③ 《史记》卷一百一十八《淮南衡山列传》，第3077页。

④ 《史记》卷一百一十八《淮南衡山列传》，第3080页。

有两个:一个是“时时怨望厉王死,时欲畔逆”[1],要为其父刘长报仇;另一个是刘安以武帝无子,幻想入继大统,后来希望破灭,遂有反叛之举。第一个理由尚且说得过去,第二个显然是有点欲加之罪的嫌疑。此事《史记》载于建元二年(前139年),而且给刘安入继大统启示的,竟是田蚡,即武帝的舅舅,似于情理不合。因为武帝即位正是田蚡攀龙附凤的大好时机,建元元年武帝已任命他做了太尉,虽然次年其与丞相窦婴同时被免,但那也是窦太后不喜儒引起的,与武帝的旨意无涉。建元六年(前135年),窦太后一死,田蚡又立即出任丞相,他如何会希望刘安取而代之?且建元二年时,武帝刚即位两年,仅十八岁,没有太子也属正常,田蚡此时以无子为由怂恿刘安,显得时机不对。

另外,《史》《汉》对刘安谋反过程的记述也是矛盾百出。如所谓淮南王谋反事泄,起于太子因比剑被雷被误伤,雷被为避祸,应中央之征,要出征匈奴,被太子阻拦。后雷被逃至长安告发,武帝以不遵汉法为名要逮捕淮南太子。其时刘安与淮南相有隙,淮南相因他罪入诏狱之后,又牵连了刘安的一些情况。所以朝廷派中尉至淮南国讯验,调查案情,若刘安早有谋反之心,定不会坐以待毙,此时发难的可能性较大。但《史记》载曰:“计犹豫,十余日未定”[2],后来只是“令人衣卫士衣,持戟居庭中”[3],惊惧的色彩更多,并不像是蓄谋造反的心态。

又如《史》《汉》对伍被的前后记载反差太大,显然是真假参半,事实不清。伍被是刘安的宾客,对于他在刘安谋反中的立场,《史记》的记载飘忽不定,一方面,“王日夜与伍被、左吴案舆地图,部署兵从所出”[4],而且也交代了一些伍被参与谋议的具体细节,如为了清除中央委派的官员,“王及与伍被谋,先杀相、两千石,伪失火宫中,相、两千石救火,至即杀之”[5];为了制造谋反前的乱局,伍被还提出了一系列的诡计,“臣之愚计,可伪为丞相、御史请书,徙郡国豪杰任侠及有耐罪以上,赦令除其罪,产五十万以上者,皆徙其家属朔方之郡,益发甲卒,急其会日。

① 《史记》卷一百一十八《淮南衡山列传》,第3082页。
② 《史记》卷一百一十八《淮南衡山列传》,第3083页。
③ 《史记》卷一百一十八《淮南衡山列传》,第3084页。
④ 《史记》卷一百一十八《淮南衡山列传》,第3085页。
⑤ 《史记》卷一百一十八《淮南衡山列传》,第3092页。

又伪为左右都司空上林中都官诏狱书，逮诸侯太子幸臣。如此，则民怨，诸侯惧”[①]，以疲敝民生，扰动天下；伍被甚至还参与谋划了将来谋反的用兵方向，“南收衡阳以击庐江，有寻阳之船，守下雉之城，结九江之浦，绝豫章之口，强弩临江而守，以禁南郡之下，东收江都、会稽，南通劲越，屈强江淮间，犹可得延岁月之寿”[②]。从这些翔实的记载看，伍被应为刘安谋反事件的核心人物，其推波助澜之功当无可疑。

但另一方面，《史记》又把伍被描述成一位忠于汉廷、力劝刘安不要谋反的良臣，指斥刘安犯上之辞为“亡国之语”，“方今大王之兵众不能十分吴楚之一，天下安宁有万倍于秦之时”[③]。进谏之后，伍被“气怒结而不扬，涕满匡而横流”[④]，诚然一副苦谏不从、伤心失意的样子。而刘安对伍被也十分不满，还曾“系伍被父母，囚之三月”[⑤]，即便这样，伍被也未曾屈服。很难想象，这样的人会是刘安谋逆的中坚人物。

因此，《史记》对刘安谋反的记载闪烁其词、前后歧异。所以后世许多人认为刘安谋反是一个冤案，汉武帝的猜忌是造成这一冤案的主要原因，“左右承其意旨，便诬构成一大冤狱”[⑥]。

不过，我们也应该反过来想一想，武帝虽有猜忌之心，但当时诸侯王甚多，为何将矛头对准了刘安呢？原因很简单，因为在武帝看来，刘安最不安分。《汉书》载其“为人好书、鼓琴，不喜弋猎狗马驰骋”，而且又懂得“拊循百姓，流名誉”，这正与武帝对诸侯王的期待相反。当然，刘安在学术上的活跃，也是招嫉的一个重要原因，下面我们着重谈这一点。

刘安“辩博善为文辞”，曾作《颂德》和《长安都国颂》献于武帝。这还没什么，因为武帝时辞赋盛行，他身边也汇聚了一大批文学之士。真正引起武帝关注的

---

① 《史记》卷一百一十八《淮南衡山列传》，第3090页。

② 《史记》卷一百一十八《淮南衡山列传》，第3092～3093页。

③ 《史记》卷一百一十八《淮南衡山列传》，第3087页。

④ 《史记》卷一百一十八《淮南衡山列传》，第3087页。

⑤ 《史记》卷一百一十八《淮南衡山列传》，第3085页。

⑥ 徐复观：《汉代专制政治下的封建问题》，见《两汉思想史》（第一卷），华东师范大学出版社，2001年，第109页。

应是刘安聚宾客汇编《淮南子》一事。刘安本人喜好学术，又招揽宾客数千人，作《内书》《外书》及《中篇》，还将《内篇》献给武帝，殊不知他的这一举动已经触了“逆鳞”，也逼近了武帝容忍的底线。且不说《淮南子》中以道家为底色的无为之政，与武帝“好大喜功”的做派相悖，刘安作书这一行为本身，已经招致了武帝的怀疑。《淮南子》的成书，无疑是有政治诉求的，是要为天下规划秩序，树立框架，即《要略》所言“统天下，理万物，应变化，通殊类”，而这些是君主的职责，是天下之主思考的问题，刘安的举动被武帝视为越俎代庖，心怀不轨，他后来被以谋反定罪也是事出有因。在武帝看来，君主的权威是全方位的，对学术也有最后的发言权，涉及政治的学术更是如此。

（二）河间王案例

《汉书·景十三王传》载河间献王“修学好古，实事求是”[①]，喜好收罗典籍，“故得书与汉朝等”。因此河间学术大兴，“山东诸儒者从而游”，还置《毛诗》及《左氏春秋》博士，一派学术繁荣的景象。更为糟糕的是，刘德的才气还在武帝面前显露过，“献雅乐，对三雍宫，及诏策所问，三十余事”[②]，其所对之事“文约指明”，可谓经明行修，通经达义。殊不知，他的这种崇好学术也无法被武帝容忍。刘德的结局，《汉书》记述十分简单，以“立二十六年薨”几字收尾。但《史记集解》引《汉名臣奏》说：“孝武帝时，献王朝，被服造次必于仁义。问以五策，献王辄对无穷。孝武帝艴然难之，谓献王曰：‘汤以七十里，文王百里，王其勉之。’王知其意，归即纵酒听乐，因以终”[③]。

看来，武帝对这样一位上进的诸侯王十分不放心，当面讥讽他要以商汤、文王自效，但问题是汤与文王不仅是儒家眼里的圣人，还是德、位合一的开国之君，这无形中表达了武帝对献王崇尚学术之意图的猜忌。这种猜忌虽是没有端由，但在政治斗争中却是致命的。

---

① 《汉书》卷五十三《景十三王传》，第 2410 页。

② 《汉书》卷五十三《景十三王传》，第 2411 页。

③ 《史记集解》引《汉名臣奏》，见《史记》卷五十九《五宗世家》“二十六年卒”条注，第 2094 页。

因此,武帝时所谓的淮南王谋反及其对河间献王的猜忌,基本都是捕风捉影,《史》《汉》的那些证据,也应是张汤等人的罗织和编造,这一点时人就有评说,如狄山指斥说:“汤之治淮南、江都,以深文病诋诸侯,别疏骨肉,使藩臣不自安。”[①]两案之发与武帝忌刻的心理密切相关,武帝诛杀大臣是非常典型的,仅《汉书》本纪中所载其诛杀的三公、宗室就达二十多人[②],更别提汇聚宾客、著书立说的地方诸王了。提倡学术在君主眼里是危险的,他们希望看到的是平庸、颓废的臣子。而站在君主的角度,他们一方面对诸侯的学术活动随时保持警惕,另一方面又要将以典籍为代表的文化学术掌握在自己手里,汉武帝时搜罗典籍的活动,很可能是受了刘安与刘德的刺激而来。就时间上看,这也是成立的。刘安献《内篇》之时,正是“初入朝”也就是武帝即位时;而刘德面见武帝的事,史籍未载,但元光五年(前130年)时刘德已死,而武帝搜罗典籍在此后的五六年,先后顺序还是比较明显的。

在汉成帝这里,这一点依然成立。《楚元王传》记载:“上方精于《诗》《书》,观古文”,表面看来确实是出于对学术的钟爱,收书、校书是成帝自觉的学术活动。但史籍告诉我们,此举仍有控制典籍流播的意图。如《汉书》之《宣元六王传》载东平王曾上疏求诸子及《太史公书》,成帝对此请求犹豫不决,询问大将军王凤,王凤的回答颇有深意:“诸子书或反经术,非圣人,或明鬼神,信物怪;《太史公书》有战国纵横、权谲之谋,汉兴之初谋臣奇策,天官灾异,地形厄塞。皆不宜在诸侯王,不可予”[③]。王凤的陈说,让成帝很受用,赐书之事遂作罢。细分析此事,有两点启示:第一,成帝时期的典籍搜集,确实有较明显的成效,以至于连地方诸侯王也没有像样的典籍,还须上疏求书;第二,成帝搜罗天下之书,其意图带有垄断学术,限制或禁绝地方文化的色彩。帝王往往习惯于从政治角度思考学术问题,搜书、校书只是表象,防止学术散播的潜在威胁,才是真正的原因。

由此可以说,武帝及成帝时期的校书,除了典籍散乱这种表面原因外,还有试图通过搜罗典籍,控制文化传播的意图。这种寓禁于征、寓毁于征的做法,实

---

① 《史记》卷一百二十二《酷吏列传》,第3141页。

② 陈广忠:《〈淮南子〉的倾向性和淮南王之死》,《江淮论坛》,1981年第1期。

③ 《汉书》卷八十《宣元六王传》,第3324~3325页。

开启了后世文化控制的一个新范式，最明显的就是清以修《四库全书》为名，禁毁天下典籍了。钳天下之口舌，愚民众之耳目，才是他们隐藏在搜括图书背后不为外人道的秘密。

三、西汉校书的基本历程

我们上面谈到，武帝、成帝时均有校书之举，除此之外，见于史籍记载的西汉的图书整理还有几次，但规模大小不一，性质也有差异。

（一）成帝之前的西汉校书活动

西汉最早的校书活动，学界一般认为起于高祖。《史记》记载说："萧何次律令，韩信申军法，张苍为章程，叔孙通定礼仪"[①]，《汉书》亦有类似之记载。不过此处之典籍整理活动，不好视为图书整理，因为当时天下粗定，纲纪未立，几人的活动更像是制定与整理简单的政治、军事、制度及礼仪之条目，与后世学术性、文化性的图书整理还是有显著差别的，这一点从这几人的知识背景与当时的历史条件可以知晓。

如萧何，在秦为沛县属吏，即所谓刀笔吏，做的就是管理簿册、文书的工作，因此对它们的重要性是十分清楚的，无怪乎他一入咸阳，就"先入收丞相御史律令图书藏之"。萧何所收，可能也有部分真正的图书，不过就其意图看，律令图籍才是他最关心的，因为这是将来抚定天下的关键，所以"萧何次律令"应该就是这次图籍工作的自然延伸，目的是为刘邦平定天下做准备工作。

次谈韩信次兵法。韩信为带兵大将，在灭秦战争及楚汉之争中战功卓著，应是饱读兵书之人。当时反秦战争虽已基本结束，但与项羽的争霸已不可避免，且天下各种旗号的贵族、诸侯很多，离天下一统还有相当的距离。所以，韩信的次兵法带有很强的实用性与目的性，应急的色彩较浓。

再谈叔孙通定礼仪。《史记》本传记高祖之初，群臣都是草莽英雄，又多出于丰沛，与刘邦是同乡，私人关系也比较和睦，所以在朝堂之上也没有法度，呼号詈

---

① 《史记》卷一百三十《太史公自序》，第3319页。

骂，拔剑击柱，混乱不堪。而叔孙通乃秦时博士，精于礼仪，于是杂集秦制，以定规制，此所谓“叔孙通定礼仪”，也是起于当时的实际需要，是不得已之举。

最后谈张苍定章程。张苍本人在秦时为御史，“明习天下图书计籍，又善用律历”[①]。《汉书·高帝纪》颜师古注引如淳曰：“章，历数之章术业。程者，权衡丈尺斗斛之平法也”[②]，均与历律计算有关，所以“定章程”很可能就是依托秦制，颁定汉的历法和度量衡。考《史》《汉》有“汉家言律历者本张苍”[③]，所谓“章程”应是要为纲纪初定的汉廷颁布通行之律历。

所以，萧何、韩信等人的活动，不是真正的图书整理，更像是朝野规制的修补，为刚建立的汉朝树立一个大体的框架，内容也多限于迫切需要的历律、兵书、律令和朝仪，属于应事而作，应时而起。

至于武帝时，我们前面说过，《汉志》载有“建藏书之策，置写书之官”的举动，但因史载简略，详情不得而知。幸好《兵书略》之小序对武帝时兵书整理的情况还有数语介绍：“武帝时，军政杨仆捃摭遗逸，纪奏兵录，犹未能备”[④]。《汉志》之所以将武帝时对兵书的整理特别点出，而其他典籍却略而不言，很有可能兵书是武帝时校书予以重点关注的，因为武帝本人对兵书也十分重视，曾劝勉霍去病研习，“上尝欲教之吴、孙兵法”[⑤]。而且就时间看，武帝此次校书约在元朔五年（前124年），正是反击匈奴战争的高潮，所以余嘉锡断言：“时方大举伐匈奴，以兵事为急，故仆校上兵书”[⑥]，就历史场景看，这种可能性是非常大的。

宣帝朝亦有校书之事。如《汉书·儒林传》记曰：“（后）仓说礼数万言，号曰《后氏曲台记》”。[⑦] 颜师古引服虔曰：“在曲台校书著记，因以为名”[⑧]，《汉志》之礼类文献亦有“《曲台后仓》九篇”[⑨]，则后仓校书当有其事。

---

① 《汉书》卷四十二《张苍传》，第2094页。
② 《汉书》卷一下《高帝纪》，第81页。
③ 《汉书》卷四十二《张苍传》，第2098页。
④ 《汉书》卷三十《艺文志》，第1763页。
⑤ 《汉书》卷五十五《霍去病传》，第2488页。
⑥ 余嘉锡：《目录学发微》附《古书通例》，中国人民大学出版社，2010年，第88页。
⑦ 《汉书》卷八十八《儒林传》，第3615页。
⑧ 见《汉书》卷八十八《儒林传》“后氏曲台记”条注，第3615页。
⑨ 《汉书》卷三十《艺文志》，第1709页。

所以,就仅存的线索看,成帝之前已有数次校书活动,西汉的校书是一以贯之的传统使然。不过前几次的校书,一则书籍范围有限,二则很大程度上是应事而作,选择面较窄,而刘向父子的校书,建立在大收篇籍的基础上,数量众多,内容遍及经传、诸子、诗赋、兵书、数术、方技,囊括了汉人知识结构的所有领域,可谓一次系统的学术整理。而且较之前几次的整理,刘向校书不但书籍众多,投入的人力、物力也大不一样,由刘向总其成,任宏等人分管,从旁有众人襄助,历时二十余年,集校雠、整理、撰写叙录、编目等众多工作于一体,校书的深度为以前所不及,称之为图书整理的集大成,亦不为过。

(二)刘向父子及班固与《汉书·艺文志》的成书

众所周知,《汉志》的成书实际是一个集体劳动的成果,历经刘向、刘歆与班固三个阶段的工作。三人的工作性质不一,内容各异,对《汉志》成书的影响不同,赋予《汉志》的内涵也不一样。要想正确评估《汉志》的学术趋向及学术特点,是不能忽视三人在《汉志》成书中的不同作用的。总体看来,刘向的主要工作就是校雠,写定《汉志》所著录书籍的善本;刘歆则为后来《汉志》的学术布局、派别划分打下了基石;班固主要是以史志的标准对《七略》予以裁剪,最终形成今存《汉志》的面貌。

1. 刘向之校雠

目录之学不是简单地罗列书目,中国古代的目录学内涵十分丰富,涉及辨伪、校雠、学术考辨等诸多层面,尤其是有组织的官方图书整理,这一特点就更为显著。其中又以校雠之学最为基本,书的内容、体例、编次确定以后,目录学方有根基,"校雠在目录之先,目录为校雠之果"[①]。所以,古代稍具规模的图书整理必伴随校雠而来,编目与校雠也就杂而处之,难以划分彼此。刘向的工作,其实就是集中于校雠。

此次校书的起因,源于成帝的收书,"上方精于《诗》《书》",又因感叹"书颇散亡",一方面让刘向校书,另一方面让陈农去民间各地搜罗典籍。因此,刘向面对

① 姚名达:《中国目录学史》,上海古籍出版社,2011年,第143页。

的典籍可分为两大部分：一是原来宫廷中已经散乱的藏书，二是陈农从各地搜罗来的众本。这么多的典籍混杂在一起，重复、歧异、脱漏的情况十分严重。成帝的最初用意就是保存、整理秘府典籍，校雠也就成了刘向工作的起点和核心。

刘向此次校书的规模相当大，所以有着较为明确的分工，即“光禄大夫刘向校经传、诸子、诗赋，步兵校尉任宏校兵书，太史令尹咸校数术，侍医李柱国校方技”[①]，而分工的依据是各人的学术专长与图书的基本性质，这一点应是明确的。专书责专人，这是西汉几次校书都较为明显的特点，前述之韩信申军法、萧何次律令及杨仆奏《兵录》都是如此。

刘向本人“通达能属文辞”，曾受《谷梁春秋》，讲论五经，通晓经义应无可疑。且刘向对诸子、诗赋也均有涉猎，《汉志》之《诸子略》儒家类有“刘向所序六十七篇”[②]，即《新序》《说苑》《世说》与《列女传颂图》，道家类有“刘向说《老子》四篇”[③]，《诗赋略》有“刘向赋三十三篇”[④]，以其校雠六艺、诸子、诗赋类文献，确为允妥。

任宏所任之步兵校尉，乃是汉武帝所设北军诸校尉之一，据应劭《汉官仪》记之曰：“比两千石，掌宿卫兵，属北军中侯”[⑤]，此为武官无疑，所以任宏校兵书；太史令“秩六百，掌天时星历，凡岁奏新年历；凡国祭祀丧娶之事，奏良日，国有瑞应灾异，掌记之”[⑥]，“皆精研术数，穷神知化”[⑦]，其与《数术略》之天文、历谱、五行、蓍龟、杂占最为密切，所以尹咸校此类典籍；《方技略》之医经、经方、方中、神仙多与养生、病理有关，侍医之职与此最为接近。

在四人分工的基础上，刘向负总责，最后撰写叙录，进呈成帝。需要说明的是，刘向虽总领其事，但他真正负责的是六艺、诸子及诗赋类文献，理由很简单，兵书、数术、方技多为专门之学，刘向长于经子、诗赋，不会舍长就短，况且已另有三位学有专长的人分领，刘向再介入就显得多余，“盖向之学本于儒家，通经术，

---

① 《汉书》卷三十《艺文志》，第 1701 页。
② 《汉书》卷三十《艺文志》，第 1727 页。
③ 《汉书》卷三十《艺文志》，第 1729 页。
④ 《汉书》卷三十《艺文志》，第 1748 页。
⑤ 孙星衍：《汉官六种》，中华书局，1990 年，第 148 页。
⑥ 孙星衍：《汉官六种》，中华书局，1990 年，第 127 页。
⑦ 孙星衍：《汉官六种》，中华书局，1990 年，第 128 页。

善属文,故独校此三略,其他则属之专门名家,成帝不以责向,向亦不敢自任也"[①]。最直接的证据如今存之刘歆《上〈山海经〉表》,起首即明言:"校秘书太常臣望所校《山海经》凡三十二篇,今定为十八篇"[②],则《山海经》的校对确由"臣望"完成,刘歆只是叙录而已,刘向的情形当与此相类。

诸家校书的独立性在《汉志》中亦有体现。班固在所登录之典籍中,间或有"自注"对书目或其作者做简单介绍,其虽出于班固之手,但内容实起于刘向。两者之关联,我们其后将详述。但此注出现的频率在《汉志》各部分中极不均衡,据笔者粗略统计,六艺类文献有典籍条目 124 条,班固予以标注的为 47 条;诸子类文献有典籍条目 186 条,有标注者为 140 条;诗赋类文献有典籍条目 106 条,有标注者为 8 条;兵书类文献有 56 条,有标注者为 23 条;而数术类与方技类文献各有 110 条与 36 条,均无标注。从下面的简表中,可窥见这一比例的差距:

	六艺类	诸子类	诗赋类	兵书类	数术类	方技类
文献条目	123	186	106	56	110	36
有自注者	47	140	8	23	0	0
标注比例	37.9%	75.3%	7.5%	41.1%	0%	0%

从上表可看出,刘向直接负责的前三略标注比例都较高,特别是六艺类与诸子类文献,而非他所职的数术与方技竟为空白。

也许有人会觉得这个比较仍有疑点,如《诗赋略》也由刘向负责,但其自注比例较之六艺、诸子,还是低了很多;《兵书略》部分虽由任宏负责,但比例较高,可与前两略持平。我们要说的是,这个统计是粗略和宏观的,只是表明一个大致的趋势,具体问题仍需进一步分析。因为虽自注内容本自刘向父子,但最后的注与不注,班固仍是直接的实施者,分析此问题不能忽略班固的取向。

如《诗赋略》自注比例较低的原因,很可能与班固的辞赋修养有关。班固与张衡、扬雄、司马相如并称"汉赋四大家",《后汉书》本传曾全文收录其《两都赋》及《典引篇》,此二篇极尽汉赋华丽之事。班固的文才颇为成帝信用,"每行巡狩,

① 余嘉锡:《目录学发微》附《古书通例》,中国人民大学出版社,2010 年,第 54～55 页。
② 姚振宗:《七略别录佚文》,上海古籍出版社,2008 年,第 76 页。

辄献上赋颂”[①]。若将这一层因素考虑在内,《诗赋略》自注很少的原因,很可能是班固本人精于辞赋,辞赋乃其日常习见之作,不似六艺、诸子等寓理精深,未曾予以特别留意。而且班氏对诗赋类的注解也相当简略,或注解先秦诗赋,当以时代较远,恐时人不知,如《宋玉赋》,注曰“楚人,与唐勒并时,在屈原后也”[②],《唐勒赋》注曰“楚人”;或注某些西汉赋家,但也是稍加提点,如《常侍郎庄忽奇赋》,注曰“枚皋同时”[③],《车郎张丰赋》注曰“张子侨子”[④],或因两者名气不显,班氏予以提示。至于主体内容,班固只是罗列典籍名称,全无注释。当然,这也可能与《诗赋略》所载大多为西汉时人所作,社会上层多能诵读有关。

兵书类文献标注比例较高,但与六艺类、诸子类相比,还是简单机械。前两略内容简练,但提供的信息较大,如儒家类之《孙卿子》,注曰“名况,赵人,为齐稷下祭酒,有《列传》”[⑤],乐类之《雅琴师氏》,注曰“名中,东海人,传言师旷后”[⑥]。相较之下,《兵书略》的标注更多集中于记录图籍的数量或卷数上,共有 14 条,如注《吴孙子兵法》,仅言“图九卷”[⑦];注《楚兵法》,仅言“图四卷”[⑧];注《王孙》,仅言“图五卷”等[⑨]。即便涉及作者的,也非常简单,如注《广武君》,仅言“李左车”[⑩];注《吴起》,仅言“有《列传》”[⑪]。而对著录主体的典籍本身之内容、旨意则全无提及,似乎反映标注者对兵书类文献较为陌生,不敢妄加评测,只能著录一些数量明确、容易定性的东西,如图谱等。

当然,这些都是我们从《汉志》的细节作出的一些推测,这种自注比例及内容的差异,肯定隐藏了某些重要的信息,最大的可能性乃是源于兵书、数术、方技类

① 《后汉书》卷四十下《班彪传》,第 1373 页。
② 《汉书》卷三十《艺文志》,第 1747 页。
③ 《汉书》卷三十《艺文志》,第 1748 页。
④ 《汉书》卷三十《艺文志》,第 1750 页。
⑤ 《汉书》卷三十《艺文志》,第 1725 页。
⑥ 《汉书》卷三十《艺文志》,第 1711 页。
⑦ 《汉书》卷三十《艺文志》,第 1756 页。
⑧ 《汉书》卷三十《艺文志》,第 1758 页。
⑨ 《汉书》卷三十《艺文志》,第 1758 页。
⑩ 《汉书》卷三十《艺文志》,第 1757 页。
⑪ 《汉书》卷三十《艺文志》,第 1757 页。

文献独立校雠的历史场景。

具体而言，刘向的校雠工作，主要分为以下几个部分：

集众本

刘向此次校书，是为了修缮、补充宫廷藏书的疏漏与缺失，就是要以“中书”为底本，汇集中外众书，整理出完整的善本来，陈农的求书就是以此为目的的。以中书为本，这是一个重要原则，各种版本的书目若有出入，皆以中书的篇章结构为基准，如《列子》叙录有言：“及在新书有栈，校雠从中书”[①]。

校书的首要工作就是搜罗典籍，这在今存的一些《别录》佚文中可以窥见。如为校对《晏子》，除秘府中的十一篇外，还有“太史书五篇，臣向书一篇，臣参书十三篇”[②]；校《列子》时，搜罗“太常书三篇，太史书四篇，臣向书六篇，臣参书二篇”[③]；校《邓析》时，有中书四篇及“臣叙书一篇”[④]；校《管子》时，汇集“中《管子》书三百八九十篇，太中大夫卜圭书二十七篇，臣富参书四十一篇，射声校尉立书十一篇，太史书九十六篇。”[⑤]

去重复

在汇集众本的基础上，再进行简单甄别，去掉重复的篇章，如校对《晏子》，所集众本计“中外书三十篇，为八百三十八章，除复重二十二篇，六百三十八章，定著八篇二百一十五章”[⑥]；校对《孙卿新书》时，中书共三百二十二篇，“除复重二百九十篇，定著三十二篇”[⑦]；校对《管子》时，共收罗中外书五百六十四篇，“除复重四百八十四篇，定著八十六篇”[⑧]；校对《邓析子》时，共集中外书五篇，“除复重为一篇”[⑨]；校对《列子》时，共搜罗二十篇，“除复重十二篇，定著八篇”[⑩]。从这些情

① 姚振宗：《七略别录佚文》，上海古籍出版社，2008年，第54页。
② 姚振宗：《七略别录佚文》，上海古籍出版社，2008年，第40页。
③ 姚振宗：《七略别录佚文》，上海古籍出版社，2008年，第53页。
④ 姚振宗：《七略别录佚文》，上海古籍出版社，2008年，第61页。
⑤ 姚振宗：《七略别录佚文》，上海古籍出版社，2008年，第50页。
⑥ 姚振宗：《七略别录佚文》，上海古籍出版社，2008年，第40页。
⑦ 姚振宗：《七略别录佚文》，上海古籍出版社，2008年，第43页。
⑧ 姚振宗：《七略别录佚文》，上海古籍出版社，2008年，第50页。
⑨ 姚振宗：《七略别录佚文》，上海古籍出版社，2008年，第61页。
⑩ 姚振宗：《七略别录佚文》，上海古籍出版社，2008年，第54页。

况看，这次校书所要面对的文本，其重复率是相当高的，如《孙卿新书》322 篇中，最后只厘定为 32 篇，重复率竟高达 90%；《管子》的重复率也达到了 85%。

正疏漏

在确定大体的篇章数量后，接下来就是对篇章文字的检核工作，这也是我们所说的狭义的“校雠”，其基本方法就是“一人持本，一人读书，若怨家相对，故曰雠也”。校对的核心集中于文字的差异，而文字的谬误也是众多篇章中普遍存在的现象。如在汇编《战国策》时，“‘本’字多误脱为‘半’字，以‘趙’为‘肖’，以‘齊’为‘立’，如此字者多”[①]；校对《晏子》时，“中书以‘夭’为‘芳’，‘又’为‘備’，‘先’为‘牛’，‘章’为‘長’，如此者类多”[②]；校《列子》时，“或字误，以‘盡’为‘進’，以‘賢’为‘形’，如此者众”[③]。对文字的比勘、校对，《汉志》中也有记载，如易类小序，“刘向以中《古文易经》校施、孟、梁丘经，或脱去‘无咎’‘悔亡’，唯费氏经与古文同”[④]；书类小序中，“刘向以中古文校欧阳、大小夏侯三家经文，《酒诰》脱简一，《召诰》脱简二。率简二十五字者，脱亦二十五字，简二十二字者，脱亦二十二字，文字异者七百有余，脱字数十”[⑤]；孝经类小序亦有言：“经文皆同，唯孔氏壁中古文为异……诸家说不安处，古文字读皆异”[⑥]。

厘篇章

先秦两汉典籍，因多书于简帛，不如后世之纸本规整，所以流传不便，多以单篇流行于世，篇章结构亦不甚紧密，余嘉锡有“古书单篇别行”的说法，认为古书的流行“多是单篇，故分合原无一定”[⑦]。古籍的这种形态，给刘向等人的校书确实带来了一些困难。如我们前面所讲，多种典籍常有中书多少篇及臣某多少篇的说法，很多都是相互重复，结构顺序也不甚明显，刘向等人要据之厘出定本，编订目次就是十分必要的事情。

---

① 姚振宗：《七略别录佚文》，上海古籍出版社，2008 年，第 32 页。
② 姚振宗：《七略别录佚文》，上海古籍出版社，2008 年，第 40 页。
③ 姚振宗：《七略别录佚文》，上海古籍出版社，2008 年，第 54 页。
④ 《汉书》卷三十《艺文志》，第 1704 页。
⑤ 《汉书》卷三十《艺文志》，第 1706 页。
⑥ 《汉书》卷三十《艺文志》，第 1719 页。
⑦ 余嘉锡：《目录学发微》附《古书通例》，中国人民大学出版社，2010 年，第 249 页。

《战国策》之成书最为明显。刘向校书时，发现了许多体裁与内容类似的反映战国游士陈说君主、诸侯的事例，但名称十分杂乱，“或曰《国策》，或曰《国事》，或曰《短长》，或曰《事语》，或曰《长书》，或曰《修书》”[①]，刘向根据其书的特点，将之汇编成一书，标准是以国别为类，以时为序。

又如现存之《别录》佚文，在《晏子》《孙卿新书》《列子》及《山海经》叙录中，均详列校订后的篇章名目，这应是保存最完整的叙录，也是当时刘向校书工作最真实的反映，《汉志》对《别录》“条其篇目”的记载，是于史有征的。

写叙录

以上几部分是校书的主体工作，最后的环节是撰写叙录，即《汉志》言“每一书已，向辄条其篇目，撮其旨意，录而奏之”[②]。不过以往学者对这句话的重视不够，忽略了一些重要的信息。

刘向为何要写叙录？这要从他的工作本身入手。刘向此次校书，源于宫廷藏书散乱，成帝命他进行整理。刘向既然是奉命而为，自然要以某种形式对此项工作进行汇报总结，而叙录就是一个很好的形式。今存叙录的内容，除了简单介绍每种典籍的作者及内容外，还有很多文字是描述校书过程的，如罗列了篇章数量，如何去除冗繁，如何校对文字，如何确定篇章结构，并将书籍目次列于其中。从这个角度看，一篇叙录就是一篇工作报告，概述了书籍的流传、版本、谬误的基本情况，及自己校雠时所作的修订和依据。从叙录反映的内容看，这是刘向进呈成帝御览的。叙录一般起首即言“臣刘向言……”或“与臣某校某书”，结尾处常见“臣向昧死上言”或“臣谨第录”，明显是臣子对君上的口气。《晏子叙录》明言“其六篇可常置旁御观”[③]，仿佛是对成帝面对面的劝诫，则此叙录当为呈奏成帝御览所用。

就校书的整个流程看，撰写叙录是校雠的最后一步，也是秘书缮写新本的基础。成帝下令校书的目的，就是要为秘书整理出可信、准确的新本，这一点刘向的认识也非常明确，叙录中常有这样的语句，“皆定，以杀青书，可缮写”。《风俗

① 姚振宗：《七略别录佚文》，上海古籍出版社，2008年，第32页。

② 《汉书》卷三十《艺文志》，第1701页。

③ 姚振宗：《七略别录佚文》，上海古籍出版社，2008年，第40页。

通》云:"皆先书竹,改易刊定,可缮写者以上素也"[①]。可见,刘向校雠的基本程序是先将集于秘府的某一典籍的版本进行整理,然后以叙录的形式将整理的情况奏于成帝,若成帝无异议,则书之于绢帛以为定本、新本。刘向之叙录是为成帝考评提供参照的,是连接两个环节的关键性依据。

后来这种随书刊载的叙录被另行汇集成册,谓之《别录》,后世论及刘向,必及此书。但后世学者更多将《别录》视为目录之书,而对其赖以成型的叙录的原始意图不自觉地忽略了,这其实是一种误解,因为《别录》更像是一篇篇书籍校对报告的汇总,"《别录》之书,本总集群文而已,非一系统之著作,其体当如今群书题记之类"[②]。从某种意义上讲,《别录》的出现,误导了我们对刘向校书工作重心的认识,干扰了我们对刘向在《汉志》成书过程中作用的认识,也掩盖了一些校书过程的历史真实。

2. 刘歆之定类例

刘歆在成、哀之际的这次校书中的作用,前后可分为两段:刘向生前,刘歆主要担任副手;刘向死后,刘歆则接替其父,总领其事。

前一阶段,《汉书》载曰:"河平中,受诏与父向领校秘书,讲六艺传记、诸子、诗赋、数术、方技,无所不究。"[③]至于刘歆到底承担了何项任务,史籍未载,不过"领校"一词可以给我们一些提示。《汉书》亦载"诏向领校中五经秘书",所谓"领校"即是负总责之意。恰今存之刘歆《上〈山海经〉表》有"臣望"为"校治","臣龚、臣秀"为"领主省"的说法,姚振宗解释说:"校治者,领校之属官也……而校领亦称领主省"[④],则两者的关系豁然开朗。领校之职,在于从全局统领校书工作,类似今之主编,而校治才是真正负责实际校对的人。在第一阶段,刘歆与其父刘向同属"领校",职责应也大体相类,属于从全局把握校书进度、分工的管理人员。此外,可能与刘向一样,刘歆也参与了一些具体的六艺、诸子及诗赋的整理工作,因为《汉书》载其在校秘书时发现了《春秋左氏传》,或可为其曾校六艺的一个

① 李昉:《太平御览》(第五卷),河北教育出版社,1994年,第763页。

② 程千帆:《目录学丛考》,中华书局,1939年,第10页。

③ 《汉书》卷三十六《楚元王传》,第1967页。

④ 姚振宗:《七略别录佚文》,上海古籍出版社,2008年,第77～78页。

佐证。

另外，笔者推测，刘歆很可能也参与过一些叙录的起草或写定工作，一则，刘歆既与其父一同领校典籍，虽说是担任辅助的工作，为其父撰写部分叙录也是可以想见的事情，以为刘向最后写定提供便利。况且《汉志》共收典籍近六百家、一万三千余卷，仅凭刘向一人恐也是鞭长莫及。二则，史载刘歆于六略之书，“无所不究”，虽为浮夸之辞，但也应有依据，这个“无所不究”的过程，很可能就在撰写叙录中体现出来。更何况后来刘歆接替其父之职，总领其事，撰《山海经》等书的叙录，也很可能因为他在此前已有过类似的工作经历，哀帝才让他接手的。

刘向死后，刘歆的校书工作进入第二阶段，即“复领五经，卒父前业”。刘歆此阶段的工作，可分为两部分：一是完成刘向尚未完成的部分校对工作；二是对所校典籍分门别类、划定部属，形成《七略》，这也是后来《汉志》的核心框架。刘向校书前后约十八年，而刘歆接手后两年左右，《七略》就成书了，则整个校书活动，刘向的作用最大，刘歆多半是收尾而已。刘歆的主要贡献在以六类部属划分典籍上。

这里有个问题需要考虑，即《别录》与《七略》在体例上的关系，也就是刘向有没有为书目划定部属。从史籍记载来看，我们觉得刘向做这种划分的可能性不大，一则，刘向的工作重心在于核对诸种来源的典籍，整理较完整、准确的善本，叙录也都写在本书篇后，后来虽汇聚成书，但与专门划分类别的目录之作还是有相当的距离。二则，刘向卒时，整个校书工作尚未完结，划分类目若在此时实现，于情理上也不可通。三则，《汉书》对刘歆工作记述十分清楚：“歆乃集六艺群书，种别为《七略》”[①]，“歆于是总群书而奏其《七略》”[②]，记载有条理，前后时间顺序清晰，当为史实。

也许有人要说，刘向在校书之始，已有明确分工，即“刘向校经传、诸子、诗赋，步兵校尉任宏校兵书，太史令尹咸校数术，侍医李柱国校方技”[③]，如此看来，似乎刘歆后来《七略》之主要部类在刘向分工中早有体现，刘歆不过以分工为基

① 《汉书》卷三十六《楚元王传》，第 1967 页。
② 《汉书》卷三十《艺文志》，第 1701 页。
③ 《汉书》卷三十《艺文志》，第 1701 页。

础，构架起《七略》的布局，没有大的变动，即“刘向校书之时，已分为六部，歆特因其成例序次之而已”[①]。这种说法看似较为合理，笔者一度也持这种观点，但若深究起来，这种说法还是有一些疑点的。

第一，上述《汉志》这一段话出于班固，属于后人追溯前事，以刘向等四人所职与《七略》之部类相匹配，是班固时人的观念，乃是他依据《七略》之六分框架点评旧事，不能据此认为刘向分工时已存如此清晰的学术派别框架。

第二，也是最重要的，几人的分工乃是学识与书籍内容相结合的产物。几人的学术所长，我们前面已经说过。至于书籍的内容，刘向之时虽未有《七略》那样整齐划一的概念，但大致的区分应还是有的，这在《史记》中有所体现。如《秦始皇本纪》有“《诗》《书》、百家语”并称的说法；《平津侯主父列传》记主父偃“晚乃学《易》《春秋》、百家言”[②]；《儒林列传》有“绌黄老、刑名百家之言”[③]；《滑稽列传》载：“讽颂《诗》《书》、百家之言”[④]。可见，在刘向父子之前，时人对学术派别的判定有了模糊的概念，最起码对《诗》《书》等六艺与诸子的区分是十分清晰的。刘向校书的分工，也是有一定的学术依据的，但也只能称是出于校书之实际需要的“隐约分部”[⑤]，无法与《七略》那种严密的划分相提并论。

因此，《汉书》虽提到刘向父子都曾“奏书”，但其所奏《别录》与《七略》的性质不完全一样。刘向所奏之叙录乃校雠的结果，是缮写新本的依据，《别录》之于成帝属于工作汇报，为各种典籍的最后定本提供依据；而刘歆的《七略》是整个校雠工作完成后编写的皇家图书目录，是为汉帝翻阅提供便利的，两者的真正用途不同，所以表现形态也不一样。

《别录》所载乃是当时校书历史场景的真实再现，如校对过程、修订依据、书籍内容及评价，所述不避繁冗，意在完整地向成帝展现典籍的校对过程及写定依据。而刘歆之《七略》虽承自《别录》，但重心已转移到保存书目上，“撮其旨要”，所以对《别录》的内容作了较大规模的删削，仅保留篇章数量、作者及大致内容以

---

① 余嘉锡：《目录学发微》附《古书通例》，中国人民大学出版社，2010 年，第 139 页。

② 《史记》卷一百一十二《平津侯主父列传》，第 2953 页。

③ 《史记》卷一百二十一《儒林列传》，第 3118 页。

④ 《史记》卷一百二十六《滑稽列传》，第 3206 页。

⑤ 姚名达：《中国目录学史》，上海古籍出版社，2011 年，第 40 页。

备查找书目，而对校书时汇集众篇、删繁存简的情况说明予以舍弃。《隋书·经籍志》载《别录》二十卷，《七略》七卷，两书篇幅的差异，应当就是这种删减的直接结果。删减的原因，在于二者的用途不一样，“向书重在解题，故文简而事赡；歆之书但明类例，故纲举而目张”[①]。

除了为《汉志》的部类划分奠定基础外，刘歆还为《汉志》的整体学术倾向定下了基调，《汉志》各类序言的内容明显出自刘歆之手，其中又以《六艺略》之序文最为明显。余嘉锡曾将之与《移让太常博士书》（以下简称《让书》）相较，认为两者“文义重规叠距，相为应答”[②]，只不过《让书》出于争立学官事，有门户之见色彩，用词更为犀利、尖锐，而《汉志》乃为史著，言辞尚比较节制、中性。下面我们简单罗列，以作对比。

如《汉志》谈及《古文尚书》于西汉之流布时，说：

> 鲁共王坏孔子宅，欲以广其宫，而得《古文尚书》及《礼记》《论语》《孝经》凡数十篇，皆古字也。……孔安国者，孔子后也，悉得其书，以考二十九篇，得多十六篇。安国献之。遭巫蛊事，未列于学官。[③]

《让书》记之曰：

> 及鲁恭王坏孔子宅，欲以为宫，而得古文于坏壁之中，《逸礼》有三十九篇，《书》十六篇，天汉之后，孔安国献之。遭巫蛊仓卒之难，未及施行。[④]

又如《汉志》言《左传》之由来：

> 丘明恐弟子各安其意，以失其真，故论本事而作传，明夫子不以空言说经也。《春秋》所贬损大人当世君臣，有威权势力，其事实皆形于传，是以隐其书而不宣，所以免时难也。[⑤]

《让书》记之曰：

> 《春秋》左氏丘明所修，皆古文旧书，多者二十余通，藏于秘府，伏而

---

① 汪辟疆：《目录学研究》，华东师范大学出版社，2000年，第16页。

② 余嘉锡：《目录学发微》附《古书通例》，中国人民大学出版社，2010年，第68页。

③ 《汉书》卷三十《艺文志》，第1706页。

④ 《汉书》卷三十六《楚元王传》，第1969页。

⑤ 《汉书》卷三十《艺文志》，第1715页。

未发。①

《汉志》讥当时五经博士抱残守缺、固守章句的学风，云：

古之学者耕且养，三年而通一艺，存其大体，玩经文而已，是故用日少而畜德多，三十而五经立也。后世经传既已乖离，博学者又不思多闻阙疑之义，而务碎义逃难；便辞巧说，破坏形体；说五经之文，至于二三万言。后进弥以驰逐，故幼童而守一艺，白首而后能言；安其所习，毁所不见，终以自蔽。②

《让书》记之曰：

往者缀学之士不思废绝之阙，苟因陋就寡，分文析字，烦言碎辞，学者疲老且不能究其一艺，信口说而背传记，是末师而非往古……犹欲抱残守缺，挟恐见破之私意，而无从善服义之公心。或怀妒疾，不考情实，雷同相从，随声是非。③

两者对古今学术之态度、旨意、用词大体相类，《汉志》主体内容出于刘歆，当无可疑。所以刘歆之功，不仅在于划分流派，而且更重要在于以《七略》表达其学术喜好、明其褒贬、评判长短，保留了西汉经学演进的一些重要信息。

3. 班固之成《汉志》

在刘氏父子的基础上，班固《汉志》的基本框架与核心内容大体已具，其工作集中于以史著的标准进行进一步整理，即“今删其要，以备篇籍”。

班固删减《七略》的原因有两个：一则，《七略》较之《别录》虽已大为简省，但还是有不少篇幅，《隋书》载其为七卷，可以为证。而《汉书》乃西汉断代之史，类例众多，纪传兼备，表志皆有，内容涉及一代政、事、人，对典籍的著录仅是众多内容之一项，不可能占据太多篇章。班固之删减，乃出于情势之不得已，“意在简质，不能详备，则修史之体不得不然”④。二则，最重要的是，《汉志》与《七略》之用途尚有区别。《七略》为皇家书目，供时君御览，刘歆曾将之上奏哀帝，此意甚显。

---

① 《汉书》卷三十六《楚元王传》，第 1969 页。

② 《汉书》卷三十《艺文志》，第 1723 页。

③ 《汉书》卷三十六《楚元王传》，第 1970 页。

④ 余嘉锡：《目录学发微》附《古书通例》，中国人民大学出版社，2010 年，第 45 页。

除最基本的典籍著录外,《七略》也附带有一些对书籍或作者的简单内容,以备咨询。而《汉志》之意,乃保存一代典籍文物之名目,其所列之书在当时尚有流传,加之《别录》《七略》俱存,全盘引入《录》《略》,反而不当。《汉志》之略而不繁,在当时也可称治宜、得体。

班固调整的最终结果,就是《七略》之《辑略》被散入六类,《七略》关于各典籍的解题内容被删节,某些需要补充的地方,仅以"自注"的形式标出。自注虽内容简短,有时却能反映很多的信息,而其来源也基本出自《别录》《七略》,算是部分保留了两书的痕迹,"篇中的班氏自注云云,乃采用刘向、歆父子旧文,参以己意"。[①] 由于现存之佚文主要是《别录》,我们就以班注与《别录》加以参对,来展示两者的内在关系。

如易类之"《易传》淮南道训二篇",班氏注曰:"淮南王安聘明《易》者九人,号九师说"[②]。《别录》佚文为:"臣向所校中《易传》淮南道训,除复重,定著十二篇。淮南王聘善为《易》者九人,从之采获,故中书署曰《淮南九师说》"[③]。

春秋类之"《世本》十五篇",班氏注曰:"古史官记黄帝以来讫春秋时诸侯大夫"[④]。《别录》佚文为:"《世本》,古史官明于古事者之所记也。录黄帝以来帝王、诸侯及卿大夫系谥名号,凡十五篇,与左氏合也"[⑤]。

道家类之"《辛甲》二十九篇",班氏注曰:"纣臣,七十五谏而去,周封之"[⑥]。今《别录》佚文记之曰:"辛甲,故殷之臣,事纣。盖七十五谏而不听,去。至周,召公与语,贤之,告文王。文王亲自迎之,以为公卿,封长子,今上党所治县是也"[⑦]。

墨家之"《墨子》七十一篇",班氏注曰:"名翟,为宋大夫,在孔子后"[⑧]。今《别录》佚文载为:"墨翟,宋大夫。或曰并孔子时,或曰在其后。今案《墨子》书有文

---

① 陈国柱:《汉书艺文志注释汇编》,中华书局,1983年,序言第3页。
② 《汉书》卷三十《艺文志》,第1703页。
③ 姚振宗:《七略别录佚文》,上海古籍出版社,2008年,第23页。
④ 《汉书》卷三十《艺文志》,第1714页。
⑤ 姚振宗:《七略别录佚文》,上海古籍出版社,2008年,第32页。
⑥ 《汉书》卷三十《艺文志》,第1729页。
⑦ 姚振宗:《七略别录佚文》,上海古籍出版社,2008年,第50页。
⑧ 《汉书》卷三十《艺文志》,第1738页。

子。文子，子夏之弟子，问于墨子。如此，则墨子者，在七十子后也”[①]。

诸如此类，繁不胜举。班注与《别录》的关系甚为明显，或择取字句，或以己意概括主旨。当然，自注中也包含有班固的新解，并非全是因袭二刘。如礼类之《周官经》，班氏注曰："王莽时，刘歆置博士"[②]。《周礼》列为博士，乃王莽擅权时之事，刘向父子校书时所不得见。而班固身处东汉，又为古文学家，视其为大事，特加以标注。又春秋类之《夹氏传》，班氏注曰“有录无书”[③]，则《夹氏传》在刘向父子校书时，仍可见其书，至班固时已不可见，故有此注。又小学类之《史籀》，班固注曰“周宣王太史作大篆十五篇，建武时亡六篇矣”[④]，则《录》《略》所载之《史籀》至光武帝时已散佚六篇，故班氏加以标注，予以说明。

此数例说明，班注虽渊源有自，但他也并非无所作为，而是做了一些补正和修订的工作。下面我们再谈一些班固对《七略》典籍部属所做的细节调整，包括出、入、增、省几类，这些内容前辈先贤都已提及，但为呈现班固之于《七略》调整的完整面貌，特简单赘述。

出入者有：出原属《兵书略》之《司马法》，入于《六艺略》之礼类，“出《司马法》入礼也”[⑤]。

出者有：如乐类“出淮南刘向等《琴颂》七篇”[⑥]。

入者有：书类“入刘向《稽疑》一篇”[⑦]；小学类“入扬雄、杜林二家二篇”[⑧]；儒家类“入扬雄一家三十篇”；《诗赋略》入“扬雄八篇”[⑨]。

省者集中于《兵书略》，兵技巧家省《墨子》；兵权谋家省伊尹、太公、《管子》、《孙卿子》、《鹖冠子》、《苏子》、蒯通、陆贾、淮南王二百五十九种。春秋类亦省《太史公》四篇。

---

① 姚振宗：《七略别录佚文》，上海古籍出版社，2008年，第64页。
② 《汉书》卷三十《艺文志》，第1709页。
③ 《汉书》卷三十《艺文志》，第1713页。
④ 《汉书》卷三十《艺文志》，第1719页。
⑤ 《汉书》卷三十《艺文志》，第1757页。
⑥ 《汉书》卷三十《艺文志》，第1711页。
⑦ 《汉书》卷三十《艺文志》，第1706页。
⑧ 《汉书》卷三十《艺文志》，第1720页。
⑨ 《汉书》卷三十《艺文志》，第1755页。

这里我们着重谈一下“省”的问题，因为这与诸家对《七略》编排义例的认定有直接关系。班注既明言省却十一部典籍，则《七略》中这些典籍确实重复载于不同部类中。后世许多学者认为这是刘歆故意为之，目的是为了“辨章学术”，也就是章学诚所盛赞的“互著”之法，即“理有互通，书有两同者，未尝不兼收并载，初不以重复为嫌”[①]。他认为某些典籍内容复杂，涉及面多，所以在不同部类中均有出现。

这种说法看似有一定道理，其实并非不刊之论。若以此为据，则《管子》《孙卿子》等书内容驳杂，为何只于兵家文献中互著，其他部类没有踪影；杂家类文献内容更为丰富，若“互著”之说成立，岂非众家之下皆应收《吕氏春秋》《淮南子》等书。但《汉志》的类例中，这些情况都没有出现，则“互著”非刘歆的本意。

我们的解释是这样的：刘向等人分工校书前，各部类典籍也有了大致区分，且每类典籍也应有相对独立的存放地，加之几人的校对并行不悖，独立进行，某些性质略显复杂的典籍被不同部类著录，互有重复的现象也是存在的。所以，《七略》这种少量典籍重复著录的现象，应不是刘向父子的有意为之，实是校书过程时遗留的问题。

另外，重出的典籍集中于《兵书略》部分，这个现象似乎更加证实了我们的推测。因为西汉一直有兵书整理的传统，从高祖时期的韩信，经武帝时期的杨仆，直至成帝时期的任宏。相比其他典籍，兵书的整理与保存是最完整、最系统的，而《汉志》言“诸吕用事而盗取之”，想必兵书应有一个较为固定的存放地。任宏的校对工作应有很好的基础，原有之兵书收集应是单独进行的，其《兵书略》或许就是以杨仆等人的《兵录》为基础的。兵书的收集与整理，一直是单线进行的，也把那些非专门谈兵，却间或谈及兵事的典籍予以收录，这应是《兵书略》部分图书重出的最关键性因素。其所收的诸子类典籍，也是有选择性的，“仅录议兵之篇耳”[②]。在《汉志》所减省且至今仍传世之典籍中，确实有不少与兵学相涉的篇章，如《墨子》中有《城守》诸篇，《管子》有《兵法》篇，《荀子》有《议兵》篇，《鹖冠子》有《世兵》与《用兵》篇，《淮南子》有《兵略训》。这些篇章涉及兵学的各个领域，如兵

① 叶瑛：《文史通义校注》，中华书局，1985 年，第 966 页。

② 昌彼得：《中国目录学讲义》，(台北)文史哲出版社，1973 年，第 106 页。

学理论、用兵方略、城池防御等。它们在这重意义上被视为兵书，也是可以接受的。

与此相似，章学诚还有所谓“别裁”说，《汉志》中单行的数篇，也并非刘歆有意为之，亦是校书之历史场景的再现和遗留问题。

班固调整部属、去除重复的最直接原因，是史志体例的约束。刘向父子之《录》《略》是以记录皇室典籍为主，所以书有其录，一一对应，对于那些重出于不同部类的典籍，也分别著录。而班固的《汉志》，与皇家目录的功用已经脱节，仅是满足于一朝文物记载所需。尽管仍有学术方面的顾虑，但整齐划一、清晰条理才更符合史志体例的需要，其对重复之书的删减正合此意。当然，这些调整班固已用自注的形式予以说明，整体上并不妨碍有识者对这些典籍多重价值的认识，可谓以另一种形式保留了《七略》学术上的类例，这也正是班固的高明之处。

综上所述，在《汉志》成书过程中，刘向父子与班固三人均有贡献，但着力点不同。刘向之功，在于汇校诸书，编写诸书之叙录，为《汉志》之形成提供了可靠的典籍完本；刘歆一方面划分类例，奠定了《汉志》基本的篇章布局，另一方面将自己对学术的理解，尤其是对六艺、诸子的看法，融入目录学中，《汉志》在学术史上的价值也由此奠定；班固则对《录》《略》做了一些裁剪、调整的工作，消解了二书校雠产物和皇家目录的痕迹，使其以规整、条理的形态展现于世人面前。班固的做法是否得体，我们且不评论，但《录》《略》二书散佚后，《汉志》成为我们唯一可窥见二书的资料，其于中国学术传承之功，不可谓不大。

第二章

“六艺”与《汉书·艺文志》的六经次序

一、“六艺”概念辨析

《汉志》著录儒家经传类文献，并冠以“六艺”之名。考之典籍，西汉以“六艺”概称六经的现象十分普遍，其中之缘由颇耐人思索。儒家之六艺系统有两个：一为《周礼》之“礼、乐、射、御、书、数”之六艺；一为《诗》《书》《礼》《易》《乐》《春秋》六艺。这两种“六艺”有何关系呢？我们认为，两者无疑是有联系的，“礼乐六艺”就总体来看确为西周时代贵族技能、修养学习的主体内容，春秋以降，贵族体制崩溃，这些典型贵族化的学习形态也很难维系。孔子之“诗书六艺”无疑在某种程度上可视为对“礼乐六艺”的接续。当然，无论在基本内涵还是在核心价值上，两者已有了较大差距。

问题是，两个“六艺”从概念上来讲是否存在直接的借鉴关系？换句话说，儒门之所以将《诗》《书》等六经冠以“六艺”之名，是否有意识地套用了《周礼》的概念？或者两者对“六艺”概念的使用仅仅是一个巧合？解决这样一个问题，许多附带问题是无法回避的。

（一）“六艺”概念产生时间蠡测

1.“诗书六艺”

两种内涵的“六艺”分别是何时产生的，这是回答两者关系问题时首先要考虑的。六经的名称出现是较早的事情，《庄子》中云“丘治《诗》《书》《礼》《乐》《易》

《春秋》六经，自以为久矣"[①]，《礼记》之《经解》中也有六经并称的说法，而出土之郭店楚简《语丛一》中，也有对六经功用的陈说。但以"六艺"指称六经，则是入汉之后才见于史籍记载的。《汉志》中有专门部类著录六经及其传记类文献，名为《六艺略》，而非冠以六经之名，可见以"六艺"代指六经已为汉人广泛接受。

从文献方面看，"诗书六艺"最早见于西汉初年陆贾之《新语》，共有两处：一为《道基》之"后圣乃定五经，明六艺"[②]；一为《本行》之"表定六艺，以重儒术"[③]。其后在《新书》《淮南子》《春秋繁露》及《史记》等书中，"六艺"之名开始频繁出现。按照学术传播及书籍流布的情势，《新语》中"诗书六艺"的概念也不可能是突然出现的，之前必有一个历史时间段的铺垫，可惜文献方面无法给我们提供有力的证据。所以，有学者笼统地将其确定在战国末年，"战国末期出现'六艺'一词以后，皆指《诗》、《书》、礼、乐、《易》、《春秋》而言，更无例外"[④]。也有人依据现存的史料，谨慎地认为"诗书六艺"出现于汉初。

但此结论的成立，还有一个问题需要考虑：《史记·滑稽列传》曾有这样一段话："孔子曰：'六艺于治一也。礼以节人，乐以发和，《书》以道事，《诗》以达意，《易》以神化，《春秋》以义'"[⑤]，似乎"诗书六艺"的称谓出自孔子之口，其在孔子之世的存在为确凿之事。我们认为情况远不是这么简单，如仔细分辨，还有一些疑点需要考虑。

一则，孔子之后的儒者众多，如七十子及孟、荀等人，其思想保留在《礼记》《孟子》《荀子》等典籍中，后出之郭店楚简、上博简等亦有许多篇章属此类典籍。这众多文献中，虽也有谈及六经作用的言辞，如《荀子》之《儒效》《劝学》，《礼记》之《经解》等，但均采用了将《诗》《书》《礼》《易》《乐》《春秋》一一点出的形式，并未使用"六艺"的称谓。如孔子时已有"六艺"之称，出现儒门后学的这种"集体遗忘"的可能性不大。

---

① 郭庆藩：《庄子集释》卷五下《天运第十四》，中华书局，2004 年，第 531 页。

② 王利器：《新语校注》卷上《道基第一》，中华书局，1986 年，第 18 页。

③ 王利器：《新语校注》卷下《本行第十》，中华书局，1986 年，第 142 页。

④ 徐复观：《〈周官〉成立之时代及其思想性格》，见《徐复观论经学史二种》，上海书店出版社，2006 年，第 335 页。

⑤ 《史记》卷一百二十六《滑稽列传》，第 3197 页。

二则，从古人引据典籍的习惯上讲，古人引书并不严谨，或以己意转述，或增减字句。《史记》中所言之“孔子曰”未必尽是孔子原话，时人改易、虚造、附会的情形也是存在的。如《孝文本纪》有“孔子言：‘必世然后仁。善人之治国百年，亦可以胜残去杀’”[①]，应是出自《论语·子路》“善人为邦百年，亦可以胜残去杀矣”[②]，两者相较，虽意旨相近，字句却有较大出入，《孝文本纪》多出“必世然后仁”一句。故《滑稽列传》的“孔子曰”未必出自孔子之口。而且《史记》虽被誉为信史，引孔子话语的地方很多，大部分见于《论语》，但也有例外，如《鲁周公世家》有“太史公曰：余闻孔子称曰‘甚矣鲁道之衰也！洙泗之间龂龂如也’”，就不见于《论语》。而《龟策列传》还有一大段冠以孔子的话：

> 孔子闻之曰：“神龟知吉凶，而骨直空枯。日为德而君于天下，辱于三足之乌。月为刑而相佐，见食于虾蟆。蝟辱于鹊，腾蛇之神而殆于即且。竹外有节理，中直空虚；松柏为百木长，而守门闾。日辰不全，故有孤虚。黄金有疵，白玉有瑕。事有所疾，亦有所徐。物有所拘，亦有所据。罔有所数，亦有所疏。人有所贵，亦有所不如。何可而适乎？物安可全乎？天尚不全，故世为屋，不成三瓦而陈之，以应之天。天下有阶，物不全乃生也。”[③]

这一段话在《论语》中就更无对应的词句，很难说是孔子之言。所以，《史记》所谓的“孔子曰”来源十分复杂，并不限于《论语》，应也有一些儒门后学推阐或比附的内容。《滑稽列传》中所引孔子评论“六艺”的话语，当与此相类，为《论语》失载，且在先秦两汉文献中均无踪迹，仅于《史记》一见。

这些不见于《论语》的“孔子曰”，学者曾有所讨论。如郭沂对《史记》中的孔子资料进行了细致的区分，将《孔子世家》及《仲尼弟子列传》判定为基本可靠的史料，认为：“《史记》虽成于汉代，但司马迁治史严谨，且此二篇是他研究孔子及其弟子的专著，后世谓之实录”[④]，《史记》其他篇章中的孔子言行则被视为比较可

---

① 《史记》卷十《孝文本纪》，第 437 页。

② 程树德：《论语集释》卷二十六《子路上》，中华书局，1990 年，第 909 页。

③ 《史记》卷一百二十八《龟策列传》，第 3237 页。

④ 郭沂：《郭店竹简与先秦学术思想》，上海教育出版社，2001 年，第 367 页。

靠的资料，因为“大抵出自时人之口和各种传闻，来源庞杂，难免鱼目混珠”[1]，郭氏对此持谨慎的保留态度。梁涛的思考更为深入，他认为后世的许多“孔子曰”并非孔子的言论，而是包含了后人的诠释：“先秦两汉典籍中特别是孔门后学所记录的‘子曰’，虽不能说全无根据，但由于主观、客观的原因，它并不是严格意义上的‘实录’，而是包含了记录者对孔子思想的诠释和理解，表达了记录者的主观意图和愿望”[2]。因此，仅从字面上的“子曰”或“孔子曰”很难判定这就是孔子的真实想法，更不用说这是不是孔子的原话了。

三则，《滑稽列传》中“孔子曰”的来源也值得思考，其主体内容在《太史公自序》中也曾出现，与《滑稽列传》基本一致，仅少了“孔子曰”一句。为便于考察，特不避重复，将《太史公自序》中的这一段话抄录于下：

> 太史公曰：“余闻董生曰：‘周道衰废，孔子为鲁司寇，诸侯害之，大夫壅之。孔子知言之不用、道之不行也，是非二百四十二年之中，以为天下仪表，贬天子，退诸侯，讨大夫，以达王事而已矣’。子曰：‘我欲载之空言，不如见之于行事之深切著明也’。夫《春秋》，上明三王之道，下辨人事之纪，别嫌疑，明是非，定犹豫，善善恶恶，贤贤贱不肖，存亡国，继绝世，补敝起废，王道之大者也。《易》著天地阴阳四时五行，故长于变；《礼》经纪人伦，故长于行；《书》记先王之事，故长于政；《诗》记山川溪谷禽兽草木牝牡雌雄，故长于风；《乐》乐所以立，故长于和；《春秋》辨是非，故长于治人。是故《礼》以节人，《乐》以发和，《书》以道事，《诗》以达意，《易》以道化，《春秋》以道义。拨乱世反之正，莫近于《春秋》。《春秋》文成数万，其指数千，万物之散聚皆在《春秋》。”[3]

《太史公自序》中的这番话，与董仲舒关系十分密切，其主旨即是对董生春秋学的阐释。司马迁的此番言论，相当一部分是以董仲舒为基础的，即所谓“余闻董生曰”的内容。但问题是“董生曰”的内容何处为下限，这直接关系着《滑稽列传》及《太史公自序》中表述六经功用的这一部分文字是源于孔子，还是源于董仲

---

① 郭沂：《郭店竹简与先秦学术思想》，上海教育出版社，2001年，第368页。

② 梁涛：《郭店竹简与思孟学派》，中国人民大学出版社，2008年，第257页。

③ 《史记》卷一百三十《太史公自序》，第3297页。

舒的问题。从表面看,“董生曰”的内容至“以达王事而已矣”截止。但裴骃在注“《春秋》文成数万,其指数千”时,说:“骃谓太史公此辞是述董生之言”。则裴骃认为上述这一段话,全是董仲舒之意,而“孔子曰”的内容似乎是出自董仲舒之口,属于“董生曰”的内容。考之《春秋繁露》,这段文字确与董仲舒关系甚密。《玉杯》有言:

> 君子知在位者不能以恶服人,是故简六艺以赡养之。《诗》《书》序其志,《礼》《乐》纯其美,《易》《春秋》明其知。六学皆大,而各有所长。《诗》道志,故长于质;《礼》制节,故长于文;《乐》咏德,故长于风;《书》著功,故长于事;《易》本天地,故长于数;《春秋》正是非,故长于治人;能兼得其所长,而不能遍举其详也。[①]

将此段文字与《太史公自序》及《滑稽列传》相较,表述六经之用的言辞基本一致,但也有一些出入,可能是由于传闻之误,或董仲舒之书尚未成形,司马迁仅得其意旨之大体。尽管如此,也可知《太史公自序》“余闻董生曰”的说法是有据可查的。这段话的主体内容出自董仲舒的可能性更大,《滑稽列传》中“孔子曰”的内容也不能确凿无疑地认为是孔子的原始言论,极有可能是董仲舒的说法,并由司马迁以“余闻董生曰”的形式载入《史记》。

那么儒家之将《诗》《书》等六经称为“六艺”又是由于什么原因呢?这一点,前人偶有谈及,有的认为之所以称六艺,是因为六书能培育人的六种德行,如吕思勉言:“自人之学习言之,谓之六艺;自其书言之,谓之六经”[②]。吕氏此说其实本自贾谊,贾谊认为人之修养应“内法六法,外体六行,以兴《诗》《书》《易》《春秋》《礼》《乐》六者之术以为大义,谓之六艺”[③],亦是从六经在培养人的不同德行上讲的。也有学者认为汉儒之所以将六经改称六艺,乃是由于学术的世俗化和政治化,称谓的转变只是“服务于其变‘经’为‘艺’、变‘学’为‘术’的学术转向”[④]。

以上数种说法,或许都有一定道理,吕说体之于人情,蒋说察之于汉代儒学

---

① 苏舆:《春秋繁露义证》卷第一《玉杯第二》,中华书局,1992 年,第 35～37 页。

② 吕思勉:《吕思勉读史札记》之“六艺”条,上海古籍出版社,2005 年,第 507 页。

③ 阎振益、钟夏:《新书校注》卷第八《六术》,中华书局,2000 年,第 316 页。

④ 蒋国保:《汉儒称“六经”为“六艺”考》,《中国哲学史》,2006 年第 4 期。

的基本动向。相较之下，我们认为后种说法更能反映学术演变的内在理路。“艺”在先秦时期最基本的语义是“技艺”，孔子之时肯定不会将《诗》《书》等称为“艺”的。因为他对“技艺之学”是相当贬斥的，“君子不器”[①]，“吾不试，故艺”[②]，应该不会以“艺”来标注他寄以巨大希望的《诗》《书》。

以“六艺”指代六经，可能与荀学的关系更为密切。一则，孔子之后，儒门发生了极大分化，即韩非所言“儒分为八”，分化的基本趋向是“孟子重视仁(心)的内在派，荀子重视礼的外在派，和《易传》的天道派”[③]。若从与政治的契合程度来讲，荀子的外在派更为成功，秦汉之后的许多政治模式也没有跳出荀子礼、刑并用的圈子，“两千年之学皆荀学”的说法并非没有因由。因此，儒学政治化的转变，最迟也可上溯到荀子，儒学由“学”到“术”的转变，或许可以从这一思路中寻得线索。荀子对实际政治的倾注，或许从某种程度上冲淡了他对六经痴迷式的推崇和固守，将其视为修身、齐政的“六艺”的可能性，较之其他儒门也更大。而且以时间段来看，荀子活动于战国后期，与学人们推断的“诗书六艺”概念出现的时间非常接近，两者的重合恐怕也并不是简单的巧合。可惜现存《荀子》书中虽有谈及六经作用的语句，但仍未出现“六艺”之名，抑或是荀子后学的创见，也未可知。

二则，荀子于战国后期之五经传承贡献最大。从《汉书》和《经典释文》提供的信息看，荀卿所传涉及《易》《礼》《诗》《乐》和《春秋》，汪中盛赞：“盖自七十子之徒既殁，汉诸儒未兴，中更战国、暴秦之乱，六艺之传赖以不绝者，荀卿也”[④]；皮锡瑞也承认“荀卿传经之功甚巨……汉初传其学者极盛”[⑤]。从经学传承的主要谱系看，荀子的影响最大，“六艺”称谓出自荀学的可能性当然也最大。不过，这两点只是我们的一种大致推断，或当或否，仅提供给大家一个思考的角度罢了。

2. “礼乐六艺”

如果说“诗书六艺”概念的起源已经是雾里看花，那么“礼乐六艺”的问题就更加复杂。此“六艺”作为明确概念仅见于《周礼》，先秦其他典籍中均没有此种

---

① 程树德：《论语集释》卷三《为政上》，中华书局，1990年，第96页。

② 程树德：《论语集释》卷十七《子罕上》，中华书局，1990年，第583页。

③ 梁涛：《郭店竹简与思孟学派》，中国人民大学出版社，2008年，第86页。

④ 汪中：《荀卿子通论》，见《新编汪中集》，广陵书社，2005年，第412页。

⑤ 皮锡瑞：《经学历史》，中华书局，2008年，第55页。

内涵的“六艺”，这显得十分突兀。更为棘手的是，《周礼》的成书时间本身就是一个悬而未决的学术公案。关于《周礼》的流传，历来有几种不同说法，为方便分析，一一列举如下：

第一，据《汉书·河间献王传》，献王好搜罗古书，“皆古文先秦旧书，《周官》《尚书》《礼》《礼记》《孟子》《老子》之属，皆经传说记，七十子之徒所论”[①]。此说陆德明又有补充：“河间献王开献书之路，时有李氏上《周官》五篇，失《冬官》一篇，乃购千金不得，取《考工记》以补之”[②]。

第二，据马融《周官传叙》，“秦自孝公以下，用商君之法，其政酷烈，与《周官》相反。故始皇禁挟书，特疾恶，欲绝灭之，搜求焚烧之独悉。是以隐藏百年。孝武帝始除挟书之律，开献书之路，既出于山岩屋壁，复入于秘府，五家之儒莫得见焉。至孝成皇帝，达才通人刘向子歆，校理秘书，始得列序，著于《录》《略》”[③]。

第三，《后汉书·儒林传》则认为“孔安国所献《礼》古经五十六篇及《周官经》六篇，前世传其书，未有名家”[④]。

依据这些模糊的记载，古往今来众多学者聚讼于《周礼》的成书时间问题上，观点层出不穷，论证繁复多样。据彭林统计，《周礼》成书年代问题上至少有六种说法：出于周公说、成于西周说、成于春秋说、成于战国说、成于周秦之际说、成于刘歆说[⑤]。如今，周公说与刘歆说因为其明显的尊经或疑经色彩，基本已没有了支持者，学界多将《周礼》认定为战国时期的作品。但即便是赞同《周礼》成于战国之后的学者，其基本观点也大相径庭，如郭沫若认为“盖赵人荀卿弟子所为”[⑥]；杨向奎则认为成于战国中后期的齐地学者[⑦]；彭林认为成书于汉初高祖至文帝

---

① 《汉书》卷五十三《景十三王传》，第2410页。

② 黄焯：《经典释文汇校》卷第一，中华书局，2006年，第18页。

③ 贾公彦：《周礼注疏》之《周礼正义序·序周礼废兴》，上海古籍出版社，2010年，第5页。

④ 《后汉书》卷七十九下《儒林列传》，第2576页。

⑤ 彭林：《〈周礼〉主体思想与成书年代研究》，中国人民大学出版社，2009年，第3～5页。

⑥ 郭沫若：《周官质疑》，见《中国现代学术经典》（郭沫若卷），河北教育出版社，1996年，第464页。

⑦ 杨向奎：《〈周礼〉的内容分析及其成书年代》，见《杨向奎集》，中国社会科学出版社，2006年，第198页。

之际。

确定了《周礼》的大致成书时间，问题还未解决。因为“礼乐六艺”的明确记载虽只见于《周礼》，但此结论的最终落实，还有两个问题需要面对：一是《吕氏春秋》之《博志》与《贵当》两篇中，有“文艺”一词，后人或有疑问，以为“六艺”之讹；二是《论语》之《述而》有“游于艺”一句，现存之注解均以“礼乐六艺”释此处之“艺”，似乎孔子之时已有了此种含义的“六艺”。

我们先来看第一个问题，《吕氏春秋》有这样一段话：

> 养由基、尹儒，皆文艺之人也。荆廷尝有神白猿，荆之善射者莫之能中，荆王请养由基射之。养由基矫弓操矢而往，未之射而括中之矣，发之则猿应矢而下，则养由基有先中中之者矣。尹儒学御，三年而不得焉，苦痛之，夜梦受秋驾于其师。明日往朝，其师望而谓之曰：“吾非爱道也，恐子之未可与也。今日将教子以秋驾。”尹儒反走，北面再拜曰：“今昔臣梦受之。”先为其师言所梦，所梦固秋驾已。上二士者，可谓能学矣，可谓无害之矣，此其所以观后世已。[①]

起首句之“文艺”，后世有人以为乃“六艺”之误。如俞樾就持这种观点：“养由基善射，尹儒善御。射与御皆六艺之事……今作文艺者，字之误耳。”[②]问题是“文艺”“六艺”都有版本依据，仅从这点出发，不好断定何者为真，这就需要根据上下文的内容作出判断。文中既明言养由基善射，尹儒学御，似乎与六艺中的射、御密切相关，“文艺”自然可能就是“六艺”之误了。如吕思勉就认为：“文艺二字，古书罕见，作六艺者盖是。由基善射，尹儒学御，称为六艺之人，此即《周官》之制不诬之证”[③]。吕氏此说的主要支撑点有两个：一是“文艺”一词在先秦典籍中十分少见，因此在此处出现得太过蹊跷；二是《博志》中出现射、御两项技能，可以《周礼》之“六艺”囊括之。但如果深究，吕氏的两个支撑点也无法坐实。

一则，“文艺”一词在先秦时虽不多见，但“礼乐六艺”的概念何尝不是仅见于时代不明的《周礼》，如何断言“文艺”乃“六艺”之讹呢？且“文艺”除见于《吕氏春

---

① 陈奇猷：《吕氏春秋新校释》，上海古籍出版社，2002年，第1628～1629页。

② 俞樾：《诸子平议·吕氏春秋三》，中华书局，1954年，第499页。

③ 吕思勉：《吕思勉读史札记》之“六艺”条，上海古籍出版社，2005年，第507页。

秋》外,《大戴礼记》中亦有出现,《文王官人》有言:

生民有灵阳,人有多隐其情,饰其伪,以赖于物,以攻其名也。有隐于仁质者,有隐于知理者,有隐于文艺者,有隐于廉勇者,有隐于忠孝者,有隐于交友者。如此者,不可不察也。[①]

而所谓“文艺”,“素动人以言,涉物而不终;问则不对,详为不穷;色示有余;有道而自顺用之,物穷则为深。如此者隐于文艺者也”[②],即或故放高论,或隐约其辞,或故作深沉,总之就是以言语、神态掩饰自己的无知或不良品行。此处之“文艺”与《吕氏春秋》相较,具体含义上好像有所不同,但都有人为、后天粉饰的意思在里面,从大的方面讲,还是有共同之处的。

二则,《博志》中虽有射御的说法,但这不能断章取义,因为在紧随《博志》的《贵当》中,亦有“文艺”一词。按俞樾的观点,亦应为“六艺”之误。细察这里的“六艺”,问题也随之而来。《贵当》之主旨在于劝说人君任贤择士不要拘于表面,要贵于审视。文中还举了两个例子加以说明:一为相人观相;一为猎人打猎。两者看似都与政事无关,其实背后都蕴藏着用人、识人的智慧。所以《贵当》总结说:

故贤主之时见文艺之人也,非特具之而已也,所以就大务也。夫事无大小,固相与通。田猎驰骋,弋射走狗,贤者非不为也,为之而智日得焉,不肖主为之而智且惑焉。[③]

若此处之“文艺”以“六艺”矫之,则会与《周礼》对六艺的描述有较大的差距,如陈奇猷所说:“且射御,虽于六艺中有之,而猎亦可勉强归入六艺之射,至于相则于六艺中无可归属矣”[④]。因此,将“文艺”改为“六艺”,一方面是受了前文养由基、尹儒的误导,另一方面恐也与俞樾等人的尊经重典意识密不可分。

那《吕氏春秋》中的“文艺”到底何意呢?“文”与“质”相对,带有后天人为、修

① 方向东:《大戴礼记汇校集解》卷十《文王官人第七十二》,中华书局,2008年,第1025页。

② 方向东:《大戴礼记汇校集解》卷十《文王官人第七十二》,中华书局,2008年,第1025～1026页。

③ 陈奇猷:《吕氏春秋新校释》,上海古籍出版社,2002年,第1638页。

④ 陈奇猷:《吕氏春秋新校释》,上海古籍出版社,2002年,第1634页。

饰的色彩,“艺”指技艺,“文艺”就是带有后天修饰的才艺,“文者文彩,艺者技术。文艺者,有文彩之技术也”。陈奇猷认为养由基、尹儒等人技术高超,文采斐然,所以用“文艺”称之,类似后世之骑车、滑冰等“要花式”的表演。此等理解,未必完全恰当,但置之于上下文,亦可谓平实得当。

第二,再看《论语》中《述而》篇的问题。对于“游于艺”,现存《论语》各家注本均释为“礼乐六艺”,此问题的关键在于清理郑玄对《论语》注解的干扰。以“礼乐六艺”解“艺”,根子就在郑玄这里。

概观郑氏注,其中一个鲜明特点就是多从礼的角度注解《论语》,这与郑玄的学术倾向及喜好密切相关。王鸣盛曾有言:“康成注经,三礼居首,阅十四年乃成,用力最深也”①,郑玄在注诸经时,喜引三礼,特别在涉及典章制度时更是如此。但郑玄对三礼也并非等而视之,其最推重的是《周礼》,此为古今学人所共知。当三礼记述出现抵牾时,他的基本做法就是以《周礼》为主,调和三者在制度、典章上的差异,“郑玄的调和法,说来也很简单,就是以《周礼》为周制,凡不与《周礼》合者,便以殷制或夏制解之”②。他对《周礼》的偏爱,也波及其他经典的注解,“郑氏注述群经,以为《周礼》乃周公致太平之迹,信之尤笃。故言及名物度数,概以经为准,而不杂以他说”③。这种倾向在其《论语》注中也较为明显。

郑玄的这种做法同时带来了一些问题。郑氏注过度据依《周礼》,很多时候是不必引或不当引,有时略显机械、凝滞。我们试举数例,加以说明。

如《述而》中对于“行”的注解,在《论语》的语境中,行与文、忠、信合为孔子之“四教”,四者是孔子教书育人、培育德行的四个标准。但在郑玄这里,情况则变得复杂化了,他以《周礼》之“六行”——孝、友、睦、姻、任、恤释“行”④,表面看来使得“行”的内容更加明晰,更加具体,但总体似有牵强附会之感。因为“文、行、忠、信”作为“孔子四教”是整体出现的,而《周礼》中并没有所谓“六文”“六忠”或者“六信”与“文、忠、信”对应。郑玄仅拿出四者之中的一个“行”大加注释,有断章

---

① 王鸣盛:《蛾术篇》卷五十八,商务印书馆,1958年,第880页。

② 杨天宇:《郑玄三礼注研究》,天津人民出版社,2007年,第189页。

③ 张舜徽:《郑学丛著》,华中师范大学出版社,2005年,第95页。

④ 见于伯希和二五一〇号写本,王素:《唐写本论语郑氏注及其研究》,文物出版社,1991年,第77页。

取义的嫌疑，不免使人对此处以《周礼》注《论语》的可信性和妥帖性有所顾虑。从后世的注疏看，许多学者对郑玄的这种倾向有自觉的纠正。如“行”，皇侃引李充曰：“孝悌恭睦谓之行”[①]，《论语注疏》为：“行谓德行，在心为德，施之为行”[②]。两者的注解较为平实，他们对“行”的理解偏重于一般的德行，并没有拘泥于《周礼》的限定，也没有赋予其具体的特殊含义。而且就《论语》寓意来看，将“行”释为德行也完全能满足此处语境的需要。若是以《周礼》之“六行”解释，一则有上述勉强之嫌疑，二则也使“行”受制于《周礼》的限定，丧失了在《论语》语境下的灵活度。

又如“诔”。根据《论语》的语境，由于孔子抱病，子路为之祈祷，所谓诔就是祷辞。郑玄解之为《周礼》的“六祈之辞”，即“一曰类，二曰造，三曰禬，四曰禜，五曰攻，六曰说”[③]，显得有些过于机械、整齐。且《周礼》中明确说“六祈”由大祝执掌，而大祝在“国有大故、天灾，弥祀社稷，祷祠”[④]。周代“国之大事，在祀与戎”，大祝可谓位高权重，以其所执掌的“六祈”来释此处子路祷神的“诔”恐很难有说服力。因此在“诔”的注解上，后世学人也没有遵循郑玄，如何晏注曰：“诔，祷篇名”[⑤]，朱熹注曰：“诔者，哀死而述其行之辞也”[⑥]。两人对“诔”的解释，也同样摆脱了《周礼》的影响，完全是依据《论语》做出的合乎情理的一般性诠释。

因此郑玄出于对《周礼》的盲从，单从字词的表面联系入手，引据略显轻率，殊不知这些注解与《论语》的学术体系和当时的宏观学术背景并不完全契合。而郑玄过分执守于《周礼》的某些做法，实质上束缚了其注解《论语》的内容，使其注释被迫受制于《周礼》的牵引，也给后人理解《论语》的本意带来了一些干扰和困惑。从某种程度上讲，郑玄并非在以《周礼》注《论语》，而是在以《论语》辅证《周礼》。

---

① 程树德：《论语集释》，中华书局，1990 年，第 486 页。

② 邢昺：《论语注疏》，北京大学出版社，2000 年，第 103 页。

③ 见于伯希和二五一〇号写本，王素：《唐写本论语郑氏注及其研究》，文物出版社，1991 年，第 80 页。

④ 贾公彦：《周礼注疏》卷第二十九《春官宗伯下》，上海古籍出版社，2010 年，第 967 页。

⑤ 邢昺：《论语注疏》，北京大学出版社，2000 年，第 109 页。

⑥ 朱熹：《四书章句集注》，中华书局，1983 年，第 101 页。

郑玄对《述而》"游于艺"之"艺"的注解也明显来自对《周礼》的偏爱。"游于艺"之"游",历来有两种注解:一为"游憩";一为"游离"。两者相较,当以"游憩"为佳,意谓以"艺"为德行修养的辅助,此说前人已有提及,不再赘述。而郑玄将"艺"注为《周礼》之"礼乐六艺",确为不妥。一则,"礼乐六艺"与西周时期的贵族体制紧密相连,时代特色鲜明,而春秋之末的孔子之世,已是"礼崩乐坏"的局面,孔子若以此种内涵的"艺"辅翼德行,与大的历史背景相左。二则,孔子之学乃是"平民之学",其弟子多卑贱之人,其教学以塑造德行上的"君子"为目的,若教之以西周贵族之礼乐射御书数的"六艺",与当时实际情况不符。因此,此处之"艺"断不可以"礼乐六艺"释之。由于郑玄在经学史上的标杆性地位,后世学者大多没有注意,而是基本沿袭了他的说法。因此,将"游于艺"释为"礼乐六艺"乃是郑玄的《周礼》情结所致,并不能说明孔子之时已有此六艺的自觉概念。

(二)两个"六艺"概念承袭关系辩驳

两个"六艺"在概念上是否存在借鉴和承袭关系呢?前面我们谈到,《周礼》成于战国中后期的可能性最大,而"诗书六艺"概念的出现当也在战国后期,因此凭借现存证据,可以说在两种"六艺"出现的先后顺序上,存在着相互交叉、重叠的时间段,没有十分确切的先后顺序,当然更无从得知两个"六艺"在概念层次上的关系。

1.《周礼》的线索

面对此种困境,我们不妨转换思路。以常理推断,"礼乐六艺"的概念与西周政治联系更为紧密,出现较早的可能性较大,而后才有了借用此"六艺"名义的"诗书六艺"。这种观点也有一些学者表示认可,如吴龙辉认为"六艺"内涵的转变,牵涉了一场儒家带来的教育改革,即儒者本以"礼乐六艺"为教授内容,但因为时代变迁被淘汰,"儒家人士便将诗、书、礼、乐、易、春秋凑成六门课程,并沿用六艺这一名号来称呼它们,借以证明自己在教育史上的正统地位"[①],他实际认为"诗书六艺"乃是借鉴了"礼乐六艺"的影响,两者在概念上存在直接的因袭和承

---

① 吴龙辉:《六艺的变迁及其与六经的关系》,《中国哲学史》,2005年第2期。

继关系。

但若仔细推敲，此种假设的实际可能性十分小。

第一，《周礼》其书在先秦两汉基本不为人所知，先秦典籍中基本无人提及，也无人引用，即便到了西汉也多属惊鸿一现①，能在多大程度上为人知晓是很大的疑问，就更别提类似于六经那种精深的研究了。

我们认为，《周礼》在西汉的出现也属于较晚的事情，出于汉武帝之后当无可疑，而且出现之后就被收于秘府，常人不得见之，至成帝时刘向父子校书方再次出现，以“周官经”之名著录。《周礼》真正受到重视还要等到王莽篡汉之后，改称“周礼”也在其时。《周礼》在西汉的这种流传情形，至少可以给我们两点提示：一是《周礼》在西汉的出现断断续续，隐隐约约，它的传播范围十分有限，接触到它的学人也不会太多；二是《周礼》在西汉学术中的影响力微乎其微，西汉之诏策、奏议、文章据引之六经之文，基本没有出自《周礼》者②。因此《周礼》中“六艺”的概念很可能不会被西汉学人熟悉，即便熟悉也不会被时人看重，“诗书六艺”又怎么可能套用这样一个无人知晓的概念呢？更何况《周礼》在西汉的出现不早于汉武帝，而“诗书六艺”的概念在汉初就早已有之，从时间上讲不通。

第二，也是更为重要的，《周礼》乃是一部充满后人理想的政书，构建的色彩非常浓厚，徐复观称之为“以官制表现达政治理想”③。所以《周礼》的官制设置过于规范，或者说过于机械，其中一个特点就是对数字的刻意运用，最为突出的便是“六”。徐复观曾统计过，《周礼》中“六的数字用得最多，大概有五十种左右”④。较为典型的就有六官、六典、六卿、六属、六叙、六职、六乡、六遂、六德、六行、六艺、六乐等，许多隐藏的“六”尚不在其中。所以，《周礼》的这种安排无疑是经过

---

① 汪中曾举先秦时《周官》确有其书的六条证据，但均为零散之条目，许多地方并不确凿，并不能改变《周礼》幽隐不明的传承。

② 司马迁之《史记》，仅有两处提及《周官》：一为《孝武本纪》，“群儒采封禅尚书、周官、王制之望祀射牛事”；一为《封禅书》，“周官曰，冬日至，祀天于南郊，迎长日之至”。

③ 徐复观：《〈周官〉成立之时代及其思想性格》，见《徐复观论经学史二种》，上海书店出版社，2006年，第212页。

④ 徐复观：《〈周官〉成立之时代及其思想性格》，见《徐复观论经学史二种》，上海书店出版社，2006年，第236页。

仔细考虑的。至于尚“六”的原因，彭林认为就是“象征王统辖天地四方六合和阴阳五行，为此之故”[①]。

考“礼乐六艺”出现的语境，即“以乡三物教万民而宾兴之。一曰六德，知、仁、圣、义、忠、和；二曰六行，孝、友、睦、姻、任、恤；三曰六艺，礼、乐、射、御、书、数”[②]。这里的“六艺”，只是“六”与“艺”简单的偶然组合。《周礼》本书中与“六”搭配的物象非常之多，对“六艺”并未予以特别的关注，“六艺”并不是一个有特殊含义的固定搭配，理解成“六种技艺”即可。可见，在《周礼》的整体布局中，特别是以“六”构建的职官体系中，“六艺”仅仅是一个非常普通，甚至不起眼的概念，且不说无法与“六官”等相提并论，即使与上述之“六行”“六德”相比，“六艺”也没有任何利用价值上的明显优势。孔门重德行、轻技艺，儒家更倾向于塑造一种德行上的君子。若是他们真想从《周礼》中套用概念，道德含义更为浓厚的“六德”或“六行”或许更能代表他们的意图，而不会垂青于一个惹人争议的技能之“六艺”。

第三，《周礼》在汉代出现之后，缺《冬官》一篇，所以才拼以《考工记》，因此也有学者认为此书根本没有完成。如郭沫若说：“其书盖为未竣之业，故书与作者不传于世。”[③]正因为如此，《周礼》在先秦时期并未为时人所知，直至汉代才由河间献王得到。从历史分析的角度看，这种可能性还是比较大的，所以《周礼》这样的成书、流传情况也决定了它不会对汉代学术有太大的影响，其“礼乐六艺”的说法还会有多少人知晓和重视呢？

综上所述，我们认为“诗书六艺”的概念不会是由“礼乐六艺”演变而来，因为无论是从《周礼》的流传情况还是从“礼乐六艺”在《周礼》中的地位来看，都无法提供充足的理由。两者表面称谓的一致，很可能是一种巧合，并没有概念上直接的因袭关系。

当然，《周礼》之“六艺”构建的色彩虽浓，但也不是完全的闭门造车，其一些

---

① 彭林：《〈周礼〉主体思想与成书年代研究》，中国人民大学出版社，2009年，第163页。

② 贾公彦：《周礼注疏》卷第十《地官司徒第二》，上海古籍出版社，2010年，第370页。

③ 郭沫若：《周官质疑》，见《中国现代学术经典》（郭沫若卷），河北教育出版社，1996年，第464页。

基本内容还是有所凭据的，“礼乐六艺”确为周代贵族所学技艺的组成部分。先秦其他典籍中也有部分佐证，如《礼记·内则》：

六年，教之数与方名。七年，男女不同席，不共食。八年，出入门户，及即席饮食，必后长者，始教之让。九年，教之数日。十年，出就外傅，居宿于外，学书计。衣不帛襦裤，礼帅初，朝夕学幼仪，请肄简谅。十有三年，学乐诵《诗》，舞《勺》。成童，舞《象》，学射御。[1]

按照时间顺序，将各种技艺予以排列，年幼时教以最基本的识数、方位等生活常识及男女之别和尊敬老人等礼节；待稍微年长，则至专门的学校学习更为高级的算术、礼乐和射御等技能。这些技艺学习的先后之别，是依据儿童成长不同阶段智力、体力等发展情况安排的，即“学习书数，宜于髫龀；至于射御，非体力稍强不能习”[2]。在这里，“男女不同席”“必后长者”“学幼仪”可谓“六艺”之“礼”；“学乐，诵诗，舞勺，成童舞象”可谓“六艺”之“乐”；“学射御”，则为“六艺”之“射”与“御”；“学书计”，可谓“六艺”之“书”；“数与方名”，可谓“六艺”之“数”。如此，则《内则》虽无“六艺”之名，已具“六艺”之实，《周礼》“六艺”的说法确有所本。类似的例子还有《大戴礼记·保傅》：

古者年八岁而出就外舍，学小艺焉，履小节焉束发而就大学，学大艺焉，履大节焉。居则习礼文，行则鸣佩玉，升车则闻和鸾之声，是以非僻之心无自入也。在衡为鸾，在轼为和，马动而鸾鸣，鸾鸣而和应。声曰和，和则敬，此御之节也。[3]

与《内则》相较，《保傅》的记述也有小的出入，如“就外舍”的时间，前者为十岁，《保傅》为八岁。但考虑到先秦学术流布的复杂性，这点出入无关宏旨。《保傅》所谓“小艺”与“大艺”、“小节”与“大节”的区别，应与《内则》所载之年幼与年长所学不同之技艺相类。康有为以为“小艺者，即数目、书记也。小节者，学幼仪，肄简谅也……然所谓学大艺者，亦不过学乐，诵《诗》，舞《勺》《象》，学射御，学

---

① 孔颖达：《礼记正义》卷第三十八《内则第十二》，上海古籍出版社，2008 年，第 1169～1170 页。

② 章太炎：《国学讲演录》，凤凰出版社，2008 年，第 1 页。

③ 方向东：《大戴礼记汇校集解》卷三《保傅第四十八》，中华书局，2008 年，第 377 页。

礼容，舞《大夏》也，所谓履大节者，亦不外惇行孝弟，加以尊贤良，事师长”[①]。综合西周贵族政治的特点，“六艺”在西周时确有相对应的痕迹，当无可疑。只不过散见于《礼记》和《大戴礼记》的这些记述略显分散，诸种技艺虽有学习上的先后大致顺序，但在细节上也有出入；且两者所载之技艺较为繁琐，也不限于“六艺”。而《周礼》“六艺”概念的出现，一方面依托西周史实，另一方面也重新建构，特别是在重视数字“六”的模式下，将西周之贵族技艺以整齐划一、浓缩提炼的形式纳入《周礼》的框架内。

2. 两个“六艺”内涵的联系

虽然我们认为两个“六艺”在概念上并无明显的因袭关系，但这不代表两者的内涵就泾渭分明。仅从字面上看，就有礼、乐两个重合项，尽管内容与表现形式并不一样。孔子面临的时代是一个礼崩乐坏的变局——西周的贵族体制崩溃，传统的知识、技能教育已无法维系，但他又是一个拥有文化接续自觉意识的人，既然制度层面已无成功的可能，那么不如以精神的形式保留西周文化的精髓，所以孔子之思想必定从西周文化中汲取了养料，其六艺之学也必有所据。

余英时认为，中国“轴心时代”文化转接的一个重要特点，就是温和性[②]。当然，孔子的这种承接也是有选择性和创造性的，其对周礼文化的不同层面采取的态度也不一样。以“礼乐六艺”为例，对于礼乐，孔子虽然也强调外在形式，但更注重挖掘其背后的精神意义，或归之于君臣之序、邦国大义，或归之于人情心性、伦理纲常。

先说礼乐。自周公制礼作乐，西周文治趋于规整。较之儒家之礼乐，西周的礼乐有两个显著特点：首先，西周时期的礼乐范围更广，涉及国家体制的各个层面，邦国大政、贵族生活、军事征伐、礼天祭祖、送迎宴饮，甚至宗法制、分封制——西周建构的两大支柱，也可以纳入礼乐的范围之中。礼乐某种程度上可视为西周国家的基本规制，也是贵族生活的基本规范。儒家的礼乐，从表面看

---

① 康有为：《教学通议·备学》，见刘梦溪主编：《中国现代学术经典》（康有为卷），河北教育出版社，1996 年，第 37 页。

② 余英时谓：“‘哲学的突破’在中国表现得最为温和，因为中国传统寄托在几部经书之中。此一传统经过系统化之后，在宇宙秩序、人类社会和物质世界，几个方面都发展出一套完整而别具一格的看法。”（《士与中国文化》，上海人民出版社，2003 年，第 21 页）

来，与西周的礼乐形式有直接的承递关系，但由于贵族体制解体，《礼》《乐》所载的礼乐也不可能完全再现于春秋之后的国家体制之中。因此儒家更为强调的是礼乐之后体现的精神价值，而这种价值是可以脱离于僵化的形式而独立存在的，"礼云礼云，玉帛云乎哉？乐云乐云，钟鼓云乎哉？"[①]也正是在这一点上，儒家找到了礼乐精神得以延续的依据。

其次，西周时期的礼乐是贵族体制的伴生物，等级色彩浓厚，所谓"刑不上大夫，礼不下庶人"，礼乐是贵族专享的权利。而在孔子之后的儒门，礼乐日益成为个人道德品行的组成部分，其形式也具体化为人人可触及的礼仪、规范，修身养性的终极目标不再是培养贵族，而是培养品德高尚的君子，礼乐背后的内涵才是他们汲汲以求的东西。

再说射御。西周时期的射、御是贵族进行车战的两项基本军事技能。当然，射礼在西周也已存在，也是表明贵族之间关系融洽、君臣和睦的礼节，但这种礼节无疑是从军事活动中演变出来的。而儒家视域中的射礼已经无法再同军事活动挂钩，完全成了促进了解、增进信任的礼仪，如《论语》所讲"君子无所争，必也射乎！揖让而升，下而饮，其争也君子"[②]。个人在射礼中的表现也成为判断德行高下的重要途径，"故射者，进退周还必中礼。内志正，外体直，然后持弓矢审固。持弓矢审固，然后可以言中。此可以观德行矣"[③]；射礼也就具备了浓厚的道德色彩，"射者，仁之道也"[④]，"循声而发，发而不失正鹄者，其唯贤者乎！"[⑤]

最后谈书数。书、数，就字面讲就是书写与计算。关于两项技术的记载，先秦典籍中凤毛麟角，但我们可以大致推想一下两项技艺的必要性。贵族阶层是文化的垄断者，识字书写无疑是最基本的要求，而且贵族间互通声息，上奏下传，

---

① 程树德：《论语集释》卷三十五《阳货下》，中华书局，1990年，第1216页。

② 程树德：《论语集释》卷五《八佾上》，中华书局，1990年，第153页。

③ 孔颖达：《礼记正义》卷第六十九《射义第四十六》，上海古籍出版社，2008年，第2306页。

④ 孔颖达：《礼记正义》卷第六十九《射义第四十六》，上海古籍出版社，2008年，第2322页。

⑤ 孔颖达：《礼记正义》卷第六十九《射义第四十六》，上海古籍出版社，2008年，第2323页。

没有知识的支撑也是不可想象的。至于算术，古代观察星历、推算节气、征收赋税等各方面无不涉及数字的运算，即便是简单的军事征伐，如何排兵布阵，运用兵力，也同样离不开计算。现存的《九章算术》《算数书》虽然在汉代成书，但其算题有相当固定之模式和类型，当渊源有自，先秦必有专门之学。《汉志》之《六艺略》有专门小学类文献，著录识字、书写之书，其中有"《史籀》十五篇"，班固注为"周宣王太史作大篆十五篇"，虽未必为史事，但足以证小学之书起源甚早。且小学之书已具备较为完整的传承谱系，秦朝有李斯之《仓颉》、赵高之《爰历》及胡毋敬之《博学》；西汉有武帝时司马相如之《凡将》，元帝时史游之《急就》，成帝时李长之《元尚》，另有班固新入之扬雄、杜林两家[1]，则识字之学在当时确为基本技艺，从事之人亦不在少数。不过在儒门里，书数已经不占有重要地位，这是因为儒家以传承西周礼乐文化为己任，侧重于精神传统，读书识字只是通经大义的最基本条件，因此往往被视为六艺之附庸而存在，在历代书目中也多附于经部之小学类。

除了对以"六艺"为代表的西周知识、技艺有所筛检外，孔子还对其做了补充，即《春秋》与《易》亦被纳入了他们的思考范围。《春秋》原本只是鲁国史书，编年系事，而孔子予以整齐化，以字句寓褒贬，实际蕴含了他对当时君臣失序、斯文扫地的一种基本态度，这种态度的背后，很大程度上是以西周礼乐秩序为参照物。又如《易》，本是西周时期的占蓍之书，迷信是其主体内容，而孔子"晚而好《易》"，开启了解《易》的新方向，即将道德、精神、理性注入其中。当然，孔子可能仅仅是为这一诠释方向指明了道路，《易》的儒学化还须经历漫长的时间。

由此，孔子"诗书六艺"的构建是以道德化、人文化为主轴的，其对周代礼乐的扬弃标准，就是能否从中提取超时代的价值。"诗书六艺"与"礼乐六艺"在概念上虽无直接的因袭、借鉴关系，但从内容上来看，两者又有着千丝万缕的联系，"语似分歧，实无二致"[2]。这种看似悖论的现象其实不难理解，一则《周礼》虽掺杂了西周、春秋乃至战国时期的官制架构，但其对西周典制的追忆并非空穴来风，"礼乐六艺"的描述与西周贵族的实际生活模式很大程度上是相契合的，其保

① 《汉书》卷三十《艺文志》，第1719～1720页。

② 章太炎：《国学讲演录》，凤凰出版社，2008年，第2页。

留了当时的部分影像；二则“诗书六艺”源于孔子对西周礼乐文化崩溃后的反思与接续，力图从精神价值层面保留西周文化的某些精髓，赋予其超越时代的价值，其对西周礼乐是以“温和的变革”进行的，保留的东西亦属不少。两个六艺的构建，都离不开西周礼乐文化的共同背景，我们能从中看到许多共性的东西，也就可以理解了。孔门之六艺乃是取西周礼乐文化之内核，以六经为依托所构建的崭新体系，从某种程度上看，乃是对西周文化的义理化和抽象化。当然，由于西周贵族体制的崩溃，一些依托于物态的技艺如射、御等，也被儒门淡化甚至忽略。从这个意义上讲，“诗书六艺”相对于整个西周文化整体而言，也有窄化的意味。

二、《汉书·艺文志》“以《易》为首”的六经次序

《汉志》特别推崇《易》，《六艺略》品题诸经之功用时说：“六艺之文，《乐》以和神，仁之表也；《诗》以正言，义之用也；《礼》以明体，明者著见，故无训也；《书》以广听，知之术也；《春秋》以断事，信之符也。五者，盖五常之道，相须而备，而《易》为之原……至于五学，世有变改，犹五行之更用事焉。”[①]其用意甚明，将《乐》《诗》《礼》《书》《春秋》与仁、义、礼、知、信五常相配，其效用如五行变换，而《易》是超脱于五者之上的终极依据，“与天地为终始也”。

这种对《易》的援引和推崇在其他方面也有体现，如评论《六艺略》各类典籍时，常引《易》中话语予以评点，如评书类，云“《易》曰：‘河出图，洛出书，圣人则之’”[②]，语出《系辞》；评礼类，云“《易》曰：‘有夫妇父子君臣上下，礼义有所错’”[③]，语出《序卦》之“有天地然后有万物，有万物然后有男女，有男女然后有夫妇，有夫妇然后有父子，有父子然后有君臣，有君臣然后有上下，有上下然后礼义有所错”[④]；评乐类，云“《易》曰：‘先王作乐崇德，殷荐之上帝，以享祖考’”[⑤]，语出《易》

---

① 《汉书》卷三十《艺文志》，第 1723 页。
② 《汉书》卷三十《艺文志》，第 1706 页。
③ 《汉书》卷三十《艺文志》，第 1710 页。
④ 孔颖达：《周易正义》卷第九，北京大学出版社，2000 年，第 396 页。
⑤ 《汉书》卷三十《艺文志》，第 1711 页。

之豫卦"《象》曰:雷出地奋,豫。先王以作乐崇德。殷荐之上帝,以配祖考"[1];评小学类,云"《易》曰:'上古结绳以治,后世圣人易之以书契,百官以治,万民以察,盖取诸《夬》'"[2],语出《系辞》。

又如《诸子略》中,其论道家云"《易》之嗛嗛,以谦而四益,此其所长也"[3];论法家,云"《易》曰:'先王以明罚饬法',此其所长也"[4],语出《易》之噬磕卦"《象》曰:雷电,噬磕;先王以明罚敕法"[5];《诸子略》之总序,云"《易》曰:'天下同归而殊涂,一致而百虑'"[6],语出《系辞》。

其他几略之大小序中,引用《易》的情况也时有出现。如兵家之总序,云"《易》曰:'古者弦木为弧,剡木为矢,弧矢之利,以威天下'"[7],语出《系辞》之"弦木为弧,剡木为矢,弧矢之利,以威天下,盖取诸睽"[8];《数术略》之天文类小序,云"《易》曰:'观乎天文,以察时变'"[9],语出《易》之贲卦"观乎'天文',以察时变观乎'人文',以化成天下"[10];蓍龟类,云"《易》曰:'定天下之吉凶,成天下之亹亹者,莫善于蓍龟'"[11],语出《系辞》之"探赜索隐,钩深致远,以定天下之吉凶,成天下之亹亹者,莫大乎蓍龟"[12];杂占类,云"《易》曰:'占事知来'"[13],出于《系辞》;《数术略》之总序,云"《易》曰:'苟非其人,道不虚行'"[14],语亦出于《系辞》。

总体看来,在《汉志》点评学术之篇幅、字数有限的大小序中,引《易》总计十三次,对其余五经虽间或有据引,但其总数不及《易》一家。而且在大小序中,引

---

① 孔颖达:《周易正义》卷第二,北京大学出版社,2000年,第101页。
② 《汉书》卷三十《艺文志》,第1720页。
③ 《汉书》卷三十《艺文志》,第1732页。
④ 《汉书》卷三十《艺文志》,第1736页。
⑤ 孔颖达:《周易正义》卷第三,北京大学出版社,2000年,第120页。
⑥ 《汉书》卷三十《艺文志》,第1746页。
⑦ 《汉书》卷三十《艺文志》,第1762页。
⑧ 孔颖达:《周易正义》卷第八,北京大学出版社,2000年,第355页。
⑨ 《汉书》卷三十《艺文志》,第1765页。
⑩ 孔颖达:《周易正义》卷第三,北京大学出版社,2000年,第124页。
⑪ 《汉书》卷三十《艺文志》,第1771页。
⑫ 孔颖达:《周易正义》卷第七,北京大学出版社,2000年,第341页。
⑬ 《汉书》卷三十《艺文志》,第1773页。
⑭ 《汉书》卷三十《艺文志》,第1775页。

《易》或解说诸学之起源，或点评各家之长短，都与学术意旨直接相涉，一方面固然是要论证各家学术之用，但更重要的是表明诸家之学在《易》中都有相应的内容，凸显《易》综括各家的色彩。

《汉志》对《易》的推崇是全局性和基础性的，除这种字句上的引据外，《六艺略》排序中将易类文献置于首位，结合《六艺略》中“《易》为五经之原”的说法，则《汉志》确实将《易》冠于六经之首，形成了“以《易》为首”的六经次序，这就涉及经学史上的一个重大问题。

（一）关于六经次序的几种解释

先秦两汉学术中，六经次序的形态共有两种。一种以《诗》为首，这也是出现较早、流行最广的排列顺序。如《天下》篇：“《诗》以道志，《书》以道事，《礼》以道行，《乐》以道和，《易》以道阴阳，《春秋》以道名分；”[①]《礼记·经解》：“其为人也温柔敦厚，《诗》教也；疏通知远，《书》教也；广博易良，《乐》教也；洁静精微，《易》教也；恭俭庄敬，《礼》教也；属辞比事，《春秋》教也”[②]。

进入秦汉之后，这种以《诗》为首的排序仍然十分普遍，如董仲舒《春秋繁露》：“《诗》道志，故长于质；《礼》制节，故长于文；《书》著功，故长于事；《乐》咏德，故长于风；《易》本天地，故长于数；《春秋》正是非，故长于治人；”[③]又如贾谊之《新书》：“是故内本六法，外体六行，以与《诗》《书》《易》《春秋》《礼》《乐》六者之术以为大义，谓之六艺”[④]。

所举数例，虽然在具体顺序上并不完全一致，但均将《诗》置于六经之首。这种情况在出土文献中也有体现，如郭店楚简之《语丛一》，竹简有残损，廖名春依据楚简之行文范例，将其厘定为“《诗》所以会古今之志也者，[《书》者所以会]□□□□者也，[《礼》所以会] □□□□也，[《乐》所以会] □□□□[也]，《易》所

① 郭庆藩：《庄子集释》卷十下《天下第三十三》，中华书局，2004 年，第 1067 页。

② 孔颖达：《礼记正义》卷第五十八《经解第二十六》，上海古籍出版社，2008 年，第 1903 页。

③ 苏舆：《春秋繁露义证》卷第一《玉杯第二》，中华书局，1992 年，第 36 页。

④ 阎振益、钟夏：《新书校注》卷第八《六术》，中华书局，2000 年，第 316 页。

以会天道人道也。春秋所以会古今之事也”[①]。

“以《易》为首”的六经次序的确定，古今多认为始于《汉志》。但廖名春认为可以溯至《淮南子》，因为《泰族训》有“故《易》之失也卦，《书》之失也敷，乐之失也淫，《诗》之失也辟，礼之失也责，《春秋》之失也刺”[②]，又有“故《易》之失鬼，乐之失淫，《诗》之失愚，《书》之失拘，礼之失忮，《春秋》之失訾”[③]。我们认为，虽然字面上《易》被置于首位，但《泰族训》的这种表述可能并未包含任何特殊内涵，因为古人著书在体例上并不规整，带有较强的随意性，偶尔的次序颠倒或错乱是常见的。如《荀子》，在《劝学》篇中就有将《书》置于首位的情况，而《儒效》篇则又恢复了以《诗》为首的顺序。与此相类，在《泰族训》中，虽然有两次以《易》居首的例子，但同一段落中同样也有以《诗》为首的表述，即“温惠柔良者，《诗》之风也；淳庞敦厚者，《书》之教也；清明条达者，《易》之义也；恭俭尊让者，礼之为也；宽裕简易者，乐之化也；刺几辩义者，《春秋》之靡也”[④]。

更为重要的是，《泰族训》谈及六经，主要是阐述诸经之短长，要择诸家之长而用之，“六者，圣人兼用而财制之。失本则乱，得本则治。其美在调，其失在权”[⑤]，对诸经仍是一种平等的态度，并未表现出对《易》的特别关注，这与《汉志》中对《易》的多方位引据有着十分明显的差距。反过来看，《汉书·王莽传》有指责刘歆的话语：“国师嘉信公颠倒五经，毁师法，令学士疑惑”，所谓“颠倒五经”，有学者认为就是将《易》置于六经之首的做法。如果《淮南子》已有其说，时人当有所知晓，也就不会将其归罪于刘歆了。所以，综合看来不宜将“以《易》为首”的经学次序推溯至《淮南子》。

从《汉志》的体例看，将以《易》为首的做法归于刘歆是成立的，证据已如上述。无论是将《易》视为五经之原，还是将易类文献置于六经之首，或是引《易》以点评诸学，都表明《汉志》对《易》的优礼是一以贯之、自成系统的，数个环节环环

① 廖名春：《“六经”次序探源》，《历史研究》，2002 年第 2 期。本文亦收录于廖氏著《中国学术史新证》，四川大学出版社，2005 年。

② 何宁：《淮南子集释》卷二十《泰族训》，中华书局，1998 年，第 1391 页。

③ 何宁：《淮南子集释》卷二十《泰族训》，中华书局，1998 年，第 1393 页。

④ 何宁：《淮南子集释》卷二十《泰族训》，中华书局，1998 年，第 1392～1393 页。

⑤ 何宁：《淮南子集释》卷二十《泰族训》，中华书局，1998 年，第 1393～1394 页。

相扣，用意甚明，与《泰族训》那种偶尔一现的情况有本质的差别。同时《汉书·儒林传》在罗列诸经之传承谱系时，也将易学置于首位，而《儒林传》传承谱系之主干取自《汉志》，如杨树达有言："近人姚振宗谓《汉书·儒林传》所载之师授多本《七略》，其说亦信而有征"[①]，可为辅证。

关于两种六经次序的产生原因，古今有不少意见，现择其要者，论列如下：

第一种意见，对于以《易》为首的六经次序，陆德明认为其标准在于"著述早晚"，即以时间先后解释这种排列顺序。《易》居于首位，乃是因为《易》出现最早，"虽文起三代，而卦肇伏羲，既处名教之初，故《易》为七经之首"[②]。

第二种意见，周予同在评点两种六经次序时，吸收了陆德明的意见，并依据今古文的分野作出了新的判定："古文学的排列次序是依六经产生时代的早晚，今文学却是按六经内容程度的浅深"[③]。缘此，以《易》居首的六经次序的出现是因为"古文学家以《易经》的八卦是伏羲画的，所以《易》列在第一"[④]；在今文学家的视野中，六经包含了孔子德行教化由浅入深的逻辑，《诗》《书》更为基础，是"符号的（文字的）教育"，所以列在前，而《易》与《春秋》涉及政道、天道，乃是高深之学，所以列在后。

第三种意见，当代学者廖名春在上述两种意见的基础上提出了新的见解。他认为在今古文的视域中考虑六经次序问题是不恰当的，因为六经的次序问题在今古文问题出现之前，甚至在孔子之前就已经出现，周予同的判定没有历史说服力。他剖析了以《易》居首产生的历史可能性，认为孔子学术经历了前后两个阶段：其早年对《易》没有足够的认识，对六经的认识停留于传统范围内；至晚年，孔子"好《易》"，对《易》的重视也超过了诸经。孔子学术上的变化，是以《易》居首的六经次序产生的最基本依据。

第四种意见，当代学者黄丽丽认为《诗经》与先秦时期，特别是西周以来的礼乐文化背景相关，无论是人神交流、君臣对话，还是朝聘盟会，《诗》都是贵族必备

---

① 杨树达：《汉书所据史料考》，见《积微居小学金石论丛》卷六，科学出版社，1955年，第293页。

② 黄焯：《经典释文汇校》，中华书局，2006年，第5页。

③ 周予同：《群经概论》，岳麓书社，2011年，第8页。

④ 周予同：《群经概论》，岳麓书社，2011年，第8页。

的媒介,"以《诗》为首"的六经次序是这种氛围的反映。而春秋战国以来的"轴心突破",特别是儒门对易学的介入和统摄使《易》的地位逐渐抬升,至西汉中期列五经博士,并对《易》的文本进行了写定工作。因此,她认为两种经学次序的出现都不是偶然的,是以中国思想上的重大转折为背景的。

陆德明的解释表面看来似有一定道理,将《易》置于首位的做法与六经出现时间上的判定也基本一致,但我们认为并未触及问题的根本。一方面,六经在汉人的视野中并不是简单的资料汇编,而是带有大经大法的性质,汉人对其顺序的认定不可能是随意的。况且此前以《诗》为首的次序沿袭已久,刘歆仅以时间先后重新厘定六经次序,似乎理由并不充分。另一方面,更为重要的是,从《汉志》体现的对《易》的尊崇看,显然并不仅仅是出于时间先后的考虑。刘歆将《易》赋予与天地统一,统摄诸经、五常的功能,还有更深的意旨在里面。陆德明的说法低估了刘歆等人的识见,以"著述早晚"为据是一种表面化的解读。

周予同的说法,其最大特点是将两种六经次序纳入了今古文之争的框架。但正如廖名春指出的那样,今古文之争是后起的事情,在刘歆之后才成为热点,而六经次序在《商君书》《左传》等中就早已有之,且基本都以《诗》为首。周予同评判的基本依据是不牢固的,是用后起之理念强加于早先之学术。正如我们后面将谈及的那样,我们更倾向于将"今古文之争"视为清末学人对汉代经学的过度诠释,西汉并没有这种泾渭分明的两大阵营。以此为据的学术论断,自然也是空中楼阁。

廖名春立论的基本点在于对孔子前后学术重心的把握,特别是其晚年对《易》的重视。其基本资料依据乃是《史记》《汉书》中"孔子晚而喜《易》"的记载及马王堆帛书《要》篇的记载。《要》篇确实为我们提供了孔子之于《易》的重要信息,"夫子老而喜《易》,居则在席,行则在囊"[①],在论述六经关系时也透露出对《易》的倾心,"故胃之易又君道焉,五官六府不足尽称之,五正之事不足以至之,

① 廖名春:《马王堆帛书周易经传释文》,见《易学集成》,四川大学出版社,1998年,第3043页。

而诗书礼乐不□百扁，难以致之……能者由一求之，所胃得一而君毕者，此之也”[①]。在《要》篇的表述中，实际已将《易》作为统摄诸经的纲领提出。因此，从大的学术趋势看，《易》地位的提升与儒门对其态度的转化有密切的联系，廖名春对这一点的判断是相当敏锐的。

黄丽丽的意见对此问题是有重大推进的，特别是对“以《诗》为首”的六经次序作出释读，认为“《诗》居首位的六经次序是由我国轴心时代以前《诗》本身巨大而独特的社会功能所决定的”[②]，这是少有学者谈及的。其对“以《易》为首”的六经次序的解释，也与易学演进的大势相合，特别是与经学在汉代的官学地位联系紧密。

前辈时贤在六经次序问题上已经为我们做了很多工作，很多意见也都非常接近于真理。我们在此基础上，对这些意见稍作点评，力图提出一点新解。

首先，孔子晚年推重《易》，《要》篇还被予以特别重视，但毕竟未明确出现以《易》为首的六经次序，是否能将这种次序确凿地断定于廖名春所认定的《要》篇，这是有讨论的余地的。

其次，若孔子之时或其弟子门人已将《易》置于六经之首，为何在孔子至刘歆之间漫长的历史时期中不见有人提及，而以《诗》为首的六经次序频频见于史籍？关于这一点，廖名春认为孔子对《易》的态度转变发生在晚年，接受此新说的弟子较少，所以一直到刘歆之时才正式首发其例。这种可能性虽不能完全排除，但总让我们觉得几率较小。一来，从孔子至刘歆之间的历史间隔过于长久，这种长期不为人知的六经次序忽然由数百年之后的刘歆提出，实在有些过于突兀；二来，汉人既以“颠倒五经”指责刘歆，亦可见以《易》为首的做法为汉人所不知，确出于刘歆首创。

再次，黄丽丽的勾勒虽然大体不错，但还是没有对汉代中期之后的易学特点进行分析，因为仅就官学地位言，并不能看出西汉政府对易学博士有特殊的关注，也未见对各家经学博士排定座次，论定高下。所以，官学地位和学术进展还

---

① 廖名春：《马王堆帛书周易经传释文》，见《易学集成》，四川大学出版社，1998 年，第 3045 页。

② 黄丽丽：《六经次序辨》，《甘肃社会科学》，2008 年第 5 期。

不能说是一回事。而且易学在不同历史时期有明显的阶段性，汉代易学较之孔子及其后学的易学，在论证方式和重心上已经有了新的变化，把握这一变化才能真正把握《汉志》中"以《易》为首"之六经次序出现的语境。

综合起来，我们认为将以《易》为首的六经次序的出现归因于孔子晚年对《易》的推重和《易》在西汉中期的官学化，从大处看是正确的，在逻辑上也可成立，但在具体论证过程中尚有一些关键链条的缺失。以此回答《汉志》对《易》的推重，在解释的说服力和相关度上似乎仍显隔了一层。刘歆对《易》的推重还应当从更贴近历史的角度考虑，即从当时学术形态的演化和流变中把握。

（二）西汉象数易学与《易》地位的提升

要从根本上把握《汉志》对《易》的态度，还须梳理一下儒学与易学的关系。受传统学术特别是经学的影响，学人多将《易》视为儒家固有之学术，这其实是不正确的。易学，尤其是《易经》部分，渊源有自，它是上古占蓍文化的产物，非儒门所能涵盖。

1. 先秦、秦汉易学发展的基本脉络

占蓍是代龟卜而起的占卜形式，起初是作为龟卜的补充，重要性也不及龟卜，《周礼》有"凡国之大事，先筮而后卜"[①]，卜才是最后判定吉凶的依据。但占蓍融入了更多的人文因素，因为龟卜全凭火炭炙烤，龟甲的裂纹一定，代表的吉凶祸福也就确定了，这都是人力无法直接参与和控制的。而占蓍不同，无论是演卦过程中的分二、挂一、揲四、归奇，还是用以解卦的卦象、卦辞、爻辞，都有人的参与和释读，这些都带有更多的人文性。不过总体看来，原始《易经》的性质不能高估，"大部分内容仍属于筮辞的堆砌"[②]，全书也没有明显、统一的意旨，仍是一部记录卜问吉凶、判定祸福的卜筮及问验的典籍。

春秋时期是人文意识觉醒的重要阶段，时人对《易》的态度也发生了变化，特别是孔子对《易》的态度奠定了后世儒门解《易》的基本方向，其要点就在于将儒

---

① 贾公彦：《周礼注疏》卷第二十八《春官宗伯下》，上海古籍出版社，2010 年，第 938 页。

② 朱伯昆：《易学哲学史》（第一卷），昆仑出版社，2009 年，第 12 页。

门理念注入。《论语·子路》有“不恒其德，或承之羞，子曰‘不占而已矣’”[①]，摒弃了《易》卜问吉凶的色彩，更加注重修德立身。但同时，《易》的解读还有另外两种路向：一种将天道变化、世间兴衰纳入其中，力图以《易》的框架建立解释宇宙、天地、人世的庞大体系，向宇宙生成的路径演进；还有一种保留了原始筮占的特色，仍将《易》作为卜问吉凶的工具。《汉志》之数术类文献就著录有“《周易》三十八卷”，表明汉代仍有人将《易》用为筮占，此外还有很多依托《易》的书籍，如《周易明堂》《周易随曲射匿》《易卦八具》等。无怪乎秦朝以《易》为卜筮之书而不焚。这三种易学流派倾向各有不同，以略显不当的语言概括，则分别以人、天、鬼为关注重点。三种路向在以后易学发展过程中的关系相对独立，但更多是相互杂糅、相互交织的关系，这也是后来以《易》构建天、地、人合一体系的基础。

战国时代对《易》的解释，最大的变化是引入了阴阳观念。《易》中并无阴阳之说，西周末年的伯阳父首先使用了“阴阳”，即“阳伏而不能出，阴迫而不能蒸，于是有地震”[②]。但这里的阴阳好像是天文或星象上的概念，并不是代表两种具有普遍意义的哲学范畴。至《老子》时，阴阳才成为万物皆有的相互作用的两个方面，如“万物负阴而抱阳，冲气以为和”[③]。这种阴阳观念对《易》解的影响是很大的。《易传》十翼的成书年代，历来争议较大，传统学者都将其视为孔子亲作，无疑是受尊孔、尊经的影响。现代学者基本都认同将其断限于战国时期，《易传》中就有十分浓厚的阴阳观念。

如《系辞》在解乾、坤两卦时，曾言“乾，阳物也。坤，阴物也。阴阳合德而刚柔有体，以体天地之撰，以通神明之德”[④]。将乾、坤两卦视为诸卦所本，两者一为纯阳，一为纯阴，两卦相合而囊括天地，实际认为阴阳作用而成天地、神明。《系辞》还明言“一阴一阳之谓道”[⑤]，明确将《易》的基本准则以阴阳概括，后世对《易》阴阳辩正思维的信从，就是由此奠定的。

《易传》也包含了许多儒家的政治理念和学术信息，表明在战国易学的发展

---

① 程树德：《论语集释》卷二十七《子路下》，中华书局，1990 年，第 934 页。

② 徐元诰：《国语集解·周语上第一》，中华书局，2002 年，第 26 页。

③ 楼宇烈：《老子道德经注校释》下篇四十二章，中华书局，2008 年，第 117 页。

④ 孔颖达：《周易正义》卷第八，北京大学出版社，2000 年，第 366 页。

⑤ 孔颖达：《周易正义》卷第七，北京大学出版社，2000 年，第 315 页。

中，儒家确实参与其中。如《彖》有所谓“时中说”，即在爻象中认为二五爻分居于上下卦的中位，乃是吉位，所以多有推崇“中正”的说法。如解同人卦，“文明以健，中正而应，君子正也”[①]；解晋卦，有“受兹介福，以中正也”[②]；解益卦，有“利有攸往，中正有庆”[③]。这与儒家一贯提倡的中道、中庸说有密切的联系。

一些儒家提倡的伦理、等级观念，也在《易传》中有所体现。如《彖》解家人卦：“家人有严君焉，父母之谓也。父父，子子，兄兄，弟弟，夫夫，妇妇，而家道正，正家而天下定矣。”[④]又如《序卦》有言：“有天地然后有万物，有万物然后有男女，有男女然后有夫妇，有夫妇然后有父子，有父子然后有君臣，有君臣然后有上下，有上下然后礼义有所错。”[⑤]

所以，先秦儒家与《易》的关系其实经历了一个由疏而密的过程。《易》起初只是一部记录筮辞的迷信书籍，儒家对其义理化的改造和注入道德理念是从孔子开始的。至《易传》开始有了浓厚的儒家色彩，但其仍不可被视为纯粹的儒家作品，因为它体系庞大而冗杂，明显是混合众家而来，“儒家的伦理观念，道家和阴阳五行家的天道观”[⑥]，共同构成了《易传》的理念支撑。正如余敦康所言，“在先秦时期，易学并没有固定的属性，《周易》也不是专属于儒家的经典”[⑦]，这一点在《易传》上也同样成立，将先秦易学以独立的学术思想流派视之，更为恰当。

进入秦汉后，易学在构建宇宙生成论，及讲求阴阳变化，“推天道以明人事”的思维方式上，仍积极发挥作用。特别是在宇宙生成及阴阳变化方面，易学的影响更为广泛。《系辞》有“易有太极，是生两仪。两仪生四象，四象生八卦”[⑧]之语，秦汉时多被视为宇宙生成模式加以运用。如《吕氏春秋》之《大乐》有“太一出两

① 孔颖达：《周易正义》卷第二，北京大学出版社，2000 年，第 86 页。
② 孔颖达：《周易正义》卷第四，北京大学出版社，2000 年，第 179 页。
③ 孔颖达：《周易正义》卷第四，北京大学出版社，2000 年，第 206 页。
④ 孔颖达：《周易正义》卷第四，北京大学出版社，2000 年，第 185 页。
⑤ 孔颖达：《周易正义》卷第九，北京大学出版社，2000 年，第 396 页。
⑥ 朱伯昆：《易学哲学史》（第一卷），昆仑出版社，2009 年，第 61 页。
⑦ 张涛：《秦汉易学思想研究》，中华书局，2005 年，余敦康序。
⑧ 孔颖达：《周易正义》卷第七，北京大学出版社，2000 年，第 340 页。

仪，两仪出阴阳。阴阳变化，一上一下，合而成章。混混沌沌，离则复合，合则复离，是谓天常……万物所出，造于太一，化于阴阳"[①]，将《易传》的模式更进一步推阐，解释得更为细致。不过《吕氏春秋》也有一些变化，如以太一称太极，将两仪明确为阴阳，阴阳运动真正与宇宙生成直接联系起来。在《淮南子》这里，虽将宇宙生成归本于"道"，但此道"横四维而含阴阳"[②]，"别为阴阳，离为八极，刚柔相成，万物乃形"[③]，与老庄之道显然大不一样，明显借用了《易》的生成模式。从这个意义讲，此处之"道"以《易》之太极代之，亦无不可。

与宇宙生成论相联系，秦汉学人力图以易学为框架，构建囊括天地人的体系，即"推天道以明人事"。《易传》中对《易》的这种定位是十分明确的："《易》之为书也，广大悉备，有天道焉，有人道焉，有地道焉，兼三材而两之，故六"[④]，《易》之为学就是要贯通天地人："立天之道曰阴与阳，立地之道曰柔与刚，立人之道曰仁与义"[⑤]，三材之道尽在《易》中。

《易传》对天地人关系的梳理，更多是在寻找三者的一致性，且深信三者能达成一致，甚至可以说，《易传》有自己独特的"天人感应"意识，如解咸卦，有"天地感而万物化生，圣人感人心而天下和平。观其所感，而知天地万物之情可见矣"[⑥]。《易传》语境下的圣人，也是以与天地相合为特征："夫圣人者，与天地合其德，与日月合其明，与四时合其序，与鬼神合其吉凶"[⑦]。一些伦理纲常也被从《易》的角度加以论证，《系辞》有"天尊地卑，乾坤定矣。卑高以陈，贵贱位矣"[⑧]，又"知崇礼卑，崇效天，卑法地。天地设位而易行乎其中矣"[⑨]。

《易传》的这一路向，在秦汉之时亦被继续沿用。陆贾有"先圣乃仰观天文，

---

① 许维遹：《吕氏春秋集释》卷第五《大乐》，中华书局，2009 年，第 108～109 页。
② 何宁：《淮南子集释》卷一《原道训》，中华书局，1998 年，第 3 页。
③ 何宁：《淮南子集释》卷七《精神训》，中华书局，1998 年，第 504 页。
④ 孔颖达：《周易正义》卷第八，北京大学出版社，2000 年，第 375 页。
⑤ 孔颖达：《周易正义》卷第九，北京大学出版社，2000 年，第 383 页。
⑥ 孔颖达：《周易正义》卷第四，北京大学出版社，2000 年，第 164 页。
⑦ 孔颖达：《周易正义》卷第一，北京大学出版社，2000 年，第 27 页。
⑧ 孔颖达：《周易正义》卷第七，北京大学出版社，2000 年，第 302 页。
⑨ 孔颖达：《周易正义》卷第七，北京大学出版社，2000 年，第 322 页。

俯察地理,图画乾坤,以定人道"[①]之语。《淮南子》的这种倾向表现得更为具体,如《泰族训》有"寒暑燥湿,以类相从;声音疾徐,以音相应也。故《易》曰:'鸣鹤在阴,其子和之'"[②],即援引《系辞》为据。

总之,易学对学术建构的影响是广泛而持久的,西汉中前期学术在理论骨架和思辨方式中都有明显的易学烙印。为更清楚体现易学对汉代思想界的影响,我们以"儒宗"董仲舒为例,集中探讨易学在西汉儒学体系中的基础性作用。

董仲舒学术之核心在于其"天人合一"说,其天道观有十分浓厚的神学色彩。这种天道观的来源是多方面的,陈来认为原始人类对自然有着天生的敬畏感,很容易在天象、灾异与人事的联系中寻找答案,"汉代的所谓天人感应的灾异思想,正是来源于先秦的天象之术"[③]。黄朴民认为董仲舒的宇宙世界观较多吸收了墨子"天志"及阴阳五行家的思想[④]。两位学者的论述各有侧重,但并不冲突,一讲远因,一讲近因,相辅相成。

董仲舒之"天"的内涵是相当复杂的,"天"具有的神性是十分鲜明的。如"灾者,天之谴也;异者,天之威也;谴之而不知,乃畏之以威……凡灾异之本,尽生于国家之失。国家之失乃始萌芽,而天出灾害以谴告之,谴告之而不知变,乃为怪异以惊骇之,惊骇之尚不知畏恐,其殃咎乃至"[⑤]。但这种神性的具体内涵围绕伦理、道德展开,凸显了董仲舒天道观的儒学特质。

另外,董仲舒天道观还带有一定色彩的宇宙生成意味。在这一点上,董仲舒的思想来源更为冗杂,如"天有十端,十端而止已。天为一端,地为一端,阴为一端,阳为一端,火为一端,金为一端,木为一端,水为一端,土为一端,人为一端,凡十端而毕,天之数也"[⑥]。在这个体系内,《易》与阴阳五行家的影响都可概见,但两相比较,《易传》阴阳观的影响更为基础,"天道之大者在阴阳",四时、五行都在

① 王利器:《新语校注》卷上《道基第一》,中华书局,1986年,第9页。

② 何宁:《淮南子集释》卷二十《泰族训》,中华书局,1998年,第1374页。

③ 陈来:《古代思想文化的世界——春秋时代的宗教、伦理与社会思想》,三联书店,2002年,第55页。

④ 参见黄朴民:《天人合一——董仲舒与汉代思潮》,岳麓书社,1999年,第8页。

⑤ 苏舆:《春秋繁露义证》卷第八《必仁且智第三十》,中华书局,1992年,第259页。

⑥ 苏舆:《春秋繁露义证》卷第七《官制天象第二十四》,中华书局,1992年,第216～217页。

阴阳的推动下发生、转化和迁移。

如阴阳之于四时的作用，“故北方者，天之终始也，阴阳之所合别也。冬至之后，阴俯而西入，阳仰而东出，出入之处常相反也……春夏阳多而阴少，秋冬阳少而阴多，多少无常，未尝不分而相散也。以出入相损益，以多少相溉济也”[①]。四时之变换，乃由于阴阳力量的此消彼长。至于阴阳与五行，董仲舒认为“金木水火各奉其所主以从阴阳，相与一力而并功”[②]，缘此，阴阳与五行、四时相互联系，构成了有机体系，“少阳因木而起，助春之生也；太阳因火而起，助夏之养也；少阴因金而起，助秋之成也；太阴因水而起，助冬之藏也”[③]。在这个体系中，阴阳的作用是基础性和本源性的，阴阳的变化通过助推四时、五行，构成了天道运行的基本形态。董仲舒对阴阳的推重，无疑吸收了《易传》以阴阳判明天地的思维方式，这也是其宇宙生成论对易学最直接的借鉴。

董仲舒的天道观最终要服务于人事，他的“天”要以人格神的面貌统和天地人。在这个过程中，同样可以看到《易》的影响。如在天人关系上，董仲舒以“天人相副”待之，甚至将人之血气、形体、好恶、情感，乃至骨骼、毛发等细微之处，都溯于天。这些比附带有很多主观想象和虚构，更多是围绕表象的简单比附。相比之下，董仲舒以天道论证道德刑赏、伦理纲常的过程，就显得深奥许多，而其中关键亦在于对阴阳的借助。

如对于刑德之用，儒者历来重教化，轻诛刑，孔子有言“道之以政，齐之以刑，民免而无耻；道之以德，齐之以礼，有耻且格”。董仲舒在刑德关系上与前人无异，但在论述上借助了阴阳的理念：“王者欲有所为，宜求其端于天。天道之大者在阴阳，阳为德，阴为刑；刑主杀而德主生。是故阳常于大夏，而以生育养长为事；阴常居大冬，而积于空虚不用之处。以此见天之任德不任刑也……王者承天意以从事，故任德教而不任刑。”[④]

又如经权理论。经权观是董仲舒学说中的重要一环，“其实质性的内涵，便

---

① 苏舆：《春秋繁露义证》卷第十二《阴阳终始第四十八》，中华书局，1992 年，第 339 页。
② 苏舆：《春秋繁露义证》卷第十一《天辨在人第四十六》，中华书局，1992 年，第 334 页。
③ 苏舆：《春秋繁露义证》卷第十一《天辨在人第四十六》，中华书局，1992 年，第 335 页。
④ 《汉书》卷五十六《董仲舒传》，第 2502 页。

是体现为如何正确处理政治生活中的原则性和灵活性之间的关系”①。董仲舒对经、权关系的论证，同样是以阴阳为据：“是故天以阴为权，以阳为经。阳出而南，阴出而北。经用于盛，权用于末。此见天之显经而隐权，前德而后刑也。”②

又如三纲之用，《基义》有言“君臣、父子、夫妇之义，皆取诸阴阳之道。君为阳，臣为阴；父为阳，子为阴；夫为阳，妻为阴”③，“阳之出也，常悬于前而任事；阴之出也，常悬于后而守空处……王道之三纲，可求于天”④。

董仲舒将社会治理范畴内的刑德关系、经权思想及三纲伦常，以阴阳观念通释之，则阴阳确为董仲舒社会思想的核心论证范式。阴阳之论是《易传》的根本解读手段，即“《易》以道阴阳”。虽道家也有阴阳之说，但更偏重于贵柔守雌，倾力于“阴”的一面。而《易传》的突出特点则是推崇“阳”的主导作用，“强调刚强的作用，提出了一套以自强不息为特点的辩证法思想”⑤，即“天行健，君子以自强不息”，这是其与道家阴阳思想的根本分野。董仲舒借用阴阳的思想，明显突出了“阳”在双方关系中的主轴地位和稳定特性，并将经权、刑德、三纲等附着于“阳”的统摄之下，由此建立了一个有利于维护伦常秩序的稳定结构，其阴阳学说更贴近《易传》系统，当无可疑。

总之，以董仲舒为代表的西汉儒学，对《易》的借重是基础性的。在天道观上，易学为宇宙生成奠定了基本路向，特别是阴阳观念成为推演四时、五行的原始动力；在社会领域，阴阳观念，尤其是阳尊阴卑的思想，也使得纲常伦理的建构有了天道方面的依据。西汉正统儒者在探讨天人关系、社会治理方面，基本没有脱离董仲舒的框架。从这个角度讲，易学在西汉儒学体系中起了骨架作用。

但这也只是问题的一方面，董仲舒的易学虽总体更接近于孔子以来儒门的道德易和义理易，但他的天人观和宇宙论毕竟带有鲜明的神学色彩，所以其易学也沾染了一些象数易的气息，特别是将阴阳与四时、五行学说结合起来，建立囊括天地人的庞大体系，大讲天谴、灾异，对其后焦延寿、京房等象数易学的发展，

---

① 参见黄朴民：《天人合一——董仲舒与汉代思潮》，岳麓书社，1999年，第94页。

② 苏舆：《春秋繁露义证》卷第十一《阳尊阴卑》，中华书局，1992年，第327页。

③ 苏舆：《春秋繁露义证》卷第十二《基义》，中华书局，1992年，第350页。

④ 苏舆：《春秋繁露义证》卷第十二《基义》，中华书局，1992年，第351页。

⑤ 任继愈：《中国哲学发展史》(先秦卷)，人民出版社，1983年，第638页。

具有启示意义。

2. 西汉中后期象数易的兴起

春秋战国后的易学，有多条发展线索：一种是以哲理化的方法解《易》，将《易》作为解释人事、社会的工具，卦爻辞也逐渐脱离卦象等单独运用，并被注入了人文关怀，具有较强的思辨性，《易传》是这种解《易》方法的典型代表；一种是道家易学，在讲求天地变化、宇宙生成上倾力较多；还有一种则与《易》的原始意义牵连较多，因为《易》起初毕竟是作为占蓍而用的图书，卦象、爻象等具有特定的含义。当然，这种区分也并非绝对的，间或有交叉的地方，但大致的区分还是存在的。战国末期后，三种易学流派都出现了共同的演进方向，即都在向数术接近，至西汉时期终于出现了新的易学——象数易。而象数易的特点就是"一方面尊伏羲、文王、孔子之易学道统，一方面发道家易之论，一方面又采筮术易之术，真是非儒、非道、非筮，亦儒、亦道、亦筮，是为三支易学的混血儿"[①]。

象数易学在西汉中后期成为了易学之主流，经学等都颇受其熏染，其中有几个代表人物，如魏相、孟喜、京房等。

孟喜象数易的最大特点是卦气说，即以卦象搭配节气，以六十四卦对应四时、十二月、二十四节气与七十二候。坎、离、震、兑居于四方，为四正卦，对应四时。又根据阴阳消长的变化，从六十四卦中取十二卦代表十二月，复、临、泰、大壮、夬、乾六卦，体现了阳长阴消的过程，被称为息卦；姤、遁、否、观、剥、坤六卦，体现了阴长阳消的过程，被称为消卦，两者合称十二消息卦。

孟喜卦气说还有所谓六日七分说。除四正卦外，他又以六十卦配三百六十五又四分之一日。六十卦以辟、公、侯、卿、大夫五爵命名，每一爵十二卦，每月五爵，交替运行。但六十卦只有三百六十爻，与一年之天数并不吻合，孟喜将余出的五又四分之一日平分给六十卦，每卦得七分，加之每卦原本所主之六日，共计六日七分。由此，《易》卦与一年的匹配问题就解决了。

孟喜又将《易》卦与节气相配。他将每节气分为三候——初候、次候和末候，共七十二候。六十卦以五爵与七十二候相配：以公卦、侯卦配初候；以辟卦和大

---

① 高怀民：《先秦易学史》，广西师范大学出版社，2007年，第244页。

夫卦配次候；以候卦和卿卦配末候。其中候卦在配初候和末候时均有，是为了弥补六十卦与七十二候在数量上的差异。

总之，孟喜将《易》中卦象、爻象与节气、四时、月份及一年之天数相联系，建立了一一对应关系，将天地万象纳入了象数之中。孟喜的卦气说也一扫汉初以来以义理解《易》的风气，真正奠定了西汉象数易的基础。

又如京房。京氏易是西汉象数易学的集大成，内容较孟氏易更为驳杂，其核心包括八宫卦说、世应说、纳甲说及卦气说等，诸说的核心亦在于以卦、爻象为据，构建理解天地人的庞大体系。如八宫卦说，以八正卦为八宫卦，各分率七卦，本宫之卦与所率之卦按照阴阳消长的关系排序。以乾宫卦为例，乾卦为纯阳，居于首位；次之以姤卦，初爻由阳爻变为阴爻，为一世卦；次之以遁卦，由乾卦之初爻、二爻由阳变阴而来，为二世卦；次之以否卦，由乾卦之初爻、二爻、三爻由阳变阴而来，为三世卦；次之以观卦，由乾卦之初爻、二爻、三爻、四爻由阳变阴而来，为四世卦；次之以剥卦，由乾卦之前五爻由阳变阴而来，为五世卦；次之以晋卦，为五世卦之第四爻由阴变阳而来，为游魂卦；终之以大有卦，上卦与游魂卦相同，下卦则与乾卦相同，为归魂卦。在整个演变过程中，由乾卦至五世卦表明阳气渐消，阴气渐长，是阳消阴长；而游魂卦和归魂卦，逐渐由阴返阳，表明阴阳消长乃是一个循环往复的过程。其他七宫的卦序与乾宫相似，也都是按照这个思路进行，六十四卦也就按照阴阳消长和反复的顺序重新排列。

其他诸说也都是取材于六十四卦。如世应说，将每卦之六爻比拟现实政治等级，以初爻为元士，二爻为大夫，三爻为三公，四爻为诸侯，五爻为天子，上爻为宗庙。每卦的性质取决于其中的某一爻。为主之爻的标准，各卦也不相同，如八宫卦取上爻宗庙，五世卦取五爻天子等。又如卦气说，在孟氏易学的四正卦基础上，取巽、艮两卦补之，取六卦之初、四两爻，共十二爻，以与二十四节气相配，每爻主两节气。京房又以六十四卦与一年日数相配，四正卦的初爻分主二至和二分，各为一日八十分之七十三，四正卦之前的颐、晋、升、大畜四卦，各为五日十四分，其余的五十六卦，各主六日七分。

总之，京房的象数体系，其重心仍在于以《易》之卦象、卦爻及各自次序的排列，构建解释天地变化、阴阳消长、节气推移的解释体系，此系统直接建立在《易》

本身的象数之上。

因此，从西汉中后期易学发展的大趋势看，象数易学异军突起，并凭借对《易》卦爻象、卦爻序的充分挖掘，建立了日趋完整的体系，将天地人乃至节气、年月等都囊括其中，易学在西汉中后期逐渐成为思维范式的主流。象数易的影响后来直接波及西汉末年的谶纬之学，谶纬中的宇宙观、天人观的基本逻辑有非常突出的象数易学的痕迹。这也可见象数易在西汉中后期有一条清晰、连贯的发展线索，而刘歆正处于这根链条的中间，《汉志》对《易》地位的推崇当与这种学术大势有直接的关系。

3. 刘歆思想的象数易学背景

具体到刘歆，其对易学的推崇也是其学术体系的必然结果。历来谈刘歆，都知其与《左传》《周礼》等经典之关系，但忽略了一些细节和背景性的学术信息。这种疏漏是由于过度受制于史籍记载的引导，因为其内容多集中于一些焦点性的事件上，如刘歆争立古文经，才使得其与《左传》的关系尤为人瞩目。但正如某些学者所言，《史记》《汉书》在记述各人之学术专长时，有一个共同的倾向，“就是侧重专经的传承脉络，不去详记博学通才的学术成就”①，刘歆之所学有被人忽视的地方，“歆及向始皆治《易》”，则刘向父子曾研习易学，当无可疑。

刘歆论《易》的材料，除《汉志》外，集中体现于其《钟律书》《三统历》和《三统历谱》上，三者之主体构成了班固之《律历志》，“元始中王莽秉政，欲耀名誉，征天下通知钟律者百余人，使羲和等典领条奏，言之最详。故删其伪辞，取正义，著于篇”②。

在《钟律书》中，刘歆的基本重心在于黄钟上，即音律，其他诸如备数、和声、审度、嘉量、权衡诸章，都建立在与黄钟之数的对应关系上。如论数，“数者，一、十、百、千、万也，所以算数事物，顺性命之理页……本起于黄钟之数”③；论和声，

① 王风：《刘歆与〈周易〉最高经典地位的确立》，见姜广辉主编：《中国经学思想史》（第二卷），中国社会科学出版社，2003 年，第 315 页。

② 《汉书》卷二十一上《律历志》，第 955 页。

③ 《汉书》卷二十一上《律历志》，第 956 页。

“五声之本，生于黄钟之律”[①]；论度，亦言“本起于黄钟之长”[②]；量者，“本起于黄钟之龠”[③]；论权，“本起于黄钟之重”[④]。刘歆的说法并不新鲜，他真正的新意在于将《易》结构引入了这个体系中。如论数，“其算法用竹，径一分，长六寸……径象乾律黄钟之一，而长象坤吕林钟之长。其数以《易》大衍之数五十，其用四十九，成阳六爻，得周流六虚之象也”[⑤]；论五声，“九六相生，阴阳之应也。律十有二，阳六为律，阴六为吕”[⑥]；论三统，“十一月，乾之初九，阳气伏于地下，始著为一，万物萌动，钟于太阴，故黄钟为天统，律长九寸……六月，坤之初六，阴气受任于太阳，继养化柔，万物生长，楙之于未，令种刚强大，故林钟为地统，律长六寸”[⑦]。除这种总论钟律与《易》的关系外，在表述一些具体的度制、量器时，也借用了《易》的结构，如“斤者，明也，三百八十四铢，《易》二篇之爻，阴阳变动之象也”[⑧]；论量器之形制，“上三下二，参天两地，圜而函方，左一右二，阴阳之象也”[⑨]等。因此，从表面看，刘歆的度量衡、五声及备数都是由黄钟而来，但在论证过程中，《易》之体系更为根本，是其赖以立论的部分。

更为重要的是，刘歆还将《易》与《春秋》紧密联系起来，将《易》引申至政治、人伦。春秋学，特别是公羊学，是西汉政治学术中的显学，其倡导的君权神授、天人感应、三统、五德诸说，一直是政治文化中的主流形态。而刘歆著《三统历》的一个重要目标就是以历谱为手段，论证《春秋》的合理性，“向子歆究其微妙，作《三统历》及谱，以说《春秋》”[⑩]。刘歆以《易》比附《春秋》的目的，就是为人事政治寻求易学上的终极依据，换句话说，将《春秋》之大义统摄于《易》象数之内。这种比附的关键点在于，将《春秋》之“元”与《易》之“太极”建立联系，“经元一以统始，

① 《汉书》卷二十一上《律历志》，第 958 页。
② 《汉书》卷二十一上《律历志》，第 966 页。
③ 《汉书》卷二十一上《律历志》，第 967 页。
④ 《汉书》卷二十一上《律历志》，第 969 页。
⑤ 《汉书》卷二十一上《律历志》，第 956 页。
⑥ 《汉书》卷二十一上《律历志》，第 958 页。
⑦ 《汉书》卷二十一上《律历志》，第 961 页。
⑧ 《汉书》卷二十一上《律历志》，第 969 页。
⑨ 《汉书》卷二十一上《律历志》，第 967 页。
⑩ 《汉书》卷二十一上《律历志》，第 979 页。

《易》太极之首也",由此衍生出两种学术体系的一系列对应关系:"春秋二以目岁,《易》两仪之中也。于春每月书王,《易》三极之统也。于四时虽亡事必书时月,《易》四象之节也。时月以建分至、启闭之分,《易》八卦之位也。象事成败,《易》吉凶之效也。朝聘会盟,《易》大业之本也"。两者之中,《春秋》偏于人事,《易》偏于天道,"故《易》与《春秋》,天人之道也"。[①]

在《易》与《春秋》这种天人比附的关系中,《易》的地位无疑更为基础,《春秋》的一些基本原则都是以《易》展开的。如在表述元岁闰月之阴阳灾异出现的原因时,引"《易》九厄曰:初入元,百六,阳九;次三百七十四,阴九;次四百八十,阳九;次七百二十,阴七;次七百二十,阳七;次六百,阴五;次六百,阳五;次四百八十,阴三;次四百八十,阳三……经岁四千五百六十,灾岁五十七"[②]。类似的论证还有很多。可见,刘歆将双方关系的立足点放在了《易》上,其背后的天道是《春秋》诸原则的终极依据。

总体看来,从《汉志》透露的信息和《律历志》中对《易》的援引,可知刘歆对《易》,特别是象数易学,确实有相当的认知和运用。其与孟喜、京房据依《易》的论证重点虽不尽一致,但在思维方式和论证特点上却有明显的共性,即都以《易》构建庞大的宇宙体系。《汉志》中刘歆对《易》的推崇,是新形势下易学在学术领域中地位逐渐抬升的表现,"《易》与天地为终始"某种程度上成为西汉中期以后儒家学者的普遍共识。《汉志》中以《易》为首的六经次序的出现,应是这种思想潮流的一个反映。

这里我们再回到廖名春和黄丽丽两位学者的推论上。《汉志》对《易》的推崇,从学术演变的长时段看,与儒门对《易》态度的转变肯定有关系。但具体看,还需要一些较为贴近历史的原因,因为孔子与《汉志》对《易》的推崇,侧重点是不一样的。孔子之重《易》,表面看围绕"天道"问题而来,实际上孔子所谓"天"更多的是一种义理和道德之天,他器重《易》是因为从中看到了先王文教的痕迹,"昔圣人之作《易》也,幽赞于神明而生蓍,参天两地而倚数,观变于阴阳而立卦,发挥

① 《汉书》卷二十一上《律历志》,第981页。

② 《汉书》卷二十一上《律历志》,第984页。

于刚柔而生爻，和顺于道德而理于义，穷理尽性以至于命”[①]。也就是说，孔子之于《易》，主要是推崇其索隐发微、博大精深之体系在论证仁、义等道德伦理上的优势，并没有任何宇宙生成、天人关系上的意味，与象数体系无涉。而西汉之易学，无论是前期之以阴阳观念推演宇宙生成、世间伦理的义理易学，还是后期直接以《易》之卦爻为凭构建囊括天地人的象数易学，其思想核心和论证方法都与孔子之《易》大相径庭。就学术形态而言，《汉志》中的《易》“与天地为终始”，且为五经之原、五常之本，应与西汉易学的现实进展联系更为紧密。或者说，孔子晚年对《易》的重视开启了儒门统摄易学的大门，但儒门易学并非一成不变，西汉儒者对易学全方位的改造，特别是象数易学的崛起，才是《汉志》中易学呈现之形态的最贴近历史真实的原因。

① 孔颖达：《周易正义》卷第九，北京大学出版社，2000年，第380～383页。

第三章

《六艺略》所见之汉代经学

一、《汉书·艺文志》中孔子的特殊地位

《汉志》以六大部类划分典籍，其基本标准是清晰的，但其中也混杂着一些非纯学术的因素。究其原因，还是那句话，《汉志》并非单纯的簿册式的目录，其中渗透着时人对政治、学术的把握和理解。孔子在《汉志》中的特殊地位，就是这一视角的很好注解。

（一）《六艺略》与《诸子略》儒家类的关系

《汉志》有《六艺略》，《诸子略》部分又有“儒家类”，鉴于两者的密切联系，有些学者认为《汉志》的布局略显矛盾和重复，如章学诚言：“若就书之易淆者言之……子部之儒家与经部之经解相出入”[①]；梁启超则更为直接地说：“既列儒家于九流，则不应别著‘六艺略’，既崇儒于六艺，何复夷其子孙以侪十家？”[②]这种质疑无疑有一定的依据，因为儒生最典型的特征是传诵经典，即所谓“游文于六经之中”。我们认为，《六艺略》与《诸子略》儒家类的联系固然存在，但其区分亦是十分明确的。《六艺略》所载之典籍，主体为六经及其传记。六经自不待言，汉儒视其为西周旧典，具有不可置疑的权威性，而传记类内容虽体裁各异，有传、故、记、

① 叶瑛：《文史通义校注》附《校雠通义》，中华书局，1985年，第967页。

② 梁启超：《论中国学术思想变迁之大势》，上海古籍出版社，2001年，第24页。

微等各种表现形式，成书时间也有先后，但它们有一个共同点，就是直接面对六经，或注解六经，或推阐大义，其内容、结构直接与六经相对应。所以，在汉人的语境中，"六经"或"六艺"的概念有着狭义与广义的区别。狭义的"六经"或"六艺"，仅指《诗》《书》《礼》《乐》《易》《春秋》六种典籍；而广义的"六经"或"六艺"，则将六种典籍与各种传记都包括其中。从《史记》《汉书》的记载来看，汉儒对经学的认知中，传记类亦属于六艺之属，这是没有任何问题的。

至于《诸子略》之"儒家类"，《汉志》表述为"游文于六经之中，留意于仁义之际，祖述尧舜，宪章文武，宗师仲尼，以善其言"[①]。与其他九家相比，儒家与六经的关系无疑更为直接，但其与六艺类文献的区别究竟在何处？解决这个问题，有一个大前提需要考虑，即儒家类既然被统摄于《诸子略》部分之下，那么其与六艺类文献的差异，首先要体现在诸子类与六艺类上。六艺类，如前所述，是六经与依傍六经的传记的合称，是直接承袭西周旧典而来。而诸子类文献，就思想内容讲，为春秋战国以来的新的学术元素，是"学术为天下裂"的产物，两者的区别很明显，"诸子以立义为宗，传记以释经为主"[②]。从某种程度上讲，作为西周礼乐文化代表的"六经"是诸子之学的母体，两者是源与流的关系，如徐复观所讲是"常珍"与"异馔"的关系，"诸子之言，常由性情之所激、思维之所推演，而发为偏至奇特之言，以快一时之意"[③]。经与子的这种差别，在《汉志》的框架内是清晰的。细观《汉志》对六艺类文献与诸子之儒家类的评述，两者的高下是十分明显的。五经乃"五常之道"，与仁、义、礼、智、信相匹配，实际就是孔子及儒门倾力最多的礼乐仁义之道，所以汉儒眼中的五经，就是先王之道最完整也最完美的体现。而儒家类虽也"游文于六经之中，留意于仁义之际"，但毕竟是一个模仿与追随五经的角色，两者还需要一个"宗师仲尼"的平台。儒家所说的一系列仁义礼乐，其实都从五经生发出来，两者更像是"体"与"用"、"经"与"变"的关系。

---

① 《汉书》卷三十《艺文志》，第 1728 页。

② 钟肇鹏：《校雠目录学论丛·校雠通义评误》，见于钟氏著《求是斋丛稿》，2001 年，第 13 页。

③ 徐复观：《徐复观论经学史二种》，上海书店出版社，2006 年，第 186 页。

（二）汉人视野下孔子地位的双重性

我们在这里还会发现一个较为奇怪的现象，即如果论诸子之代表人物，孔子当为先驱，其首开私学，教授民间，被誉为儒家之祖，“宗师仲尼”就是此意。但在《汉志》的格局中，孔子的主要著作《论语》与《孝经》——至少汉人认为是孔子的著作，并没有被划分到诸子类，而是被纳入了六艺的范围。而且，同样令人奇怪的是，《六艺略》既明言六艺，主体也是依照六经将六艺类文献分为六大类，但《论语》《孝经》与小学类不在其中，而是单独列为三小类文献，附在六艺之后，形成了《六艺略》中“序六艺为九种”的独特格局。

要理解这一现象，关键在于梳理孔子在汉儒视野中的特殊地位，换句话说，就是理解孔子与六经的关系。这一问题在中国经学史上争论不休，就目前比较可靠的证据来看，孔子对《诗》《乐》《春秋》《易》进行过不同程度的整理、裁剪工作。《论语》有言：“子曰：‘吾自卫反鲁，然后乐正，《雅》《颂》各得其所’”[①]，可证《乐》《诗》与孔子的关系；《孟子》载：“世衰道微，邪说暴行有作，臣弑其君者有之，子弑其父者有之。孔子惧，作《春秋》”[②]，则孔子与《春秋》的关系，亦信而有征；至于《易》，《论语》有言：“子曰：‘假我数年，五十以学《易》，可以无大过矣’”[③]，出土之马王堆帛书亦有“夫子老而好《易》，居则在席，行则在囊”[④]一语，则孔子与《易》的关系亦不容置疑。至于孔子与《尚书》和《礼》的关系，先秦典籍中似无明确记载。但孔子与此二经的密切关系，至少在汉人看来，是不成问题的。如《史记·孔子世家》称颂孔子“追迹三代之礼，序《书传》，上纪唐虞之际，下至秦缪，编次其事……故《书传》《礼记》自孔氏”[⑤]，将孔子与《尚书》和《礼》的关系十分清晰地表述出来，算是弥补了先秦典籍对孔子与六经关系记载的一个缺失。

至于孔子与六经的确切关系，后世有所谓今文与古文两种立场的对立。极

① 程树德：《论语集释》卷十八《子罕下》，中华书局，1990 年，第 606 页。

② 焦循：《孟子正义》卷十三《滕文公下》，中华书局，1987 年，第 452 页。

③ 程树德：《论语集释》卷十四《述而下》，中华书局，1990 年，第 469 页。

④ 廖名春：《马王堆帛书周易经传释文》，见《易学集成》，四川大学出版社，1998 年，第 3043 页。

⑤ 《史记》卷四十七《孔子世家》，第 1935～1936 页。

端之今文家视孔子为“托古改制”的政治家，六经是其“改制”的工具，六经的发明权、著作权全归于孔子；古文家则视孔子为历史学家，是周文化的传承者，六经乃西周旧典，孔子是“述而不作”。钱穆认为汉代并不存在后世所指称的今、古文学的对立，当时也没有“今文学”之称，所谓的“古学”也仅指只通一经的博士章句之学的对立面，即“指兼通数经大义，不守博士一家章句”[①]的学问。以今古文指称汉代的经学格局，乃是“晚清经师”的歪曲和误解，“后世强造新名，谓古人如此，宁有是理”[②]。今古文的对立是清代以来学人对两汉学术的误解，康有为、廖平等人难辞其咎，他们并不是出于单纯的学术考虑，来强调孔子在六经体系中的地位，“因为这种地位的历史意义并不来自事实，而是来自认同”[③]。因此以今古文为分野判别汉儒对孔子与六经关系的认识，并不合乎西汉学术的实际情况。汉儒基本上一方面承认六经确为西周旧典，渊源有自，另一方面也承认孔子在六经传承中的作用，这种认识是辩证的，也是中肯的。

以《汉志》的记述来说明。如《易》，《汉志》一方面承认“宓戏氏仰观象于天，俯观法于地”[④]的始作之功，及文王“重《易》六爻，作上下篇”续接之力，另一方面也认可孔子作“十翼”的功劳，并客观地总结说《易》的成书乃是“人更三圣，世历三古”的过程。如《尚书》，《汉志》一方面承认其为上古典籍，“所起远矣”，同时也承认孔子的编订之举，“上断于尧，下讫于秦，凡百篇，而为序，言其作意”[⑤]。又如《诗》，《汉志》认为诗之兴，起于上古王者采诗观风，诗类文献古已有之，同时也承认孔子对《诗》的筛选、择取，“孔子纯取周诗，上采殷，下取鲁，凡三百五篇”[⑥]。因此，刘、班对六经与孔子关系的认识，并非如清儒描述的那样死板与固化，因为若按照廖平等人的理解，无论是刘歆还是班固，都是典型的古文学家，他们应将孔子视为“述而不作”的历史学家才对，如何还会承认孔子对六经的这些择取、删改呢？

---

① 钱穆：《两汉经学今古文评议》，商务印书馆，2005年，第256页。

② 钱穆：《两汉经学今古文评议》，商务印书馆，2005年，第258页。

③ 马宗霍、马巨：《经学通论》，中华书局，2011年，第17页。

④ 《汉书》卷三十《艺文志》，第1704页。

⑤ 《汉书》卷三十《艺文志》，第1706页。

⑥ 《汉书》卷三十《艺文志》，第1708页。

我们之所以不厌其烦地阐述，只是想描述一下汉人眼中孔子与六经的关系。六经是西周礼乐秩序的象征，而孔子又是六经的整理者与传承者，因此孔子的地位自然非一般的儒生可比，其在《汉志》中的位置高于孟、荀，是没有疑问的。

与孔子的这种特殊地位相对应，《论语》《孝经》也部分具备了经典的性质。《汉志》在描述二书的时候说："《论语》者，孔子应答弟子时人及弟子相与言而接闻于夫子之语也"[①]，"《孝经》者，孔子为曾子陈孝道也"[②]。这两句点明主旨的话，用意很明显——指出两书得以附入《六艺略》的根本原因，即在于两书记孔子之言，承载了汉儒眼中的圣人之道。

《汉志》对于《论语》《孝经》特殊地位的认定，也是有诸多印证的。《后汉书·张纯传》有"七经"之称，李贤等注曰："七经谓《诗》《书》《礼》《乐》《易》《春秋》《论语》"[③]。更为明显的例证是，汉宣帝曾召开石渠阁会议，目的是"诏诸儒讲五经同异"，具体内容今已不可考，但从《汉志》的著录来看，《书》《礼》均有《议奏》，班固注曰："石渠"或"宣帝时石渠论"。令人意外的是，在论语类及孝经类也分别出现了《议奏》与《五经杂议》，班氏亦注曰："石渠论"。由此可见，《论语》与《孝经》也在此次"诸儒讲五经同异"的范围之内，两书与五经的这种微妙关系可见一斑。而且刘、班在《六艺略》中评述《论语》与《孝经》时，也仿照了五经的基本套路，先陈说两书之大义，继而勾勒两书之缘起与传授过程，这在重师法的两汉是五经才享有的待遇。据东汉赵岐记载，西汉文帝时《论语》《孝经》曾列博士，后来武帝设五经博士，两者才被裁撤。王国维认为，两者博士之罢，并不是因为两者地位不重要，而是因为两者是学人学习之必备知识，"不宜限于博士"[④]，所以看似被取消了官学地位，实际上是要将其做更大范围的推广。此亦有所据，可备一说。

就两汉典籍的记载来看，通晓《论语》《孝经》确实被视为通经明典的一个重要标志，应劭《汉官仪》有"通《易》《尚书》《孝经》《论语》，兼综载籍，穷微阐奥"之言，明确将两书与五经同列，可为参证。

---

① 《汉书》卷三十《艺文志》，第 1717 页。

② 《汉书》卷三十《艺文志》，第 1719 页。

③ 《后汉书》卷三十五《张纯传》，第 1196 页。

④ 王国维：《汉魏博士考》，见《观堂集林》卷四，中华书局，1959 年，第 178 页。

如非要分开来讲,《论语》的实际影响要比《孝经》更广泛些。可能是由于《论语》乃辑录孔子生平言论之书,涉及为人、为学、为政等诸多层面,更贴近多层次的实际生活,容易称引;而《孝经》则是汇集陈述为孝之道,内容单一,适用面自然不及《论语》。

汉儒多将《论语》视为传或记,"传莫大于《论语》"[①]。但从实际被重视程度来看,其与"经"相比毫不逊色,《论语》经常被广泛称引,用作品评时人、时事的重要标准。在《汉志》中,这种现象也十分明显,如在评述《诸子略》之儒家、纵横家、农家、小说家,《方技略》之神仙家,及《诗赋略》和《兵书略》时,《论语》都以"孔子曰"的面貌出现。而且,《汉志》对《论语》的引用,并非润饰或者点缀的性质,而是作为品评高下、裁定优劣的核心论据出现的。如评论神仙家,引孔子曰:"索隐行怪,后世有述焉,吾不为之矣"[②],认为神仙之术光怪陆离,虽有人称述,但孔子本人却不以为然。这种态度无疑表现了一种价值上的摒弃与淡漠,与《汉志》对神仙家"诞欺怪迂之文弥以益多,非圣王之所以教也"[③]的评价一唱一和,其对神仙家的定位就是非常明显的事了。

孔子及《论语》对汉代学术的实际影响,我们还可以《史记》为例加以说明。虽然班固讥讽司马迁"论大道,先黄老而后六经",但司马迁的儒家立场是比较明显的,其对孔子是十分尊崇的。"《史记》提及孔子的约有56篇"[④],而且基本是从正面理论的。司马迁对于《论语》的态度也是正面而积极的,其《孔子世家》与《仲尼弟子列传》的核心内容,包括人物及事迹,基本上都源自《论语》。更为重要的是,司马迁频频引用孔子的话或《论语》作为品评人物、谈论时事的重要依据。如《史记》常在每篇起首的序言或文末的论赞中发表自己的看法,这些序言和论赞,多是对篇章内容宏旨高度凝练化的总结,用以表达司马迁本人然否的基本态度。有学者曾予以粗略统计,认为《史记》全书中,在序言及论赞部分出现过孔子言论的篇章多达16篇之多[⑤]。这一比例是六经之中的任何一经也无法比拟的,《论

---

① 《汉书》卷八十七下《扬雄传》,第3583页。
② 《汉书》卷三十《艺文志》,第1780页。
③ 《汉书》卷三十《艺文志》,第1780页。
④ 王明信、俞樟华:《司马迁思想研究》,华文出版社,2005年,第310页。
⑤ 陈桐生:《〈史记〉与诸子百家之学》,安徽大学出版社,2006年,第26页。

语》这种名为传、实为经的特性表露无遗。

不过，我们也不可在这种现象的诱导下迷失方向，那就是对《论语》《孝经》的尊崇仍然不能改变二者“传”的定位，这一点汉儒的态度依然是明确的。关于经与传的区别，章学诚已经说得很明白了：“《论语》《孝经》《尔雅》，非六经之本体也。学者崇圣人之绪余，而尊以经名，其实皆传体也。可以与六经相表里，而不可以与六经相并列也。”①皮锡瑞亦言：“汉人引《论语》多称传，《孝经》虽名为经，而汉人引之亦称传，以不在六艺之中也。”②这就是在《汉志》中，《论语》《孝经》虽能从《诸子略》中脱颖而出，但始终不能光明正大地跻身于六艺之中的原因。

在中国经学史上，之所以有人将经传与儒家相混淆，很大程度上还是由于孔子在两种学术体系中都扮演着至关重要的角色。一方面，孔子传承六经，为六经注入了新的时代元素，其在经学产生中的作用举足轻重；另一方面，孔子身处春秋战国的大变局中，其本人又有对理想社会秩序的独立思考，这种思考或许更多保留在《论语》与《孝经》之中。所以，孔子对于中国学术的影响是双重的，即社会人生之学与六艺之学的统一③。两者相较，六艺之学更多体现了对西周旧典的承接，社会人生之学更多体现了“学术为天下裂”形势下的思考。孔子学术的这种双重体系，对后来儒学的发展路径也有重大影响。徐复观就认为孔子之后儒门出现了两大群体：一是以孟子为代表的思想家，他们也诵读经典，也没有脱离孔子“仁、义、礼、智”的理论构思，但他们只是从经典中汲取构建学术理念的养分，“他们并非以传经为业的经学家型的人物”④；而另外一批人则沿着孔子传承六经的理路更进一步，“以某一经为中心，做了许多解释和创发的工作”⑤。这其实也暗示我们，孔子虽有接续五经和开启儒门的双重身份，但两者相较，汉儒更看重的还是前者，即汉人之重孔子，首先在于其传授五经，其圣人身份的被认同也是建立在这一点上的。《论语》《孝经》虽为圣人之言，但毕竟出自私家之言，其地位是无法与五经比拟的。这两条线索一直沿袭下来，就成了《汉志》中《六艺略》与

① 叶瑛：《文史通义校注》，中华书局，1985年，第1022页。
② 皮锡瑞：《经学历史》，中华书局，1959年，第67页。
③ 梁涛：《郭店竹简与思孟学派》，中国人民大学出版社，2008年，第511页。
④ 徐复观：《徐复观论经学史二种》，上海书店出版社，2006年，第53页。
⑤ 徐复观：《徐复观论经学史二种》，上海书店出版社，2006年，第53页。

《诸子略》之儒家类最后的分野。

当然,这两条线索并非并行不悖,因为在汉儒看来,它们有一个共同的起点,即孔子。所以,在汉儒的话语中,经学家与儒家有时确实是混用的,至少不那么容易分辨清楚。正如钱穆所言:"今讲两汉儒学,亦可说此时代之儒学实即是经学"[①],理由是《史记》《汉书》之《儒林传》中所载的基本都是经生。所以汉儒对孔子的推崇是双重的,既认定他是经学传承中的标志性人物,又将其视为儒家学派独特性的始祖。将《论语》与《孝经》附于六艺,也算是这种双重推崇的一个不错的表达方式吧。

(三)孔子地位形成的两个条件

以上是就孔子在学术上的贡献谈其特殊地位,其实孔子地位的形成还有另外的因素。

一则,孔门后学之"层累式"的塑造。孔子有一大批认同其理念的弟子、门人,孔门传授谱系绵延不断。在先秦学术信息不畅、传播困难的条件下,这对学派发展是一个非常重要的促成条件。相比之下,法家、道家、名家、阴阳家等均没有这样一种学术传播渠道,仅仅依靠几位不世出的哲人,恐怕不能支撑一种学术的发扬光大。孔门"弟子盖三千焉,身通六艺者七十有二人"[②],且都视孔子为精神领袖,以至于孔子死后,诸儒仍"讲礼乡饮大射于孔子冢"[③],直至汉代不绝。孔子死后,其弟子门人遍及各国,将儒学传于各地,而且很多地位颇为显赫,这无疑有助于提升孔子的知名度。如子夏居河西,曾为魏文侯、李克等人的老师,《汉志》之儒家类有《魏文侯》六篇与《李克》七篇,即为明证。另一个弟子子贡,富甲一方,善于经商,游于诸侯之间,"国君无不分庭与之抗礼"。这种便利的条件,对于保持孔子在政治上层的影响力无疑是有巨大作用的,无怪乎司马迁也承认"夫使夫子名布扬于天下者,子贡先后之也"[④]。

---

① 钱穆:《中国学术通义》,见刘梦溪主编:《中国现代学术经典》(钱宾四卷),河北教育出版社,1999年,第968页。

② 《史记》卷四十七《孔子世家》,第1938页。

③ 《史记》卷四十七《孔子世家》,第1945页。

④ 《史记》卷一百二十九《货殖列传》,第3258页。

二则，孔门拥有独特的学派表现形式，即依托于经典。这一点看似多余，但如果与墨家相比就会体现出其价值。墨家的组织形态，较之儒家更为严密，墨子的门徒众多，凝聚力也很强，弟子也散布于各国，且一度与儒学争锋，“世之显学，儒墨也”。但后来儒墨两家的命运大不一样，墨家销声匿迹，儒家则风采更胜。墨家的衰微，除了其“自苦”的极端表现不易为常人接受外，更根本的原因在于“学理上缺乏深度”及墨家的反文化倾向[①]。而儒家对经典的依傍，可以使他们在大变局中平稳地实现过渡，这使他们有了维系学术的稳固平台，而不单单依靠严密组织的外在约束。这也应是儒学得以长久不衰、青春常在的一个重要原因吧。

二、《六艺略》与经学传承诸问题

（一）《六艺略》典籍著录原则问题

《汉志》在著录典籍时，在大小部类之后都有对所属典籍数量的汇总，除六艺类文献外，其他五大类的数量统计与所属典籍基本一致，间或有非常细微的误差。但《六艺略》著录之典籍，除乐类外，其他部分著录的著作家数与种数，与各小序的统计有较大偏差。古今有不少学者对此提出了自己的意见，或以为流传之脱误，或以为刊刻之篡夺。也有学者以更加审慎的态度处理此问题，认为这种偏差乃是源于《汉志》与所据之《七略》在著录原则和形式上的差别，这其实又牵涉两者的关系问题。

学人都知《汉志》乃《七略》略加改动而来，但关于两者之间的差异又难以尽晓，所以多数学人实际将两者视为一事。就大处而言，这种看法是可取的，但在处理某些细节问题时还要作进一步的辨别，讨论《六艺略》之著录原则的问题时，就应更多还原《七略》的原貌。

关于此问题，有两篇文章与之有直接关系：一为张固也、杨超的《〈汉志·六艺略〉与汉代经学家法》（以下简称张文）；一为丁进的《经学师法、家法与

① 孟祥才、胡新生：《齐鲁思想文化史——从地域文化到主流文化》，山东大学出版社，2002年，第228～229页。

〈汉志·六艺略〉的家数问题》(以下简称丁文)。两文在辨析《六艺略》著录家数与小序统计出现的偏差时,都认为班固对《七略》原来的著录原则进行了变动,即变更了各种典籍的顺序和前后位置,造成了表面上与小序之统计并不相合的情况。

为表述便利,我们试举一例来阐释两文的基本思路。如《汉志》著录的诗类文献为:

《诗经》二十八卷,鲁、齐、韩三家。

《鲁故》二十五卷

《鲁说》二十八卷

《齐后氏故》二十卷

《齐孙氏故》二十七卷

《齐后氏传》三十九卷

《齐孙氏传》三十八卷

《齐杂记》十八卷

《韩故》三十六卷

《韩内传》四卷

《韩外传》六卷

《韩说》四十一卷

《毛诗》二十九卷

《毛诗故训传》三十卷

凡《诗》六家,四百一十六卷。

张文认为《汉志》收录六艺文献的原则是"先著作体式而后内容区分",即以经为先,次之以传、故、说、微、章句等经解作品。《七略》的原有体例应是"先家法后著作体式"[①],据此,他将《七略》之诗类文献还原为:

鲁诗经二十八卷　鲁故二十五卷　鲁说二十八卷

齐诗经二十八卷　齐后氏故二十卷　齐后氏传三十九卷

① 张固也、杨超:《〈汉志·六艺略〉与汉代经学家法》,见于《齐鲁文化与两汉经学海峡两岸学术研讨会论文汇编》,山东师范大学齐鲁文化研究中心,2011年,第319页。

齐孙氏故二十七卷　齐孙氏传二十八卷

齐杂记十八卷

韩诗经二十八卷　韩故三十六卷　韩内传四卷　韩外传六卷　韩说四十一卷

毛诗二十九卷　毛诗故训传三十卷

凡诗六家，四百一十六卷(实四百一十五卷)

丁文的方法更为细致，其核心思想也是围绕西汉经学的师法和家法展开的，即其所言"经学师法与家法思想是造成《六艺略》家数问题的主要原因"[①]，并提出了四条计算家数的原则[②]。据此，丁进还原之《七略》诗类文献为：

《鲁诗经》《鲁故》《鲁说》

《齐诗经》《齐杂记》

《韩诗经》《韩故》《韩内传》《韩外传》《韩说》

《齐后氏故》《齐后氏传》

《齐孙氏故》《齐孙氏传》

《毛诗》《毛诗故训传》

从效果来看，两文的主体基本一致，唯有对《齐杂记》的处理略有不同，或附于《齐诗》，或单独视为一类，文献阙如，我们也不好轻下结论。不过，著录与小序统计的数量偏差毕竟是解决了，这无疑是一个较成功的尝试。《六艺略》其他部类的文献，依此方法还原，也基本可以成立。则《汉志》所本之《七略》，确实隐含着以师法、家法著录典籍的原则。

以此为基础，我们还有几个外围问题要考虑。既然《七略》著录六艺类文献以家法、师法等为原则，为何《汉志》要打破这种逻辑严密、自成体系的方式，而代之以体式为序呢？这个问题丁文没有提及，张文有一些推想：其一，班固崇尚博

① 丁进：《经学师法、家法与〈汉志·六艺略〉的家数问题》，《中国哲学史》，2012年第1期。

② 这四条原则是：第一，同一作者多部作品只算一家；第二，今文经与部分曾立为博士的古文经不单独计算家数，应与师法其他著作合并为一家；第三，每家师法著作种类虽多，也只算一家；第四，每家师法之下形成家法的某氏之学，可以另算一家，但该氏家法著作种类再多，也只能算一家。详见丁文。

通,对师法、家法的问题并不像刘歆那样重视;其二,为减少著录时的重复[①]。这两点理由固然有相当之道理,但仍有可以补充的地方,即应充分考虑《七略》与《汉志》出现的背景和用途。前面已经说过,《七略》是皇室图书整理的最终产物,其基本用途等于书目,近于簿册,用于检索书籍。而书目著录的基本原则是书有其目,一一对应。在师法、家法的影响下,师法和家法的各种体式的典籍是作为一个整体被看待的,类似于现在的"套书"或"丛书",在书籍存放时应该是在一起的,因此,肯定要将其作为一个整体予以著录,这就是《七略》还原后六艺经传著录形式的最基本原因。

而《汉志》是作为史籍之一部分出现的,是意在著录当时典籍之简目。《汉志》虽以《七略》为据,但毕竟已经脱离了刘向父子校书的过程,与皇家藏书的实际历史场景也脱离了关系,不再受目录规范的约束,可以按照简洁的标准对《七略》文本、著录方式进行适当的裁剪与删并。而《七略》中以师法、家法罗列典籍的做法,容易出现重复,《汉志》中就做了较大的变动,然后又以著作体式为序予以排列。

(二)师法问题

此外,我们在这里附带谈一谈师法和家法的问题。古今谈及此问题的学者很多,争议也较大。皮锡瑞等坚持认为汉代经学传承存在严格的师法:"师之所传,弟之所受,一字毋敢出入;背师说即不用,师法之严如此。"[②]从史籍记载看,师法之说是有一定依据和适用范围的。因为在经学确立为官学之后,特别是经学博士得以授学弟子后,经学传承的谱系是比较清楚的。就这一点看,《汉书·儒林传》的记载是大致可靠的。史籍中也有许多关于师法问题的记载,其中不乏赞许和推崇之意。

我们认为,汉代史籍中对师法的推重,主要是在两种语境中呈现的:第一,是就某一具体的授受关系而言,即在从学某一经师的过程中,将经师之学谙熟于

---

① 张固也、杨超:《〈汉志·六艺略〉与汉代经学家法》,见于《齐鲁文化与两汉经学海峡两岸学术研讨会论文汇编》,山东师范大学齐鲁文化研究中心,2011年,第326页。

② 皮锡瑞:《经学历史》,中华书局,2008年,第77页。

心，可称为“有师法”。如《张禹传》云萧望之“奏禹经学精习，有师法”[①]；《卓茂传》云“元帝时学于长安，事博士江生，习《诗》《礼》及历算，究极师法”[②]；又如《吴良传》云“又治《尚书》，学通师法，经任博士”[③]。在这一特定、具体的传授关系中，“有师法”可视为对受学之人习经效果的一种认可。第二，“师法”在择取经生为官或增补为博士的过程中，是相对容易把握的尺度。经学不是单纯的学术，而是与仕进相联系，对经生的考察也应有相对的标准。经学博士或名气较大的学者，其学说的社会普及度和认可度较高，往往成为考察的凭据或标准。很多关于师法的论断，也都是从考察经生而起，如《鲁恭传》云“臣闻说经者，传先师之言，非从己出，不得相让……法异者，各令自说师法，博观其义”[④]；而左雄改制时，其考核文吏与儒生的办法是“诸生试家法，文吏课笺奏”[⑤]。

这两种情况中，汉人对“师法”的推重都是有特殊用意的，并不能无限制泛化和概括当时经学传承的全貌。我们认为，师法只是体现了汉代经学授受中的部分面貌。当时确实也有一种恪守师法、不置一词的传经方法，除了上面的例子外还有一些，如张无故，“善修章句，为广陵太傅，守小夏侯说文”[⑥]；又如郑宽中治《尚书》，“守师法教授”[⑦]。但《汉书》中罗列的这些谨守师法的例子，并未见有特别意图，多是客观的陈述。因为与此同时，还有一些变乱师法的举动，如秦恭治小夏侯《尚书》，“增师法至百万言”[⑧]，李寻与郑宽中虽同出一师，但李寻“独好《洪范》灾异，又学天文月令阴阳”[⑨]。类似的例子还有许多，兹不赘述。

所以，汉代经学的传承并不是严格如后世，尤其是清人所谓的一线单传、谨守师法的形式进行的，史书中常见有人博采众家、从师多人的说法。如《易》之传承中，丁宽最初从学于田何，“梁项生从田何受《易》，时宽为项生从者，读

---

① 《汉书》卷八十一《张禹传》，第3347页。
② 《后汉书》卷二十五《卓茂传》，第869页。
③ 《后汉书》卷二十七《吴良传》，第943页。
④ 《后汉书》卷二十五《鲁恭传》，第884页。
⑤ 《后汉书》卷六十一《左雄传》，第2020页。
⑥ 《汉书》卷八十八《儒林传》，第3605页。
⑦ 《汉书》卷七十五《李寻传》，第3179页。
⑧ 《汉书》卷八十八《儒林传》，第3605页。
⑨ 《汉书》卷七十五《李寻传》，第3179页。

《易》精敏，材过项生，遂事何”，后来丁宽东至洛阳，“复从周王孙受古义”；[①]又如梁丘贺，起初“从太中大夫京房受《易》”；后来京房外出为齐郡太守，“贺更事田王孙”；[②]又如盖宽饶，“本受《易》于孟喜，见涿韩生说《易》而好之，即更从受焉”。[③]

《书》的传承中，夏侯胜从学之师，前后变换数人，起初从学于族叔夏侯始昌，“从始昌受《尚书》及《洪范五行传》，说灾异”，“后事简卿，又从欧阳氏问”。[④] 夏侯建也是如此，起初师事从叔夏侯胜及欧阳高，但所学《书》驳杂，“左右采获，又从五经诸儒问与《尚书》相出入者，牵引以次章句，具文饰说”[⑤]。

这些例子中，诸人所学并非出于一师，而夏侯胜、夏侯建、梁丘贺等人之学，后来还被立为官学。可见，西汉经学传承过程中，变换授业之师是较为常见的事情，时人也并未形成特别严格的师法观念。否则，大小夏侯及梁丘贺另创师法，且立为博士就无法解释了。

围绕“师法”最著名的争论出在孟喜和京房身上，这也是一些学者认为西汉经学中存在一成不变的师法的支撑性论据。孟喜本师从田王孙治《易》，但他另辟奇径，“得《易》家候阴阳灾异书”，并谎称是田王孙临终所传。梁丘贺起而反驳，指出田王孙去世时，孟喜并不在场，无从得此秘传。后来西汉增补《易》博士，“上闻喜改师法，遂不用喜”。从表面看来，师法问题是孟喜不得补为博士的原因，但从《汉书》提供的其他信息看，事情并非如此简单，孟喜与博士无缘的原因是多方面的：一则，赵宾事件的不利影响。当时有蜀人赵宾，精于数术，并以易学润饰之，且为人善辩，“《易》家不能难”，赵宾的这种做法受到许多儒者的责难。赵宾之学出自何人于史未载，其自称受之于孟喜，当是他的依托。和赵宾的授受关系，孟喜虽并不承认，但声名因此受损，“以此不见信”。二则，梁丘贺等人的抵制。两人虽师出同源，但梁丘贺的仕途更为显赫、顺利。孟喜只是“举孝廉为郎，曲台署长，病免，为丞相掾属”，所任职基本都是下级官吏。而梁丘贺长于筮占，

---

① 《汉书》卷八十八《儒林传》，第3597页。
② 《汉书》卷八十八《儒林传》，第3600页。
③ 《汉书》卷八十八《儒林传》，第3614页。
④ 《汉书》卷七十五《夏侯胜传》，第3155页。
⑤ 《汉书》卷七十五《夏侯建传》，第3159页。

“由是近幸，为太中大夫，给事中，至少府”，位至九卿，且“为人小心周密，上信重之”。梁丘贺这种贵显和被信从的身份，使他很容易对汉帝的决断施加影响。《汉书》所载的“上闻喜改师法”，很可能是通过梁丘贺获得的信息，而梁丘贺对孟喜的抵制恐怕也很大程度上影响到了对孟喜博士的取舍。

在这个事例中，师法问题并非阻挠孟喜补为博士的根本原因，因为正如前面所讲，梁丘贺本人就曾前后师从京房和田王孙，也没有谨守师法。而且，孟喜虽未能列为博士，但“喜授同郡白光少子、沛翟牧子兄，皆为博士”，师承自孟喜的两人居然又成为博士。[①] 这只能说明，师法仅仅是梁丘贺等用以回绝孟喜博士地位的借口，是否谨守师法并非入选博士的必要条件，凭孟喜“改易师法”的个案不能断定西汉时就已经有了严格的泾渭分明的师法原则。

又如京房。京房师从焦延寿，焦延寿声称受《易》于孟喜，孟喜之弟子白光、翟牧等否认。刘向校书时，认为京房之《易》“党焦延寿独得隐士之说，托之孟氏，不与相同”[②]。则京房实际也与声称的孟喜师法有较大差距，但其所授弟子，“东海殷嘉、河东姚平、河南乘弘，皆为郎、博士”[③]，且后来元帝时，京氏《易》亦被立为官学。师法问题同样没有成为京氏《易》立为官学的障碍。

总体看来，以师法指称经学传承中自然形成的传授关系，是适用的。因为在一定时间段内，某一经师的宗旨等会有相当的稳定性，且某些弟子也会将其所从学之师的经解较好地保留下来。但这只是经学传承的一种形态而已。另一方面，经师之说也并非封闭不变的体系，其中既有后学的增减损益，也有变换师从的因素。所以，后代学者所乐称的汉代师法之严只是一厢情愿，因为史籍所载无法证明这是汉代实存的经学授受方式，以至于皮锡瑞有“考其分立博士，则有不可解者”[④]的困惑。解决皮氏的这个困惑很简单，此乃他对汉代师法的虚构所带来的干扰，他所谓的困惑只是庸人自扰罢了。当然，后学对师说的变易是隐蔽而缓慢的，而且大都仍以恪守师法为标榜。所以，对“师法”的理解不可过于死板

---

① 孟喜事，见《汉书》卷八十八《儒林传》，第 3599 页。

② 《汉书》卷八十八《儒林传》，第 3601 页。

③ 《汉书》卷八十八《儒林传》，第 3602 页。

④ 皮锡瑞：《经学历史》，中华书局，1959 年，第 77 页。

和固化，当时并不存在一成不变的经说。而从五经博士屡有增补的趋势看，时人对师法的变易还是有相当的包容度的。师法并非当时经学传承中不可缺少的环节，《汉书》中几次关于师法的争议都是有具体原因的，师法问题只是表象。师法的背后是利益之争和正统之争，即徐复观所言“多半是把它当做排挤、统制的武器来加以应用”[①]，对京房和孟喜改易师法的指责，就是此类。

（三）“某氏之学”的问题

接下来，我们来看另一个问题，即“某家之学”或“某家某氏之学”。《儒林传》中这种模式的表述最为集中，如《易》之传承中，有施、孟、梁丘之学，而“施家有张、彭之学”[②]，“梁丘有士孙、邓、衡之学”[③]等。这种形式的称谓，其意蕴似乎比较容易理解，这是对西汉经学传承谱系的真实描述。“某氏之学”就是指在此经的传承过程中，某氏曾参与其中，成为其中的一个链条。换言之，就是指某种学术的进一步演化和分流，某氏之学乃是对某家之学的承继和递变。但我们认为《儒林传》之所以出现这些“某氏之学”，其包含的信息不止如此，某氏之学被《儒林传》纳入其中，并不是偶然的。

对学术谱系的充实是经学作为官方学术传承、更新的一个重要途径。如前面所讲，武帝立五经博士后，经学博士的更替和增设都是在武帝博士系统的大格局内进行的，同一经前后所立之博士在学缘上有十分密切的关系。为表述方便，此处稍作重复。

如《书》博士，武帝时仅有欧阳《尚书》，乃欧阳生传自于伏生。而大小夏侯《尚书》出于伏生的另一弟子张生，“由是《尚书》有大、小夏侯之学”[④]，宣帝时复立大、小夏侯《尚书》为博士。

与此相类，武帝时《礼》博士唯有后仓一家，其传业授学，“授沛闻人通汉子方，梁戴德延君，戴圣次君，沛庆普孝公”，“由是《礼》有大戴、小戴、庆氏之学”，[⑤]

① 徐复观：《徐复观论经学史二种》，上海书店出版社，2006年，第75页。
② 《汉书》卷八十八《儒林传》，第3598页。
③ 《汉书》卷八十八《儒林传》，第3600页。
④ 《汉书》卷八十八《儒林传》，第3604页。
⑤ 《汉书》卷八十八《儒林传》，第3615页。

宣帝时增立大、小戴《礼》博士。

《易》武帝时只有杨何，其学出于田何之弟子王同。而杨何另一弟子丁宽又授《易》于砀田王孙，砀田王孙又传学于施雠、孟喜、梁丘贺，“由是《易》有施、孟、梁丘之学”[①]，三家在宣帝时亦立为博士。京房所学出自焦延寿，而焦延寿自称受《易》于孟喜，“由是《易》有京氏之学”[②]。元帝时，“复立京氏《易》”。

《公羊春秋》，武帝时尚未分派。汉代公羊学大儒董仲舒授学于东平赢公等人，赢公又授鲁人眭孟，严彭祖“与颜安乐俱事眭孟”，“由是《公羊春秋》有严、颜之学”，[③]光武帝之十四家博士中，严、颜之学均在其中。

由此，“某家某氏之学”除了是经学传承的自然步骤外，亦与经学之官学化相涉。当然，武帝后经学博士的扩充亦可分为两种情况。一是对固有某经传承谱系的外扩与补充，以《书》与《易》较为明显。大、小夏侯与欧阳《尚书》并无直接的学缘关系，但三家所祖为张生和欧阳生，二人同出于伏生。且中间又有一关键人物兒宽，与两家之学皆有联系，“欧阳、大小夏侯氏学皆出于宽”[④]。大小夏侯博士与欧阳《尚书》同祖于伏生，第二代学人张生、欧阳之后，便形成了相对独立的两条传承谱系。大小夏侯博士的增设，更多带有扩充学术的含义。《易》的情况也相类，武帝之杨何为田何的第二代弟子，施、孟、梁丘师从的丁宽也为第二代弟子，其源头虽都可溯至田何，但三人所学毕竟不直接出于杨何。三家立为博士，也是对易学传承前后牵连的结果。

另一种博士增设的因果关系更为直接，即在于固有博士学术的分化和传承。如《礼》中，后仓为大小戴之师；《公羊春秋》中，董仲舒为严、颜之师祖。大小戴与严、颜之学是对武帝五经博士的演化和继承，其博士地位有直接的学术依存关系。

但同样不可忽视的是，《儒林传》中“某家某氏之学”数量众多，得以跻身博士官学的毕竟是少数，此外的“某氏之学”是如何而来？或者说，《汉书》认可某人之

---

① 《汉书》卷八十八《儒林传》，第 3598 页。

② 《汉书》卷八十八《儒林传》，第 3602 页。

③ 《汉书》卷八十八《儒林传》，第 3616 页。

④ 《汉书》卷八十八《儒林传》，第 3603 页。

学成一家之说的标准是什么？经仔细梳理，我们发现，《儒林传》被冠以"某氏之学"的人，除了少数被立为官学外，其共同的特点就是在仕宦中有较显赫的地位，即以经学为凭，曾获得较高官位。为提供一个直观印象，我们不避繁冗，将之罗列如下：

如《易》之施雠的"张、彭之学"，张为张禹，彭为彭宣，二人在《汉书》中均有专传，张禹成帝时位至丞相，封安昌侯；彭宣曾任御史大夫、左将军和大司空。梁丘贺之士孙、邓、衡之学，士孙为士孙张，"为博士，至扬州牧，光禄大夫给事中，家世传业"①；邓为邓彭祖，官至真定太傅；衡为衡咸，为"王莽讲学大夫"。

如《书》，欧阳《尚书》有平、陈之学，平为平当，哀帝时为丞相，《汉书》有传，陈为陈翁生，为"信都太傅，家世传业"②；大夏侯《尚书》有孔、许之学，孔为孔霸、孔光父子，孔霸曾以太中大夫教授太子，元帝时"以帝师赐爵号褒成君"，孔光于成、哀时官至丞相；许为许商，"四至九卿"。小夏侯有"郑、张、秦、假、李氏之学"③，郑为郑宽，"以博士授太子"，成帝时"赐爵关内侯，食邑八百户，迁光禄大夫，领尚书事"④；张为张无故，"为广陵太傅"；秦为秦恭，虽官位只至城阳内史，但以"增师法至百万言"显名；假为假仓，"以谒者论石渠，至胶东相"⑤；李为李寻，"有骑都尉"，《汉书》有专传。

如《诗》，"《鲁诗》有韦氏之学"，即韦贤、韦玄成父子，两人皆至丞相，韦玄成还曾"以淮阳中尉论石渠"，有专传；《鲁诗》还有张、唐、褚氏之学，张为张长安，唐为唐长宾，褚为褚少孙，"张生、唐生、褚生皆为博士，张生论石渠，至淮阳中尉，唐生楚太傅"⑥。张长安之弟子许晏后来也为博士，"张家有许氏学"。《齐诗》有"翼、匡、师、伏之学"，翼为翼奉，为谏大夫；匡为匡衡，为丞相；师为师丹，为大司空；伏为伏理，为高密太傅，其中翼、匡、师数人皆有传。《韩诗》有"王、食、长孙之学"，王为王吉，"为昌邑中尉"，有专传；食为食生，"食生为博士，授泰山栗丰"；长

① 《汉书》卷八十八《儒林传》，第 3601 页。

② 《汉书》卷八十八《儒林传》，第 3604 页。

③ 《汉书》卷八十八《儒林传》，第 3606 页。

④ 《汉书》卷八十八《儒林传》，第 3605 页。

⑤ 《汉书》卷八十八《儒林传》，第 3605 页。

⑥ 《汉书》卷八十八《儒林传》，第 3610 页。

孙为长孙顺，“为博士，丰部刺史”。[①]

《礼》，“大戴有徐氏，小戴有桥、杨氏之学”，徐为徐良，“为博士、州牧、郡守，家世传业”[②]；桥为桥仁，“为大鸿胪”；杨为杨荣，为琅琊太守。

《春秋》，“颜家有冷、任之学”，冷为冷丰，为淄川太守；任为任公，为少府；“颜氏复有管、冥之学”，管为管路，“为御史中丞”；冥为冥都，为丞相史。[③]《谷梁春秋》有“尹、胡、申章、房氏之学”[④]，尹为尹更始，曾以议郎身份参与石渠会议，后为谏大夫、长乐户将；胡为胡常，史载不详，但其弟子萧秉为王莽讲学大夫；申章为申章昌，“为博士，至长沙太傅”；房为房凤，为光禄大夫、五官中郎将，曾支持刘歆争立古文博士，“共移书责让太常博士”。

经笔者粗略统计，《儒林传》之“某氏之学”或“某家某氏之学”的学人，在当时的政治活动是十分活跃的，其学术列为博士经学的有十人；曾任博士之官的有十四人；曾参与石渠会议的五人；累官至丞相或三公者六人；任九卿及刺史、郡守的为十六人；任太子之师或地方王国相、傅者，十一人；在《汉书》中有专传者九人。《儒林传》将这些人收录其中，并以一家之学待之，与他们政治上的成功有密切的联系，这也是古代帝王将相史学的特色。这种以政治地位论及学术的方式，实际也是经学官学化后的必然趋势。

当然，这些独自成家的学人之所以为《汉书》所著录，有时候也因为其后学中涌现了一批优秀人物，这些人也曾获得博士、三公的官职。从学术自成一家的角度看，称其为“某氏之学”是有道理的。如施氏《易》之张氏学，授学于戴崇，崇后至司空，有专传；如大夏侯《尚书》之许商，弟子门人众多，其中唐林、王吉位至九卿，吴章、炔钦为博士，王莽时，许氏之门人声势更盛，“郎吏为许氏学者，各从门人，会车数百辆”[⑤]；小夏侯《尚书》之秦恭授冯宾，张无故授唐尊，郑宽授赵玄，三人皆至高位，“宾为博士，尊王莽太傅，玄哀帝御史大夫”[⑥]；《公羊春秋》之管、冷之

① 《汉书》卷八十八《儒林传》，第 3614 页。
② 《汉书》卷八十八《儒林传》，第 3615 页。
③ 《汉书》卷八十八《儒林传》，第 3617 页。
④ 《汉书》卷八十八《儒林传》，第 3620 页。
⑤ 《汉书》卷八十八《儒林传》，第 3605 页。
⑥ 《汉书》卷八十八《儒林传》，第 3606 页。

学，也均有传承之人，管路授学于孙宝，至大司农，冷丰授学于马宫和左咸，结果左咸至郡守、九卿，马宫至大司徒。

（四）《汉书·艺文志》《汉书·儒林传》比较

同时，我们也发现了一个奇怪的现象，即《儒林传》反映的这种经学传承和“某氏之学”的特点，在《汉志》中几乎不可见。从《六艺略》各类所收录文献的情况看，经学中师法、家法的痕迹微乎其微，这与《儒林传》所载的经学传承流派众多、诸家平流进取的情势有很大出入。这个问题该如何认识？

我们还应从《汉志》产生的历史过程去看。刘向所校之书都是成帝之时搜罗的，而从《儒林传》反映的信息看，那些被冠以“某氏之学”的学人，其生活年代都在此之后。可见，建立在刘向校书基础上的《汉志》，反映的西汉经学传承的信息并不完整，后期经学传承、分化的许多新情况也无法从中窥其大端。

但细察《六艺略》各类文献，可以发现其描述的师法、家法或博士学术的情况都发生在成帝之前，汉末的经学流变几乎是空白，而这正与《七略》所收录典籍的下限相符。

以《儒林传》与《汉志》相较，则《汉志》各经的主要传承谱系，《儒林传》中基本都可找到其相应的记述。如易类文献中，《易经》及章句，各有施、孟、梁丘三家，《儒林传》有“《易》有施、孟、梁丘之学”；《汉志》有《易传·周氏》、服氏、丁氏及王氏，《儒林传》载田何“授东武王同子中、雒阳周王孙、丁宽、齐服生，皆著《易传》数篇”[①]；《汉志》有《孟氏京房》《灾异孟氏京房》，《儒林传》云“《易》有京氏之学”；《汉志》著录五鹿充宗《略说》三篇，《儒林传》有“充宗授平陵士孙张仲方、沛邓彭祖子夏、齐衡咸长宾”[②]；《汉志》著录《京房段嘉》，《儒林传》有“房授东海殷嘉”，张舜徽曰：“段嘉，《儒林传》作殷嘉，二字形近，必有一误”[③]。

尚书类中，《汉志》有欧阳及大、小夏侯三家经、传、章句，《儒林传》言“《尚书》有欧阳氏学”，“《尚书》有大小夏侯之学”；《汉志》有许商之《五行传记》，《儒林传》

---

① 《汉书》卷八十八《儒林传》，第 3597 页。

② 《汉书》卷八十八《儒林传》，第 3601 页。

③ 张舜徽：《汉书艺文志通释》，湖北教育出版社，1990 年，第 17 页。

云“大夏侯有孔、许(商)”之学。

诗类,《汉志》之诗类文献主体为齐鲁韩三家及毛诗之经、故、说、传,《儒林传》中亦有此四家之别,记述各自授受关系;《汉志》之《齐诗》又有后氏、孙氏两家家法,后氏当为后仓,《儒林传》有“苍亦通《诗》《礼》……授翼奉、萧望之、匡衡”[①]。至于孙氏家法,《汉志》没有提供细节信息,《儒林传》也未提及。

礼类,《汉志》有后氏及戴氏《礼经》,《儒林传》有“《礼》后”及“由是《礼》有大小戴之学”语。

这几家的对照,很能反映两篇对于记录汉代经学传承的作用。《汉志》以书论学,也照顾了一些师法、家法的关系,但受制于史籍和目录的体例,总体来说对授受关系的表现略显零散和琐碎。而《儒林传》是班固追叙西汉经学传承谱系之作,重在描述师承授受关系,线索一以贯之,易得某经传授的清晰脉络。但此种方法的缺点是,局限于经解作品,一些带有个人色彩或孤立于此授受谱系外的六艺类文献没有涉及。从这点看,《汉志》著录的六艺类文献,反倒有了更大的包容性,更多反映了当时经学传承的多系统、多线索的场景。

当然,两者的这种殊途同归是就大处而言,若从考察西汉经学发展的完整性来看,《儒林传》提供的信息更为完整,这种完整性体现在时间线索上:《汉志》反映的信息基本停留在成帝之前(包括成帝),对哀、平二帝及王莽当政时期的经学传承关系没有提及,这在我们前面讨论《汉志》成书过程的时候已有涉及;而《儒林传》提供的信息在时间跨度上更为完整,即将西汉末之哀、平及新莽时期也纳入其中。

如大夏侯《尚书》许商之学,其最为知名的四名弟子为唐林、吴章、王吉和炔钦,许商曾被人以“孔门四科”誉之,“王莽时,林、吉为九卿……钦、章皆为博士,徒众尤盛。章为王莽所诛”[②]。

小夏侯之郑、张、秦之学,三人皆有后学,“宽中授东郡赵玄,无故授沛唐尊,恭授鲁冯宾。宾为博士,尊王莽太傅,玄哀帝御史大夫”[③],亦涉及成帝以后事。

---

① 《汉书》卷八十八《儒林传》,第 3613 页。

② 《汉书》卷八十八《儒林传》,第 3605 页。

③ 《汉书》卷八十八《儒林传》,第 3606 页。

又如《鲁诗》之韦氏学，有“玄成及兄子赏以《诗》授哀帝”[①]事；《谷梁春秋》之胡氏学，有“(胡)常授梁萧秉君房，王莽时为讲学大夫”[②]；《左氏春秋》，有“(胡)常授黎阳贾护季君，哀帝时待诏为郎，授苍梧陈钦子佚，以左氏授王莽”[③]。

成帝之后的授受关系，《七略》无法涉及，从班固自注和大、小序反映的信息看，《汉志》也未进行补充，幸赖《儒林传》才保留了一些痕迹。

即便是成帝之前汉代经学的传承，《儒林传》的记载也更加清晰、全面，提供了较《汉志》更完整的师承授受及师法、家法流变信息。

如易类文献，《汉志》提供的信息集中于以王同、周王孙、丁宽、伏生为代表的第一代学人，以杨何、砀田王孙为代表的第二代学人，及以施、孟、梁丘为代表的第三代学人上，仅勾勒了《易》传承的大体格局，许多后学的情况不可概观。而《儒林传》中，这些细节信息保留较多，如施氏《易》之后学张禹、彭宣，孟氏《易》之后学白光、翟牧，梁丘《易》之后学士孙张、邓彭祖及衡咸，京房《易》后学之殷嘉、姚平及乘弘等。

尚书类中，大夏侯许商之学，《汉志》载有其《五行传记》一篇，但《儒林传》另有孔氏之学；小夏侯《尚书》之郑宽、秦恭、张无故、假仓及李寻之学，《汉志》则全无记录。

其他的还有很多，如《鲁诗》之韦氏学，《齐诗》之翼、师、伏、匡之学，《韩诗》之学；《大戴礼》之徐氏学，《小戴礼》之桥氏、杨氏学等。

而且这些一家之学，很多确实是有书籍形式的经解作品存在的。

如施雠《易》彭宣之学，《经典释文》有“施雠传《易》，授张禹，禹授淮阳彭宣，字子佩，大司空，长平侯，作《易传》”，则彭宣确有解《易》的作品。彭宣又授戴崇，《经典释文》云“沛戴崇，字子平，少府，作《易传》”。[④]

欧阳《尚书》之传承中，林尊授平当，“当授九江朱普公文，为博士”，《后汉书·桓郁传》云“(桓)荣受朱普学章句四十万言，浮辞繁长，多过其实”[⑤]，则朱普当

① 《汉书》卷八十八《儒林传》，第3609页。

② 《汉书》卷八十八《儒林传》，第3619页。

③ 《汉书》卷八十八《儒林传》，第3620页。

④ 黄焯：《经典释文汇校》卷第一，中华书局，2006年，第7页。

⑤ 《后汉书》卷三十七《桓荣列传》，第1256页。

有自己的一家之学。

小夏侯《尚书》秦恭之学。桓谭《新论》有"秦近君能说《尧典》,篇目两字之说至十余万言,但说'粤若稽古',三万言"[①],刘勰《文心雕龙》也有"若秦延君之注《尧典》,十余万字;朱普之解《尚书》,三十万言,所以通人恶烦,羞学章句"[②],则秦恭也当有自成一家的章句。

《鲁诗》之韦氏学。王应麟《汉艺文志考证》曰:"《鲁诗》有韦氏学,后汉执金吾丞武荣碑云:治《鲁诗》经,韦君章句"[③]。《经义考》亦言:"按《鲁诗》有韦氏学,而章句不载于《汉志》。考执金吾丞武荣碑云'治《鲁诗经韦君章句》',时则当时韦氏父子亦有章句授弟子矣"。

《鲁诗》张长安之弟子许晏,《太平御览》引《陈留风俗传》云:"许晏,字伟君,受《鲁诗》于琅琊王扶,该学'许氏章句',列在儒林"[④]。

《大戴礼》之桥氏学。《后汉书·桥玄传》有"七世祖仁,从同郡戴德学,著《礼记章句》四十九篇,号曰'桥君学'"[⑤]。

这些都是《汉志》中毫无端倪的,这些"某氏之学"体现了西汉经学嬗变、演进的完整形态,师法、家法的转化,经学的推陈出新,都是在这种"某氏之学"中体现出来的。

列举这些例子,只是为了表明《汉志》在记述西汉经学传承上的限制和不足。《汉志》成书的过程,决定了它没有将西汉经学的完整脉络展现出来,西汉后期经学发展的许多崭新特点,如经学传承的进一步分化,师法、家法的演进和嬗变,博士经学增设的内在逻辑等,在《汉志》中都无法体现出来。从这个意义上讲,《汉志》对西汉学术演进的记录,与《汉书》其他部分,尤其是《儒林传》提供的信息并不同步,基本停滞于成帝之前。因此,研究西汉经学之传承,还须从《汉书》大局出发,仅凭借《汉志》是远远不够的。

---

① 桓谭:《新论》卷中《正经》,上海人民出版社,1970年,第35页。

② 戚良德:《文心雕龙校注通译》,上海古籍出版社,2008年,第216页。

③ 王应麟:《汉制考·汉艺文志考证》,中华书局,2011年,第151页。

④ 转引自姚振宗:《汉书·艺文志拾补》,第205页。

⑤ 《后汉书》卷五十一《桥玄列传》,第1695页。

三、今古文之争之“利禄说”质疑

今古文之争，是中国经学史上的重大课题，聚讼两千载，时至今日仍是一大公案。此问题的形成，其实经历了一个前后相续的过程，各时期争论的焦点均有变化，其背后的主宰因素也不尽相同。学人多将今古文之争的源头追溯于西汉末期，即刘歆争立古文经。要想从根本上把握今古文之争，刘歆是无法回避的问题。考察刘歆的学术思想，主要有两份文献依据：一为《汉书》本传所载之《移让太常博士书》；一即为《汉志》。我们下面就以这两份文献为基础，探讨刘歆与所谓今古文之争的关系。

（一）关于“利禄说”的质疑

学界将“古文”的初始含义，理解为文字差异上的古文，这个论断是基本成立的①。因为秦汉之际是中国文字变革与统一的时代，一方面，秦统一文字，隶书开始占据主导地位，另一方面，在古代交通、通信不便的条件下，文化的变革势必经历一定的历史阶段。这样的双重影响使得文字书写表现出新旧交杂的态势。加之秦末的毁禁书籍，使一些用古文字书写的典籍被藏于民间，至汉代废除挟书律，这些典籍重见天日，如出于孔壁中的《逸礼》《尚书》等，其号称“古文”，应就是从书写文字这个角度来讲的。但仅凭文字的差异，还远不能构成后世的今古文之争。因为在先秦时期，所谓的今文学典籍也是用古文写成的，而所谓古文经，进入汉代以后肯定会逐渐用隶书抄写，如《古文尚书》被发现后，“而(孔)安国以今文读之”②。以入汉后发现的文本的文字区分今古文学，实是一个非常表面的标准，“古文、今文的不同，有如后世版本的不同，在学术上仅是校勘、训诂上的问题，不足以构成学术上的重大争论”③。

那么今古文之争的缘起究竟是什么？后世许多学者将其归因于刘歆为入汉

① 如皮锡瑞在《经学历史》中认为“今古文之所以分，其先由于文字之异。今文者，今所谓隶书……古文者，今所谓籀书是也”。章太炎在《国学讲演录》中也将文字的区分视为今古文经的一个重要差异，但其所谓文字包括篇数、字体等。

② 《史记》第一百二十卷《儒林传》，第3125页。

③ 徐复观：《徐复观论经学史二种》，上海书店出版社，2006年，第156页。

后出的古文典籍争立学官，并以利禄之争视之，如钱穆认为："博士经生之争今古文者，其实则争利禄，非真学术之争也"[1]。这种说法有一定道理，自从汉武帝设五经博士，传经授业即与入仕为官结合起来，对学术发展产生了很强的导向作用，所谓"天下学士靡然向风矣"[2]。刘歆之前，《左氏春秋》《毛诗》《逸礼》《古文尚书》虽早已有之，但或藏于民间，或立于地方王国。总体上，数者的流传有限，大部分只在民间隐约传承，也未见有将其立于中央官学的倡议。所以，这一时期的"古文学"是隐而不彰的，没有给当时的五经学术带来任何威胁，所谓的"今古文之争"尚没有触发的动机。而刘歆之时，提出了进一步的要求，"欲建《左氏春秋》《毛诗》《逸礼》《古文尚书》，皆列于学官"，问题才一下子严重起来，五经博士立即对刘歆群起而攻之，"今古文之争"从此才真正为史家和学人关注。从这个角度看，将今古文之争视为以博士地位为标志的利禄之争，确实有一定的说服力。

但从西汉经学博士的发展过程看，"利禄说"也有一个疑点难以解释，即在刘歆要求增立《左传》等数家博士之前，经学博士早就有了一个较大规模的扩充和更替的过程。武帝建元五年(前 136 年)，设立五经博士，除汉文帝已置的《诗》博士，《书》有欧阳，《礼》有后氏，《易》有杨何，《春秋》有公羊。但武帝设立的这种博士格局，在刘歆议立古文之前，早已发生了巨大变化。《汉书·儒林传》记之曰："至孝宣世，复立大小夏侯《尚书》，大小戴《礼》，施、孟、梁丘《易》，《谷梁春秋》。至元帝世，复立京氏《易》"[3]。所增设诸家，均属所谓"今文学"，若以此为据，则非毁先帝所立，并不应归罪于刘歆，而是今文学博士自毁其例。但在史籍记载中，除《谷梁传》外，未见有关于增设这些博士的激烈争论，至少武帝所立的五经博士系统对此没有很强的抵触。这个问题该如何解释？

也许有人要说，此增设的博士均属于今文学，所以五经博士没有阻拦。这个可能性或许存在，但我们的基本前提是将今古文之争视为利禄之争，则后世增设的今文学博士同样会给原有官学带来冲击，也会分割一些政治资源。因为就史籍记载看，许多研习宣、元二帝所增设之经学的学人，都位至公卿相傅等高位，如

① 钱穆:《国学概论》，九州出版社，2011 年，第 82 页。

② 《汉书》卷八十八《儒林传》，第 3593 页。

③ 《汉书》卷八十八《儒林传》，第 3621 页。

彭宣以施氏《易》至大司空;王骏以孟氏《易》至御史大夫;孔光以大夏侯《书》至丞相;郑宽以小夏侯《书》起家,“迁光禄大夫,领尚书事,甚尊重”等。

这样看来,单纯的利禄之争并不能说明所有的问题。今古文之争毕竟体现为一个学术问题,背后还应有更为具体的原因和学术上的依据。我们认为,五经博士对这几次博士增立的不同态度的背后有着十分复杂的原因。此问题的关键有两点:一是,汉武帝时设立的五经博士,成为后世博士经学系统合法性的最基本依据;二是,西汉经学传承中的师承及学缘关系,成为五经博士划分敌我的重要界线。

(二)武帝之五经博士:合法性的依据

五经博士与刘歆争论的过程,很明显是围绕两个不同的主题进行攻守的。博士之讥刘歆的一个重要借口就是“改乱旧章,非毁先帝所立”,实质上指责刘歆要改变武帝以来的五经格局,他们所凭借的依然是汉廷赋予的学术独占地位,并将这种地位固化不变,作为压制新兴学术的“祖宗之法”。这里的“先帝”,不可单纯就字面意义理解,认为就是时君哀帝的“先帝”,而是与经学增立相涉的三位西汉帝王,包括武帝、宣帝及元帝。三人在西汉经学官学化过程中有各自的地位,尤以武帝的奠基作用最为重要。武帝所设之五经博士,框定了西汉官方经学的基本范围,宣、元时期的增立是在此范围之内对各家不同传承谱系的进一步认可和细化,是对武帝经学系统的补充和伸展。如武帝立为博士的《公羊春秋》,就一直被视为春秋学的正统,《谷梁春秋》虽得宣帝支持,也只是昙花一现,未能获得稳固的地位。其他几经的增立也未能超出武帝五经博士的框架,这在后面还有更详细的论述,暂不展开。

与这种思维相应,五经博士的反应颇具官方味道,他们以捍卫先帝所立为口号,对刘歆的提议置之不理,“不肯置对”。而对刘歆所言及的五经文本残缺不全的指责,却没有正面回应。这实际上表明五经博士对这个问题也是默认的,只不过其合法性的来源不仅仅是文本,更重要的是武帝的认可。五经博士所依据的文本残缺虽是事实,但在西汉中前期的历史条件下,已是所能搜集到的“完本”,其官学地位的确立在当时是不存在文本问题的。而且,其权威性的树立,一方面是由于五经承载着圣人之道，另一方面则是得到了武帝的认可。在政治与学术的互动中，后一种原因才是其合法性的现实依据。所以博士群体虽然面临刘歆文本残缺的指责，但他们仍可以理直气壮地与刘歆争论，抨击他“改乱旧章，非毁先帝所立”。因此，学术一旦与政治结合，就不再是单纯的学术问题，而这是刘歆所没有考虑到的。

五经博士之反驳刘歆的另一个重要借口，就是对古文典籍师承的质疑。如认为“左氏为不传《春秋》”，至东汉光武帝时，博士范升反对增设《左传》时，亦声称：“《左氏》不祖孔子”。这其实显示了五经博士对师承问题的关注，他们是在以西汉博士经学的传承谱系来裁量《左传》等书。据《史记》《汉书》之《儒林传》，五经博士之传承历历可数，或溯之于孔子，或溯之于荀卿，或溯之于秦汉之际名儒，此传承或有交叉，或有偶尔的缺失，但总体情况是比较清晰的。而所谓古文学，除《左传》在《汉书》中有较简单的传承谱系外，其他均于史无载。这是因为各书或流布于民间，或藏于秘府，常人无法得见。今文学之传承之所以清晰，一方面是因为武帝后，五经博士可以招收博士弟子，存在正式的教授关系，师承关系明晰；另一方面，武帝之前的五经传承，也有构想及追溯的成分，即徐复观所言：“这是五经博士成立以后，五经博士们为了垄断经学的权利而造出来的迷信”[①]。无论怎样，重视师承确实是五经博士的一个重要特征，亦是他们用以指责古文学的一个凭借，这是其官学化的又一个表现。

从《汉书》的记载中，可以很明显地看到五经博士与刘歆争论的角度是不一样的：刘歆从学术事实出发，认为五经博士文本残缺，而秘府所藏之典籍有补缺的作用，这是一个学术问题；博士对刘歆的疑问并不回应，而是以“先帝所立”为挡箭牌，这就是政治问题了。五经博士的官学地位，本身就成为其合法性的最好证明，也赋予了其以政治思考学术的视角，这也是学术被政治牵绊后的一种自然表现。

从《汉志》与《移让太常博士书》来看，刘歆争立古文博士的主要原因就是，五经博士所依据之文本多残缺不全，想以较完整的后出之文本加以补充，即哀帝所

① 徐复观：《徐复观论经学史二种》，上海书店出版社，2006 年，第 53 页。

谓“欲广道术”。刘歆《移让太常博士书》的主要内容，就是认为春秋以降，道术沦丧；加之战国征伐之事盛行，文事不兴；秦朝又有焚书之举，导致典籍不全。汉初相当长一段时间内，学术依然低迷，高祖唯一叔孙通，文景时唯一贾谊。汉武之时，经术方为朝廷重视，“颇有《诗》《礼》《春秋》先师，皆起于建元之间”。但这时五经已残破不全，“离于全经，固已远矣”，这客观上造成了武帝时五经文本的缺失，“因陋就寡”也是不得已的事情。因此，若从事实的角度看，刘歆的陈述是客观的，所指出的这些情况也是属实的。

因此，刘歆的争立博士，起初可能更多出于学术方面的考虑，因为他当时已经颇受信用，其父一死，他就继为中垒校尉，哀帝时又为侍中、太中大夫，作为一个儒生，此地位已属清望高位。而且从《让书》和《汉志》的描述看，他对古学确实有着真实的推崇，如《汉志》之书类典籍中，将《尚书古文经》置于首位；礼类，将《礼古经》列为首位；春秋类中，将《春秋古经》列为首位；论语类中，将古《论语》置于首位；孝经类中，将《孝经古孔氏》列于首位。这些细节，显示其争立古文并不是一个利禄之争可以解释的。而且，刘歆确实认为后出之典籍能补正五经博士的文本，这种倾向屡屡出现于《汉志》之《六艺略》各类小序中。如易类小序，以《古文易经》校对立于官学之施、孟、梁丘三家《易》，得出三家皆有缺文的结论；又以《古文尚书》校对欧阳、大小夏侯三家经文，则亦有脱简、脱字的情况；以《礼古经》与流行之《仪礼》相较，多出了许多天子、诸侯及卿大夫之礼，与流行本多局限于士礼相比更为完整；春秋类中，刘歆认为《左传》是左丘明为保存孔子之真意而作，“论本事而作传”，“其事实皆形于传”，而后来的《公羊》《谷梁》都是末师口说之作，自是不如《左传》可信。

问题是，刘歆《让书》的措辞有些太过激烈，嘲讽和愚弄的色彩太浓，以致博士们无法接受，如“信口说而背传记，是末师而非往古”，又如“抱残守缺，挟恐见破之私意，而无从善服义之公心”[①]，所陈虽不无道理，但语气似有些锋芒毕露，无怪乎“群儒皆怨恨”。这样看来，导致博士们怨恨更多的是刘歆讥讽的态度，而不是争立博士的举动本身。因为起初刘歆与他们争论的时候，他们只是“不肯置

① 《汉书》卷三十六《楚元王传》，第1970页。

对”，也就是说只表现出消极对抗罢了。此次在刘歆的进攻下才群体爆发，将一场或有余地的争论变成了绝对对立的门户之见。所以，刘歆的《让书》并非中规中矩的学术争论，而是夹杂了一些情绪的宣泄，某种程度上也应为这次争立古文诸经的失败负责。

但无论怎样，刘歆和五经博士争论的话语重心确实有很大的不同，刘歆着力对当时五经博士所依据文本的残缺不全予以攻击，肯定古文典籍在广道术方面的积极作用；而五经博士的辩解集中在“先帝所立”的框架内，他们对自身合法性的认定更多来自武帝以来汉政府的扶植和尊崇。从这个角度看，双方争论的话题并非完全重合，更无法达成任何共识。

（三）学缘关系：五经博士增设的学术依据

五经博士十分珍视自己的官学地位，对武帝系统之外的经学学术有较强的排斥，但这只是问题的一方面。因为，宣、元二帝时确实增设了新的经学博士，对这个问题又该如何解释？前面我们讲过，武帝之五经博士奠定了西汉经学博士增设的基本范围。若仔细观察，宣帝、元帝增设之诸家博士，其实与武帝经学系统都有着或隐或显的学术联系，师出同门或师承交叉的情况比较多。

如《书》博士，武帝时所置为《书》欧阳家，宣帝时所置为大小夏侯，三者之间有着错综复杂的学术联系。如欧阳《尚书》之创始人欧阳生，曾就学于伏生，而大小夏侯之创始人夏侯都尉所师从的张生，亦为伏生弟子；《儒林传》又载，欧阳、大小夏侯之学，同出于兒宽，兒宽受学于欧阳生，兒宽又传道于欧阳生之子，且史籍明言“欧阳、大小夏侯学皆出于宽”，只是没有交代传授细节；夏侯建又曾师从于欧阳生的曾孙欧阳高。总之，欧阳《尚书》与大小夏侯在师学渊源上有着直接而紧密的联系，其跻身于博士之学，有其学术上的凭借。

又如礼学。武帝时所设之后仓《礼》与宣帝的大小戴《礼》，其学术关系更为直接，后仓为大小戴之师，“（后仓）授沛闻人通汉子方，梁戴德延君，戴圣次君，沛庆普孝公……由是《礼》有大戴、小戴、庆氏之学”[1]。大小戴之礼学，实为后仓礼

① 《汉书》卷八十八《儒林传》，第3615页。

学的分支和流裔，其代后氏而起也是有学术上的承继关系的。

又如易学。汉武时所立为杨何《易》，后世之施、孟、梁丘《易》与之也有密切关系。汉初《易》之传承，祖于田何，田何授王同，王同授杨何；另一条传承谱系是田何授丁宽，丁宽授砀田王孙，王孙又授施、孟、梁丘。所以，就大处观之，三人所学与杨何同祖于田何。元帝时所立之京氏《易》亦如此，京房师从焦延寿，而焦延寿是孟喜的弟子，“由是，《易》有京氏之学”。

因此，就《书》《礼》与《易》经学博士的增设来看，都有着学术渊源上的关系作为过渡和转接的平台，这种增设并非另立山头，而是学术发展自然流变在官学地位中的折射。数家新增的博士，也没有脱离武帝之五经博士的涵盖范围，其增设还是比较平稳的。所以，宣帝、元帝时期《易》《书》《礼》之博士地位的确立，是基于其与武帝经学系统中《书》欧阳、《礼》后氏及《易》杨何的学缘关系，更像是同一学术系统中不同分支之间的相互扶持，各派别在学术上有着共同的师承渊源，学术宗旨也大致相类，彼此有着天然的亲切感。因此，大小夏侯《尚书》，施、孟、梁丘、京氏《易》及大小戴《礼》之立于官学，未见有较大的争论见于史传。仅有的争议也只出现在孟氏《易》和京氏《易》上，孟喜“得《易》家候阴阳灾变书”，较之所师已大有不同，受到了梁丘贺的指责，但孟喜诈称受之田王孙，亦得以跻身博士；京房也喜言灾异，但他“托之孟氏”，即声称其学乃传自孟喜，后来也列为博士。所以，在五经博士那里，师承和学缘是一个关键因素，即便后学已偷梁换柱，但只要高举师承的牌子，还是很容易获得认可的。

至于宣帝时所立之《谷梁传》的问题，与上述数家立于博士的情况，性质又不大一样。在武帝之五经系统中，《春秋》以《公羊传》为正统，宣帝对《谷梁》博士的设立，完全是出于个人喜好。一方面，卫太子时已对《谷梁》有过接触，“复私问《谷梁》而善之”，宣帝可能受其祖父或太子党学术的影响[①]。而且，他曾经询问过《公羊》与《谷梁》学术的优劣，所问之人正好为出于鲁地的韦贤，韦贤对曰：“《谷梁》本鲁学，公羊氏乃齐学，宜兴《谷梁》”[②]，这个回答有着地域学术偏好的因素。为了赋予《谷梁传》以合法地位，宣帝还授意召开了石渠阁会议，专门“平《公羊》

① 陈苏镇：《汉代政治与〈春秋〉学》，中国广播电视出版社，2001 年，第 327 页。

② 《汉书》卷八十八《儒林传》，第 3618 页。

《谷梁》同异”,结果是“《公羊》家多不见从……多从《谷梁》”[①],《谷梁》历经曲折后,也取得了博士地位。

《谷梁》属于超脱于武帝之五经博士系统外的新学术,虽然得到宣帝支持,仍是经过了石渠阁会议的一番争吵方才勉强跻身学官。而且谷梁学的地位并不稳固,在经历了短暂的繁荣之后又归于沉寂,东汉十四家博士已无其一席之地,只能附丽于《左传》之后,与《公羊》抗衡。可见,始构于武帝时期的五经博士系统已具有了独立的学术力量,这种惯性并非个别君主的喜好可以扭转的。

从这一过程看,武帝后数次的博士增设,表面看来略显杂乱,似并无固定标准,其实背后仍有着学术渊源与师承关系的因素在起作用。西汉经学博士传承这种若隐若现的界限,既有弹性,又有刚性。其对有共同师承、意旨相近的学术派别,表现了相当的宽容,对其博士地位也是优容、认可的。而对那些原本孤立于武帝之五经博士大格局外的异己学术,如《左传》《古文尚书》等,则予以强烈抵制。从这个角度上讲,武帝时设立五经博士的举动,其影响远远超过了“罢黜百家,独尊儒术”,这种学术上的排斥性还深入到了经学的内部支派。这或许是刘歆议立《左传》等遭到重创的一个主要因素。因此,从西汉博士格局的总体趋向看,将今古文之争简单视为利禄之争略显草率,其背后隐含着一定意义的学术分野和学派意识。当然,五经博士之反对刘歆议立古文,流露出了他们的保守性,而这种保守性正与他们的官学地位有关。

综上所述,我们对汉代“今古文之争”的认识,过多地受到了清末学人的误导。以今古文学指称汉代的学术论争,实是清末学人的创举,尤以廖平的影响最大,其在《今古学考》中以今古文为据,为汉代学术划分出两大阵营,有所谓《今古学统宗录》及《今古学宗旨不同表》[②],“今文”与“古文”演变为具有学派属性的概念。廖平的这一论断,为当时许多学者接受,如康有为、皮锡瑞、章太炎、刘师培等,成为清末民国考量两汉经学的范式性框架。

廖平对汉代经学的理解实则走入了推阐过度的误区,所以亦有学者进行反

① 《汉书》卷八十八《儒林传》,第3618页。

② 刘梦溪:《中国现代学术经典》之《廖平蒙文通卷》,河北教育出版社,1996年,第19～20页。

思，如钱穆认为西汉时期“实并未以某经为今文学，某经为古文学也”[①]，“当时并不指十四博士自成一系，谓之‘今文’，其他诸经皆为‘古文’……凡后世遍及诸经，而为之分立今古文界划者，皆张皇过甚之谈也”[②]。徐复观也认为，“今日言经学，言经学史，必首先反清末的今文学派”，力图清除廖平等人对汉代经学发展的这种强加式的解释。

理性地看待西汉所谓的今古文之争，还应回到此事件出现的历史场景中去。西汉经学传承的界限，虽不如东汉那样明显，但大体的区分还是存在的，后世所谓的“师法”“家法”在这个层面上看也是渊源有自。这种渊源关系，以秦末汉初经学的自然传播为基础，经由汉武帝立五经博士格局加以固化，其后逐渐走向封闭。宣、元二帝对博士的增设，也是在武帝五经博士基础上的补充，总体上仍局限于武帝设立的框架之内。这表明五经博士的官学一旦确立，就有了相当的稳定性和排他性，其对新兴学术的优容也是建立在紧密的学术联系之上的，那些武帝经学系统之外的新兴学术，诸如《左传》《谷梁传》等则受到十分强烈的抵制和排斥。

从这个角度讲，所谓今古文之争还带有十分明显的官学与私学之争的色彩。冯友兰就曾意识到这一点：“今文经学是当时政府的官方经学，代表地主阶级当权派的利益。古文经学是民间的经学，代表地主阶级不当权派的利益。”[③]刘歆之争立博士，除了要“广道术”外，还有着以私学与官学对抗的色彩，而这才应是当时“今古文之争”的完整含义，《谷梁传》在很多时候被视为接近于“古文学”，正是从这个意义上讲的。

四、刘歆与《周礼》问题考辨

《周礼》在中国经学史上一直是个争议较多的焦点，原因有很多。一则，《周礼》的来源、传承十分模糊，先秦时期未明确见有人称引，其在西汉的流传也是若隐若现，明确见于史传是在《史记》中，而其真正为世人重视则是在王莽时期。较

① 钱穆：《两汉经学今古文平议》，第 246 页。
② 钱穆：《两汉经学今古文平议》，第 235 页。
③ 冯友兰：《中国哲学史新编》(中)，人民出版社，2007 年，第 198 页。

之其他典籍，这确实是略显诡异的地方；二则，与第一点相关联，后世有学者将其视为刘歆伪造之作，至迟在宋代疑经思潮中已有此说，清末魏源、廖平、康有为均赞同此说，康氏《新学伪经考》持此说最力，现代学者徐复观等也予以认可；三则，《周礼》之兴与王莽篡汉改制紧密相连，许多学者认为王莽改制乃因循《周礼》，这似乎成为周礼学的一个污点。

这些问题，有的已经得到了初步的共识，如在《周礼》的成书上，多数学者认为其虽非周公之作，但肯定自有渊源，成于战国的可能性较大；刘歆也未曾伪造《周礼》。但有的问题尚未得到令人信服的结论，如刘歆在《周礼》的传承中到底有何作用？王莽改制时对《周礼》的信从程度究竟有多大？刘歆与王莽对待《周礼》的态度是否存在差异？

（一）《汉书·艺文志》《移让太常博士书》所见刘歆对《周礼》的态度

刘歆对《周礼》的态度，实是经历了一个前后变化的过程。我们认为刘歆起初对《周礼》未曾有过特别的关注，这在其校书过程及《汉志》中就可以体现出来。《汉志》在礼类中载有"《周官经》六篇"，后人多谓此即《周礼》。而按之史籍，《周礼》之名乃王莽之时改称，此前皆曰《周官》。在礼类的排列顺序中，《周官》的位置比较靠后，不但晚于《礼古经》与当时立于官学之后氏及戴氏《礼经》，甚至也排在了《记》《明堂阴阳说》等传记之后。可见刘歆对其未予留意，更不可能将之视为周公制作的大法。

在《汉志》的布局中，小序乃是一类典籍总结性的话语，往往表现刘歆的学术考量和学术喜好。《汉志》中所体现的刘歆的学术关注点，仍是在《左传》《古文尚书》和《逸礼》上，在春秋类、书类、礼类小序中，将三书的发现及较之经学博士文本的长处，都一一点明。在礼类小序中，刘歆将重点放在了对《礼经》的梳理和评述上，如《礼》之缘起、在西汉的传承及《礼古经》发现的过程等，对《周官》无一字提及。礼类小序对《周官》的忽略，正好反映刘歆的思维仍是停留于立于官学的《仪礼》框架内。在他看来，《周官》并无特别之处，也未曾予以留意，所以仅仅罗列书目而已。

刘歆对《周官》的态度也体现在《移让太常博士书》中。刘歆为争立古文，曾描述数种典籍在西汉断断续续发现及流传的过程，涉及《尚书》之《泰誓篇》，《逸礼》，《古文尚书》，及藏于秘府的《左氏春秋》，未见有片语涉及《周官》。且他所争立博士的典籍，也只限于《左传》《毛诗》《逸礼》和《古文尚书》，并不涉及《周官》。联系《汉志》的情况，则知刘歆对《周官》的内容和价值，还远未熟悉和了解。

不过，从史籍记载的情况看，王莽居摄后，刘歆对《周官》的认识可能有了转变。荀悦曾云："刘歆以《周官》六篇为《周礼》，王莽时，歆奏以为礼经，置博士"[①]；陆德明也说："王莽时，刘歆为国师，始建立《周官经》，以为《周礼》"[②]；马融《周官传序》也曾认为刘歆虽在校书时对《周官》未加重视，"末年乃知周公致太平之迹，迹俱在斯"[③]。马氏之说，与我们所推测的刘歆与《周礼》的关系较为一致。

至于周礼是何时立于博士的，《汉志》班注只笼统地说："王莽时刘歆置博士"，王葆玹将之系于居摄元年至三年（6～8 年），"《周官》改名《周礼》而立于学官"[④]，亦即以"周礼"称谓的出现作为其立于学官的证据。此说杨天宇亦表示赞同，"《周礼》之立博士，大概与改名同时，都在居摄年间（6～8 年），即所谓'王莽时'也"[⑤]。我们认为此说有一定道理，但亦不可视其为确凿之事。其一，马融曾说，《周礼》立于学官是国师刘歆"奏之"，而刘歆为国师，事在始建国元年（9 年），则《周礼》之立不得早于此时。马融是东汉名儒，距新莽时代也较近，其说当有依据。其二，居摄三年时，《周官》虽已改称《周礼》，这固然说明王莽对其已颇为看重，但与立于学官还是两回事，且从重视到立于学官之间有短暂的时间空档也是正常的。所以依据这两点，《周礼》之立在王莽始建国年间的可能性也不能轻易排除。

如前所述，刘歆虽然在王莽时期对《周礼》有了新的认识，但不能说其对《周礼》有特别的喜好。对于这一点，诸家也有类似的说法，将《周礼》立于博士，很可能是王莽的意愿，而非刘歆的意图[⑥]。首先，王莽与刘歆虽都倾向古文，但两者的

---

① 荀悦：《两汉纪》，中华书局，2002 年，第 435 页。

② 黄焯：《经典释文汇校》卷第一，中华书局，2006 年，第 18 页。

③ 贾公彦：《周礼注疏》之《周礼正义序·序周礼废兴》，上海古籍出版社，2010 年，第 5～6 页。

④ 王葆玹：《今古文经学新论》，中国社会科学出版社，1997 年，第 154 页。

⑤ 杨天宇：《经学探研录》，上海古籍出版社，2004 年，第 163 页。

⑥ 王葆玹：《今古文经学新论》，中国社会科学出版社，1997 年，第 154 页。

学术根基还是不一样的，王莽精于《礼》，刘歆长于《左传》。《汉书》王莽本传记之曰："受《礼》经，师事沛郡陈参"。后来之始建国三年（11 年），王莽又设置六经祭酒，讲《礼》者为陈咸，王葆玹认为当为"陈参"之误[①]。而刘歆之学，以《左传》为宗，未见其有习《礼》的记载。

（二）刘歆在王莽朝的地位问题

当然，我们认为这只是表面的原因，刘歆对《周礼》的冷淡，应与其对王莽改制的认识逐渐发生变化有关，也与王莽篡汉后对刘氏宗室的猜忌有关。刘歆是一个儒气较重的人，在西汉后期复古思潮的激荡下，他也曾经对王莽寄予厚望，前期也曾为王莽献计献策。而后来，王莽取汉而代之的意图越来越明显，这就超出了刘歆的预料。就史籍记载的情况看，刘歆对王莽后期的改制实际是十分消极的，未见其参与重大事件的谋议。

而从王莽的角度看，他对刘歆也越来越疏远，虽前期还让"刘歆典文章"。居摄时，刘歆也曾参与安葬王莽生母礼节的讨论。此后，王莽对刘歆的恩赏就基本没有了，猜其理由，当是王莽居摄及称帝后，刘歆的反对情绪越来越多，王莽也不再以腹心视之。另外，刘歆的刘姓宗室身份，可能也使王莽对其有所顾虑。考《汉书》王莽本传，在王莽篡位的过程中，各种形式的反对行动也频繁出现，其中的主力很多就是具有刘氏宗室身份的诸侯或官员。如居摄元年四月，安众侯刘崇以"安汉公莽专制朝政，必危刘氏"[②]，起兵反莽；居摄二年，东郡太守翟义趁都试的机会，拥立严乡侯刘信为天子，"郡国疑惑，众十余万"，并得到槐里赵明、霍鸿等人的响应，人数也"至且十万人"[③]，并将矛头直指长安；居摄三年，期门郎张充等六人谋划劫持王莽，拥立楚王，事泄被杀；始建国元年，真定刘都等策划起兵，被发觉。另有徐乡侯刘快"结党数千人起兵于其国"[④]。始建国二年，在一份奏议中，也曾提到了当时这种天下汹汹的情势，"前故安众侯刘崇、徐乡侯刘快、

① 王葆玹：《今古文经学新论》，中国社会科学出版社，1997 年，第 155 页。

② 《汉书》卷九十九上《王莽传上》，第 4082 页。

③ 《汉书》卷九十九上《王莽传上》，第 4087 页。

④ 《汉书》卷九十九中《王莽传中》，第 4110 页。

陵乡侯刘曾、扶恩侯刘贵等更聚众谋反。今狂狡之虏或妄称亡汉将军，或称成帝子子舆，至犯夷灭，连未止者"[①]。

所以，在王莽篡立过程中，来自刘氏宗室的反对势力还是很大的，他们或直接领导反莽，或被推举为反莽的旗帜，这无疑让王莽有了很大的戒心。他也采取了一系列措施，压制这种来自刘姓的反抗。如始建国元年，将刘姓中为地方郡守的，全部调至中央为谏大夫，消除他们可能反抗的潜力；同年，将刘姓宗室的属籍由宗正移至京兆大尹，淡化刘姓的皇室色彩；始建国二年，王莽又将矛头指向刘姓诸侯王，"为公者，悉上玺绶为民"，那些执掌兵权的，则"封将为子，帅为男"，[②]以虚爵换取他们手中的兵权；同年立国将军孙建奏请"汉氏诸庙在京师者皆罢。诸刘为诸侯者，以户多少就五等之差；其为吏者皆罢，待除于家"[③]，将罢黜的范围由"官"扩展至下层的"吏"。王莽对此奏议，表示"可"。

因此刘氏的反莽及王莽对刘姓的压制，几乎是同时进行的。在这种混乱的情况下，作为宗室的刘歆，其待遇和心境是可想而知的。况且，刘歆之父刘向早在成帝时就曾多次上奏，要求限制王氏外戚的实力。较之其父，刘歆的立场恐怕也不会有太大的偏差。

这种情况下，刘歆在王莽集团中的地位不可高估。如刘敏就认为，王莽的这些辅翼中，"刘歆算不上最为心腹之人"[④]，这在历史事实上是成立的。如元始元年(1 年)，王莽在奏请奖赏拥立中山王为帝的功臣中，只有孔光、王舜、甄丰、甄邯，其中前三人与王莽跻身"四辅"，甄邯也被封侯，独没有刘歆的踪影，可见他并未参与谋议拥立新君这样的大事；居摄三年三月，王莽立宣帝玄孙刘贺为皇太子，并为之安排了几个辅助人选，"以王舜为太傅左辅，甄丰为太阿右拂，甄邯为太保后承"[⑤]，亦无刘歆；同年十二月，王莽又讽谕王太后下诏褒奖有功人员，其辞曰："太保舜、大司空丰、轻车将军邯、步兵将军建皆为诱进单于筹策，又典灵台、

---

① 《汉书》卷九十九中《王莽传中》，第 4119 页。

② 《汉书》卷九十九中《王莽传中》，第 4118 页。

③ 《汉书》卷九十九中《王莽传中》，第 4119 页。

④ 刘敏：《汉新禅代中的刘歆》，《史学月刊》，2003 年第 7 期。

⑤ 《汉书》卷九十九上《王莽传上》，第 4082 页。

明堂、辟雍、四郊，定制度，开子午道，与宰衡同心说德，合意并力，功德茂著”[1]，刘歆亦不在列，则这些大事中，他也不是核心人物。

王莽时期有关刘歆的正面消息只有三次。第一次为元始五年，刘歆因“治明堂、宣教化”，得以封为列侯；第二次为居摄三年，王莽之母功显君去世，刘歆与博士等讨论安葬之礼；第三次是始建国元年，刘歆拜为国师，被封为嘉新公。前两次的事情，更多体现为一些零散、细节的礼节性事务，不可与拥立新君等朝政大事相比，且未见刘歆在两事中起主导性作用。第三次看来是加官晋爵，但也只是表象。其一，王莽刚刚自立，此时优礼刘歆具有较浓的安抚、拉拢的色彩；其二，也是更重要的，始建国元年的这次封赏，刘歆之所以在列，并非出于王莽的本人意愿，而是当时有佞人哀章为迎合王莽，制作了所谓的金匮图与金策书，将自己与另外十人列于所谓的辅弼，恰巧刘歆也在其中。所以刘歆这次受到的优礼，很大程度上带有偶然性，是王莽崇信谶纬、符命的结果，即“按金匮，辅臣皆封拜”。

在表面荣光的背后，刘歆实际已被视为异己力量。从始建国元年之后，《汉书》王莽本传中关于刘歆的记载，基本都以负面消息为主。刘歆多与叛乱、谋反之事相牵连，前后共四次。

第一次，我们前面提到，建国将军刘建曾提议对刘姓侯王及官吏予以压制，王莽虽原则上认可，但同时对刘歆等人予以特别处置，即“嘉新公国师以符命为予四辅，明务侯刘龚、率礼侯刘嘉等凡三十二人皆知天命，或献天符，或贡昌言，或捕告反虏，厥功茂焉。诸刘与三十二人同宗共祖者勿罢”[2]。这种待遇表面看来是一种恩宠，实际表明王莽心中已将刘姓作为划分敌我的标准，只是刘歆“以符命为予四辅”，其余诸人对其有襄助之功，所以法外施恩。但他们宗室的身份恐怕仍不能让王莽完全放心，这其实也是王莽一以贯之的心态，这在其后来的表现中体现得相当明显。另外，王莽在提及刘歆时，有意将之与其他人区别开来，理由还是“以符命为予四辅”，看来对刘歆的宽容还是略显被动，仍是出于符命和谶纬的原因。

再看第二次。与刘歆一样，起初甄丰、王舜等人都是拥立王莽的，但他们也

---

① 《汉书》卷九十九上《王莽传上》，第 4086～4087 页。

② 《汉书》卷九十九中《王莽传中》，第 4119～4120 页。

只是希望王莽能辅弼汉室，“非复欲莽居摄也”，所以在王莽称帝后，便表现出消极情绪。其中又以甄丰父子最为突出，“丰素刚强，莽觉其不悦”，其子甄寻还假作符命，矛头直指王莽。最后事情被王莽发觉，甄丰自杀，甄寻逃入华山后被捕获。在其后的审讯中，牵连了刘歆的三个儿子及门人弟子，“辞连国师公歆子侍中东通灵将、五司大夫隆威侯棻，棻弟右曹长水校尉伐虏侯泳，大司空邑弟左关将军掌威侯奇，及歆门人侍中骑都尉丁隆等”，最后涉及的人全被处死。[①] 刘歆之子是否真的参与谋逆，史载不详，但至少表明刘歆家族与王莽之间的关系已经非常紧张。此案虽未直接涉及刘歆，但其内心的惊惧也可想而知。

第三次，地皇初年，王莽之妻病重，莽令太子王临奉养。王临与王莽临幸的侍女原碧私通，因怕事情泄露，密谋杀莽。后来此事被王莽得知，王莽将王临赐死。恰王临之妻刘愔乃刘歆之女，懂得一些天文星象之事，王莽因此认为王临谋反时，刘歆之女曾以星象为助。并将根源归结到刘歆身上，“临本不知星，事从愔起”，以至于刘愔“忆自杀”。[②] 此事件中，主题本是王临弑父，但王莽将之曲折地牵涉刘歆身上，难免有点无中生有，中间含有很大的臆想和猜忌的成分。

第四次，发生在地皇四年(23 年)。卫将军王涉从一个名为君惠的道士那里听到了一则谶言，言刘氏当复兴，而中兴者乃“国师公姓名是也”。早在建平元年(前 6 年)，刘歆为避哀帝刘欣之讳，早已改名为刘秀。中兴者乃国师公，即刘秀当中兴，显然是东汉之后的附会。但不管怎样，王涉以此联合大司马董忠，想劝说刘歆起事。而刘歆“怨莽杀其三子，又畏大祸至”，表示同意。不过后来董忠的一个部将将此事泄露，并向王莽告发。结果，董忠被杀，刘歆、王涉自杀。此次事变可能是刘歆真正参与的谋反，原因除了三子为王莽所杀外，可能还有更深层次原因。王涉劝说他起事时曾说：“如同心合谋，共劫持帝，东降南阳天子，可以全宗族；不者，俱夷灭矣”。[③] 可能刘歆也意识到王莽对自己的猜忌到了随时丢弃性命的地步，所以才会甘冒奇险。从这个角度看，刘歆的谋反也是王莽不断猜忌升级的结果。

因此，从刘歆在王莽集团中的地位，及其对王莽改制前后态度的差异上看，

---

① 《汉书》卷九十九中《王莽传中》，第 4123 页。

② 《汉书》卷九十九下《王莽传下》，第 4165 页。

③ 《汉书》卷九十九下《王莽传下》，第 4184 页。

刘歆真正希望的只是让王莽充当霍光那样辅佐幼主的股肱之臣，而不是取而代之的角色。他和王莽理解的周公也不一样，刘歆眼中的周公更多是制礼作乐，为天下垂范，辅弼成王，中兴汉室。而王莽除了这些，更希望自己能像周公那样“践天子位”。所以，两人对于《周礼》的态度表现了较大的差异，真正在政治上宣扬《周礼》的只能是王莽。

（三）王莽与《周礼》

至于王莽与《周礼》的关系，《汉志》虽明言“王莽立《周礼》”，但从实际来看，王莽对《周礼》的推崇，显然有十分重要的实用目的，即其对《周礼》的借用主要体现在政治宣传上，是为自己篡夺作一种合法性的掩饰。换句话说，王莽对《周礼》的推崇，应当与其借助周公以自重的意图有关。考《汉书》王莽本传，在其称帝前，无论是王莽上书，抑或是皇帝下诏，还是群臣奏议，在称颂王莽之功的时候，往往将之与此前的名臣相提并论，如霍光、萧何、伊尹等，但此数人间或一见，比拟最多的还是周公。笔者曾粗略统计，在王莽称帝前，“周公”在其本传中出现了三十多次，这么高的频率，应引起我们的重视。

周公在中国传统文化中有着举足轻重的作用，制礼作乐，辅佐成王，平定三监之乱等。不过在儒者的眼里，最为称道的还是其对礼乐的贡献，从这个意义上讲，周公在儒家文化中的影响力要远大于文王、武王。在西汉后期的政局中，儒生成为了一种群体性力量，复古之风日盛。而王莽这种位极人臣，表面看来又兴礼作乐、礼敬儒者的人，正是他们眼中的周公。所以，这时出现的对周公的集体狂热，也不能简单视为王莽故意散布的舆论。

除了制礼作乐外，周公名为臣、实为君的双重地位，无疑也是王莽特别看重的。在学术界中，一直有着周公是否“践天子位”的争论。其实这个问题不能简单判定，因为当时成王年幼，无论周公践不践位，实际的朝政都是由他来执掌，后世对此问题的争论，更像是在争一个名分。就先秦至西汉的主流意见看，周公其实是没有践天子位的。如《尚书》中言：“召公为保，周公为师，相成王为左右”[①]。

---

① 孔颖达：《尚书正义》卷十六《君奭》，上海古籍出版社，2007 年，第 643 页。

此说在后来得到多数人支持。而承认周公"践天子位"的似乎最早见于《礼记》，如"武王崩，成王幼弱，周公践天子之位，以治天下"[①]。但《礼记》所谓的"践位"实际只是辅佐的另一种说法，即"成王幼，不能莅阶，周公相，践阶而治"[②]，"昔者周公摄政，践祚而治"[③]。在《礼记》的表述中，"践天子位"与"相成王"是同义的，充其量是"摄政"，与自立是有本质区别的。可见王莽之前，并无周公为天子说。但不管怎样，周公这种特殊的身份，也很难让人把他和那些真正的君主区分开。在先秦两汉典籍中，周公往往与尧舜禹汤文武等一朝之君相提并论，其实也是这样一种思维的反映。

王莽的高明之处，在于他利用了这股思潮。而他在言行中，往往以周公自拟，如他在奏言王宇和吕宽犯上的上书中说："宇为吕宽等所诖误，流言惑众，与管、蔡同罪，臣不敢隐其诛"[④]。王宇为王莽之子，将其与吕宽比作管、蔡，言下之意自己就是平定三监的周公；元始五年(5 年)，平帝弥留，王莽还仿照《金縢》周公代武王之例，"藏策金縢，置于前殿，敕诸公勿敢言"[⑤]；王莽在称帝后，还假惺惺地对孺子说："昔周公摄位，终得复子明辟，今予独迫皇天威命，不得如意"[⑥]，亦将自己视为当世之周公。总之，通过这些刻意的行为，王莽意图塑造自己周公的形象。这种做法显然也欺骗了当时的许多人，在众多为王莽请求褒奖的上书中，虽然有部分出自王莽的授意，但是也有很多平民和儒生，其动机也不能全视为阿谀奉承。如哀帝时，王莽因触怒哀帝祖母傅太后及母丁太后，被"遣就国"，"吏上书冤讼莽者以百数"；王莽推辞新野田后，为其上书的共有四十八万七千五百七十二人，诸侯、王公、列侯、宗室都有。按《王莽传》成于东汉，其评论王莽的基调是以鞭挞为主，但上述两条仍被收入莽传中，当应为事实。

就王莽在改制中的表现看，他对经术的推崇也不像是纯粹的沽名钓誉，而是

---

① 孔颖达：《礼记正义》卷四十一《明堂位第十四》，上海古籍出版社，2008 年，第 1261 页。

② 孔颖达：《礼记正义》卷二十八《文王世子第八》，上海古籍出版社，2008 年，第 829 页。

③ 孔颖达：《礼记正义》卷二十八《文王世子第八》，上海古籍出版社，2008 年，第 844 页。

④ 《汉书》卷九十九上《王莽传上》，第 4065 页。

⑤ 《汉书》卷九十九上《王莽传上》，第 4078 页。

⑥ 《汉书》卷九十九中《王莽传中》，第 4100 页。

确实有着对经典的崇信和期望，如“制礼作乐，讲合六经之说”[1]，“莽好空言，慕古法”[2]。当然，这也不能否认他在提倡某种特定经典的功利目的。在《周礼》问题上，我们认为《汉志》所说的刘歆奏立，很可能源于王莽的授意，而马融所谓“乃知其周公致太平之迹”，更准确地说应是王莽的想法。恰其本传有王莽“发得《周礼》”的说法，康有为认为此乃《周礼》真正步入政治舞台的开始，所以才要特别点出。因此《周礼》之倡源自王莽，应是比较确实的。

当然，我们也不要被这种表象迷惑，王莽对《周礼》的尊崇是表面的，若将《周礼》视为其改制的基本依据，也与事实不符。就记载看，王莽的改制兼采众说，今古杂糅，来源有三：有的是依据汉朝旧制，略加损益；有的是从五经中取名，但内容联系较弱；有的更是王莽独创，不好判定依据[3]。以井田制为例，《周礼》中的井田，“九夫为井，家百亩”，而王莽对井田的认识是“古者，设庐井八家，一夫一妇田百亩”[4]，与《孟子·滕文公上》中“方里而井，井九百亩，其中为公田。八家皆私百亩，同养公田”[5]的描述更为接近。

所以，我们认为王莽改制虽有着经典的依据，但他对《周礼》的重视，更主要是将其视为周公的遗迹，塑造自己当世周公的形象。他看重的也不是《周礼》中的典章制度，而是其为周公所制作的名分。王莽对周公的借重，无疑是他由权臣到摄皇帝，再到真皇帝的关键步骤。

---

① 《汉书》卷九十九中《王莽传中》，第4140页。

② 《汉书》卷九十九下《王莽传下》，第4150页。

③ 杨天宇：《经学探研录》，上海古籍出版社，2004年，第139页。

④ 《汉书》卷九十九中《王莽传中》，第4110页。

⑤ 焦循：《孟子正义》卷十《滕文公下》，中华书局，1987年，第361页。

第四章

《汉书·艺文志》与先秦秦汉学派观念的形成

一、《汉书·艺文志》之前的诸子学派概念

《汉志》之九流十家的概念，并非突然出现，而是经历了一个漫长的酝酿过程。《汉志》之前谈及诸子学术的篇章很多，如《庄子》之《天下》篇，《荀子》之《非十二子》与《解蔽》，《吕氏春秋》之《不二》篇，《韩非子》之《显学》，《淮南子》之《要略》，司马谈之《论六家之要指》。司马迁的《史记》虽非专门谈学术之作，但其中有先秦诸子的列传，其人物择取与评点也有不少辨章学术的意味，所以我们将《史记》也纳入考察范围。

这些篇章中隐含着对诸子学术认知的发展脉络。为表述得更加清楚，按照它们对诸子学术认识程度的深浅，我们将其按照时间范围大致划分为三个阶段：《天下》《非十二子》《解蔽》《不二》及《显学》为第一阶段，为诸子学派概念发展的萌芽时期；第二阶段，包括《论六家之要指》与《史记》，为诸子学派概念的初步确立时期；第三阶段，即《汉志》，为"九流十家"概念的最终定型时期，对诸子学派名目的认定达到完备。下面我们对各个阶段的特点予以详细阐述。

（一）从《天下》篇到《显学》篇：因人论学

第一阶段，《天下》篇对学术的认知有相当的层次感。它将原来曾是一统的学术视为"本数"，但当时已经被割裂为三个面向：在于"数度者"，"旧法世传之史尚多有之"；在于《诗》《书》《礼》《乐》者，"邹鲁之士、搢绅先生多能明之"；而那些

散于天下的，才是所谓的“百家之学”。[①] 对于百家之学，《天下》篇详列了众多人物，并进行了初步的归类和品题，如墨翟与禽滑厘，宋钘与尹文，彭蒙、田骈与慎到，关尹与老聃、庄周，惠施、桓固与公孙龙。其“百家”的范围大致涉及《汉志》之儒、墨、名、道、法诸家。

《非十二子》将所品题人物分为六组，两两并称，计有：它嚣与魏牟，陈仲与鳍，墨翟与宋钘，慎到与田骈，惠施与邓析，子思与孟轲。《解蔽》谈及的有墨子、宋钘、慎到、申不害、惠施和庄子。

《不二》列举孔子、墨翟、关尹、列子、陈骈、阳生、孙膑、王廖与兒良。

《显学》的情况就稍微简单一些，只提及了孔子与墨翟。

我们之所以不避繁冗地将此数篇所提及的人物一一列举，完全是为了论述方便，因为该阶段谈论诸子学术的特点就隐含在对这些人物的论列中。如《天下》篇全篇的布局，有两个显著特点：第一，该篇更多是对当时学术混乱局面的描述，如“天下大乱，贤圣不明，道德不一”[②]，有“道术将为天下裂”的感慨，这种语句表明，《天下》篇成书时正处于诸子并争的时代，有一种身临其境之感；第二，对诸家学术的描述，倾向于一种就人论人的评价，即其论学术之异同，以人为限，虽也有简单的归纳和比较，但还远未体现较为自觉的学派意识。《非十二子》和《解蔽》与《天下》篇的这两个特点基本相似，评判学术也以个体为主，归类的标准不甚清晰，大致是以某单一的倾向来择取人物。

这些萌芽状态的认识，为后来的总结提供了一些基础。如这一时期的描述虽然还没有运用学派概念，但它们在论列人物的时候已经有了一些朦胧的学术标准，这些标准已经触及了后世学派概念的一些特性。如《天下》篇将老子与关尹并称，二者的共性为“建之以常无有，主之以太一，以濡弱谦下为表，以空虚不毁万物为实”[③]，已经十分接近《汉志》中道家以道为本、以虚为用的标准，且后世的道家毫无例外将老聃与关尹视为代表人物。

又如《非十二子》论惠施与邓析，二人被后世视为名家之代表，司马谈称其

① 郭庆藩：《庄子集释》卷十下《天下第三十三》，中华书局，2004年，第1067页。
② 郭庆藩：《庄子集释》卷十下《天下第三十三》，中华书局，2004年，第1069页。
③ 郭庆藩：《庄子集释》卷十下《天下第三十三》，中华书局，2004年，第1091页。

“苛察缴绕，使人不得反其意”[①]，《汉志》称其“苟乱鈲析乱而已”[②]，与荀子所言的“治怪说，玩琦辞，甚察而不惠，辩而不用，多事而寡功”[③]的意旨十分接近。其论墨翟、宋钘，“上功用、大俭约而僈差等”[④]，亦与后世所言无二致。《解蔽》的说法与《非十二子》大致相类，讲墨子务实，则云：“蔽于用而不知文”；讲惠施之诡辩，则云：“蔽于辞而不知实”等[⑤]，与《非十二子》相呼应。

从这个角度看，《天下》《非十二子》与《解蔽》虽是因人设论，但由于所论之人多为后世各学派之领军人物，某种程度上也为后世之学派确立了一个基调，这是应当加以重视的。而且诸家论列人物的组合，有一些较为固定的搭配，如老子与关尹等，“虽然论及的人不同，但大体上又有相对的稳定性……战国中晚期的诸子已经认为存在着不同学派的学术”[⑥]。

当然，这时期的学派意识毕竟尚未出现，以罗列人物的形式谈论学术还是会有很多局限。如在人物择取和组合上，随意性较大，往往以诸人思想的某一个侧面作为归纳标准，缺乏总体的协调和考虑。如《天下》篇将宋钘与尹文并举，以“不累于俗，不饰于物，不苟于人，不忮于众”[⑦]视之，以致郭沫若将其称为“宋尹学派”。但据白奚的研究，《天下》篇的这番论断，其实只适合于宋钘，他是墨学的承袭者，而尹文是以合名法为特色的黄老学者，《天下》篇将两人并举，标准并不清晰。[⑧]

又如在《非十二子》中，荀子将墨子与宋钘并举，所作的评价也是针对两个人而发，是用同一话语体系进行批判；而到了《解蔽》中，又将两人分开表述，“墨子蔽于用而不知文，宋子蔽于欲而不知得”[⑨]，说明荀子对两人学术是有不同看法的。这种略显矛盾的做法，可能是因为两人思想确有一定出入。同时也暗示我

① 《史记》卷一百三十《太史公自序》，第 3291 页。
② 《汉书》卷三十《艺文志》，第 1737 页。
③ 王先谦：《荀子集解》卷三《非十二子篇第六》，1988 年，第 93～94 页。
④ 王先谦：《荀子集解》卷三《非十二子篇第六》，1988 年，第 92 页。
⑤ 王先谦：《荀子集解》卷十五《解蔽篇第二十一》，1988 年，第 392 页。
⑥ 张立文主编：《中国学术通史》(先秦卷)，人民出版社，2004 年，第 59 页。
⑦ 郭庆藩：《庄子集释》卷十下《天下第三十三》，中华书局，2004 年，第 1082 页。
⑧ 白奚：《宋尹学派质疑》，见白氏著《先秦哲学沉思录》，中国社会科学出版社，2007 年。
⑨ 王先谦：《荀子集解》卷十五《解蔽篇第二十一》，1988 年，第 392 页。

们，荀子对墨子和宋钘总体学术的认知是有限度的，两处评价都是就某一议题而发，这与后世综合、整体性的学派认知，是有一定差距的。

又如《不二》篇论老聃与关尹，讲“老聃贵柔”，“关尹贵清”，也是分而论之，对于两人学术上的共性则没有涉及，这也只能说明《吕氏春秋》缺乏学术联系与统合的意识。虽然《不二》论列学术的意图是要指出各家之所偏，要以实用的态度“一之”，但它综合各家的基础看来还是以个体为主，而不是学派。

除了因人论学外，该阶段对诸子学术的认知还有一个鲜明特点，即论列学术时已经有了较为明确的立场，且排他性很强，对他家学术基本以负面评价为主，缺乏整体、包容的精神。如《天下》篇，其主体立场是以老子、关尹为代表的，誉之为“古之博大真人哉”，对其他人都是贬低为主。如论墨子，“恐其不可以为圣人之道，反天下之心，天下不堪”[①]；论彭蒙等人，说“其所谓道非道，而所言之韪不免于非”[②]；论惠施，“饰人之心，易人之意，能胜人之口，不能服人之心”[③]等。

荀子的情况也类似，仅从《非十二子》与《解蔽》的标题，就能看出荀子对他家之学的非议。《非十二子》中，荀子对十二子多所攻讦，对他们的总体评价就是“饰邪说，交奸言，以枭乱天下，矞宇嵬琐，使天下混然不知是非之乱之所存者”[④]。而他“解蔽”的真正目的就是要推出他心中的圣人——孔子，“孔子仁知且不蔽……故德与周公齐，名与三王并，此不蔽之福也”[⑤]。

最后我们简要谈一下《显学》。在第一阶段的各篇中，《显学》较为特殊，其论列学术的范围虽然比较窄，只限于孔墨，但在诸子学派概念发展上的意义却不能忽略。其云：“世之显学，儒墨也”，其所谓儒墨或孔墨实有着双重意蕴：有时指孔子、墨子二人，如“孔墨不复生”；有时也被用来指称两人的学术体系，如“皆自谓真孔墨”，这就带有较为鲜明的学派特质了。而且《显学》还讲“儒分为八，墨离为三”，并详细罗列后学之情况，此处之“儒”“墨”的学派特色，更无可疑。

因此，在韩非眼中已经有了一个儒、墨学派的标准。他将两家后学一一点

① 郭庆藩：《庄子集释》卷十下《天下第三十三》，中华书局，2004 年，第 1075 页。
② 郭庆藩：《庄子集释》卷十下《天下第三十三》，中华书局，2004 年，第 1091 页。
③ 郭庆藩：《庄子集释》卷十下《天下第三十三》，中华书局，2004 年，第 1111 页。
④ 王先谦：《荀子集解》卷三《非十二子篇第六》，1988 年，第 90～91 页。
⑤ 王先谦：《荀子集解》卷十五《解蔽篇第二十一》，1988 年，第 393～394 页。

出，虽是大略言之，亦可见他对两个学派认识的清晰与确凿，如此也才会意识到两者分和离的情况。至此，孔墨在《天下》篇等中的个体形象，逐渐被一种内涵、外延较为明确的学派范畴取代。从这个角度讲，学派意识的真正成型乃是始于《显学》，以学派系人无疑是学术史上的一大进步，这也算是对《天下》篇以来诸家论列学术的一个总结。

（二）西汉初期：因人论学与学派概念的相持

第二阶段，即司马谈的《论六家之要指》和司马迁的《史记》阶段。前者的贡献不用多说，第一次建立了学派意义上的六家，即阴阳、儒、墨、名、法及道德家（或道家）。这一体系影响深远，我们现在对先秦学术的认识基本都在这个框架内，以至于有人提出要加以反思，这个问题我们后面还要谈到。

相比于《天下》等篇章，《论六家之要指》出现了两个崭新特点：

第一，《论六家之要指》虽也有自己的基本立足点，即道德家，也就是汉初流行的黄老之学，司马谈称其“指约而易操，事少而功多”，但其在论列诸家学术的时候，开始以更全面的态度待之，优劣并举，视角更加全面，也有了更多宽容精神。如论阴阳，短在于“使人拘而多畏”，长在于“序四时之大顺”；论儒家，短在于“博而寡要，劳而少功”，长在于“序君臣父子之礼，列夫妇长幼之别”；论墨家，短在于“俭而难遵”，长在于“强本节用”；论法家，短在于“严而少恩”，长在于“正君臣上下之分”；论名家，短在于“使人俭而失其真”，长在于“正名实”。[①]

这种现象的出现不是偶然的，此时先秦诸子的高潮已经过去，诸家学术的交流与融合已经成为大势，黄老之学本身就是融汇诸家而来。若诸家没有可取之处，黄老的取舍也就无从谈起。而且西汉时，诸子在思想界还都有各自的地位，司马谈也不可能对他们一律加以彻底清除，他的用意只是要营造黄老之学高出众家的态势。《论六家之要指》对各家优劣并举的做法，是要为黄老之学“因阴阳之大顺，采儒墨之善，撮名法之要”[②]的说法作铺垫。

第二个特点，司马谈讲各家学术，只是虚陈了六家的概念，并未以任何人或

① 《史记》卷一百三十《太史公自序》，第3289页。

② 同上。

著作与之相匹配。当然，这不是说司马谈在树立这一体系的时候，没有学人或书籍作参佐。但无论怎样，现在的史籍没有留下他分立六家的标准，也无从知晓他赋予六家的具体内容。就这一点看，"六家"的概念在为后人梳理学术带来便利的同时，也带来了困难。因为单纯地讨论概念比较容易，但以之系人、系书则是十分困难的事情。在这一点上，反倒是《显学》做得还彻底些。当然，司马谈时这个问题似乎并没有显现出来，但后来学人对《汉志》之《诸子略》分类法的非议较多，不能不说在司马谈这里已经埋下了一些伏笔。

再看《史记》。《史记》中有数篇涉及先秦诸子的篇章，关于其立传或合传的标准，众说不一。熊铁基认为："大体是按学术归类的，只是《孟子荀卿列传》有点杂……同时牵涉了战国中晚期各派"[①]。我们认为司马迁对诸子人物的分类确实体现了相当的学术标准，如将老子与韩非同传，孟子与荀子同传，都是颇有见识的，梁启超誉之曰："学问艺术方面，亦盛水不漏……如《仲尼弟子》《老庄申韩》《孟子荀卿》等传，于先秦学派网络略具"[②]。但是他是否全盘接受了司马谈关于六家的概念，我们是有怀疑的。

《史记》中涉及诸子学术的篇章主要有《老子韩非列传》《孟子荀卿列传》《商君列传》《仲尼弟子列传》等。探讨《史记》中的学派观念，应主要从这些列传中寻找线索。

《老子韩非列传》中所涉及人物，除老子与韩非外，还有庄子与申不害。其论老子学术云："老子修道德，其学自隐无名为务"[③]；论庄子学术，则曰："其学无所不窥，然其要本归于老子之言"[④]；论申不害："本于黄老而主刑名"[⑤]；论韩非子，云："喜刑名法术之学，而其归本于黄老"[⑥]。从整体看，黄老的概念似乎更接近于学派。

《孟子荀卿列传》所涉及人物十分庞杂，除孟荀外，还有邹忌、邹衍、邹奭、淳

---

① 熊铁基：《汉人如何看待先秦诸子》，载于《诸子学刊》第一辑，上海古籍出版社，2007年，第324页。

② 梁启超：《要籍解题及其读法》，岳麓书社，2010年，第31页。

③ 《史记》卷六十三《老子韩非列传》，第2141页。

④ 《史记》卷六十三《老子韩非列传》，第2143页。

⑤ 《史记》卷六十三《老子韩非列传》，第2146页。

⑥ 《史记》卷六十三《老子韩非列传》，第2146页。

于髡、慎到、田骈、接子、环渊、公孙龙及墨翟等人。只有在谈及慎到等人时，《史记》云“皆学黄老道德之术”[1]，其他人并未用学派意义上的字眼称之。如孟子，只说“述仲尼之意”；论邹衍，只说他“深观阴阳消息”[2]；论淳于髡，说“学无所主”；论公孙龙，只说“为坚白同异之辨”[3]；论墨翟，说“善守御，为节用”[4]。

《商君列传》中，只提到商鞅“少好刑名之学”[5]。

《仲尼弟子列传》基本取材于《论语》，条列各人之言、之事。

不过，其中也有两处提到了抽象的学派概念。一处为《老子韩非列传》，谈及庄子对儒墨的非议时，云：“然善属书离辞，指事类情，用剽剥儒、墨”[6]；另一处出自《孟子荀卿列传》，谈及荀子“推儒、墨、道德之行事兴坏，序列著数万言而卒”[7]。综合起来，可知《史记》使用学派名目谈及的学术只有儒、墨与道德（或黄老）三家。

所以我们认为《史记》在用学派指称诸子的进程上，其作用也不宜高估。一则，在司马谈树立的六家概念中，司马迁运用于《史记》的只有儒、墨、道，而且也多是抽象意义的谈论，并未将之与具体的学人紧密联系起来。像孟荀这样典型的儒者，也未以“儒家”称之；老庄这样典型的道家，也未以“道家”称之。

二则，《史记》谈论诸子学术，很多时候也都是以人立论，如《老子韩非列传》之太史公曰：“老子所贵道，虚无，因应变化与无为……庄子散道德，放论，要亦归之自然。申子卑卑，施之于名实。韩子引绳墨，切事情，明是非……”[8]《孟子荀卿列传》中谈及诸子之学，也有“赵有公孙龙，为坚白同异之辨，剧子之言；魏有李悝，尽地力之教；楚有尸子、长庐；阿之吁子焉”[9]。这种罗列众人，因人论学的方式与《天下》篇、《非十二子》和《解蔽》更为接近，应也是学派意识未曾占据话语中

---

① 《史记》卷七十四《孟子荀卿列传》，第2347页。
② 《史记》卷七十四《孟子荀卿列传》，第2344页。
③ 《史记》卷七十四《孟子荀卿列传》，第2349页。
④ 《史记》卷七十四《孟子荀卿列传》，第2350页。
⑤ 《史记》卷六十八《商君列传》，第2227页。
⑥ 《史记》卷六十三《老子韩非列传》，第2144页。
⑦ 《史记》卷七十四《孟子荀卿列传》，第2348页。
⑧ 《史记》卷六十三《老子韩非列传》，第2156页。
⑨ 《史记》卷七十四《孟子荀卿列传》，第2349页。

心的一种表现。

总体看来，《史记》中的学派概念还不十分稳固，对诸子学术的表述也略显分散，除儒、墨、道三家外，其他的学派概念还未被时人惯用，因人论学的论列方式仍然十分流行。当然，《史记》中学派归纳意识的淡薄可能还与其本身的性质有关。因为《史记》毕竟不是专门的学术评论之作，其书涵盖古今，数千年之人、事及典制无不包容，对先秦诸子的记述只占其中很小的比例，全书涉及诸子的传记只有数篇，篇幅、文字十分简短，择取的人物也十分有限。既然如此，或许简单罗列就足以将先秦诸子的学术宗旨呈现无余，不必再借助那套严密的学派概念了。这个原因看似不重要，其实是合乎情理的充足理由。反过来说，如果刘向父子之时谈论诸子学术，再沿用司马迁的做法，将诸子逐个罗列，逐人点评，这就是万万不能的了。因为《汉志》所要解决的问题不可与司马迁同日而语，不借助学派的概念，恐怕是行不通的。

从先秦秦汉对诸子学术的认知过程看，其中贯穿着两条线索：其一，对学术主体的评判，开始附着于个体，后来转向学派，学术划分的自觉意识越来越强；其二，对诸子学术的认识，早期多限于客观的描述或简单的对比，后期则开始全面评析各家的优劣，并形成固定的学术立场。而且从《要略》开始，有了追寻诸子起源的意识，无论是其暗含的挽救时弊说，还是后来《汉志》所言的出自官守说，实际都在为诸子学术的出现作解释。从学术认知的基本逻辑看，由简至繁，由表象至实质，也是顺理成章、十分自然的。《汉志》增列学派名目和推溯诸子起源的做法也是这一路径的组成部分。

二、《汉书·艺文志》增立四家探析

（一）《汉书·艺文志》学派观念的两个进展

《汉志》之《诸子略》在《论六家之要指》的基础上又有了两方面的推进。第一，与前两阶段的学术评判不同，《汉志》不是抽象、纯粹的点评学术之作，乃是缘于书籍整理、归类的实际需要，并依据“家”的标准对这些书籍予以区分，《汉志》中的学派有了具体的内容，各家开始系以学人及著作，对学派的认识趋于细致和具体。

《诸子略》与《天下》篇等相比，虽都谈及先秦诸子，但在立意和性质上确有非常大的分野，后世许多关于《诸子略》分类标准及典籍归属的争议也都由此而来。

第二，也是更为重要的，《诸子略》在司马谈六分法的基础上又予以补充、调整，确立了"九流十家"的分类法。这一点又可分两个方面来看：首先，《汉志》对各家的价值判断与司马谈有明显不同，最显著的不同就是抬高儒家的位置。各家之中，司马谈最重"道德家"，称其"因阴阳之大顺，采儒墨之善，撮名法之要，与时迁移，应物变化，立俗施事，无所不宜，指约而易操，事少而功多"①。《汉志》则最重儒家："助人君顺阴阳明教化者也。游文于六经之中，留意于仁义之际，祖述尧舜，宪章文武，宗师仲尼，以重其言，于道最为高"②。两者的取舍截然不同，这种差异也是时势使然。其次，对于司马谈的六分法，《汉志》基本上是承认的，并将之引入了《诸子略》的体系之中，成为《诸子略》分类法的骨架。但这种引入不是完全被动的，而是在因袭的基础上有所推进，又增扩了纵横、杂、农及小说四家，最终形成了"九流十家"的局面。

《汉志》的这些变化，并不是偶然的，背后隐藏着许多学术考虑和促成因素。

要说明这个问题，首先要谈及《汉志》对司马谈"六家"的态度。从总体看，《汉志》基本承袭了《论六家之要指》的学派框架，只有小的调整：一是诸家的顺序，即将儒家的地位抬高；二是将"道德家"改称道家，地位也居于儒家之下。值得注意的是，《论六家之要指》中的"儒家"比《汉志》的范围更大。《汉志》之儒家，单指著书之儒，所谓传经之儒则属《六艺略》的范围。而司马谈的儒家，应是两者的复合体，其所言的"六艺经传以千万数，累世不能通其学，当年不能究其礼"③，似乎描述的是当时以经术为业的儒者。

这种承袭，实际牵涉《论六家之要指》之六家观念在西汉是如何确立的问题。司马谈提出此说，当在武帝时期，而《汉志》所据之《七略》成于哀帝之初。成书于武帝至哀帝初的传世文献谈及学派的几乎为空白，所以很难考察当时人对"六家"的接受程度。不过直接材料还是有的，可参照的有两种：一为《盐铁论》，成于

---

① 《史记》卷一百三十《太史公自序》，第 3289 页。

② 《汉书》卷三十《艺文志》，第 1728 页。

③ 《史记》卷一百三十《太史公自序》，第 3290 页。

汉宣帝时期；一为刘向之《别录》，成于成帝时期，现在只有后人辑佚的部分文字，但总算保留了一些痕迹。

《盐铁论》中所涉及的学派概念，只有儒、墨两家，如《申韩》篇有“待孔子而后学，则世无儒、墨”①；《毁学》篇有“儒、墨内贪外矜，往来游说，栖栖然亦未为得也”②；《遵道》篇有“愿无顾细故之语，牵儒、墨论也”③等。《盐铁论》所谈及的儒、墨，不是某一个具体的人，而是辐辏于某种理念的群体，带有很强的学派特质。

《别录》现存篇章中谈及学派概念的只有《列子书录》，其云：“其学本于黄帝、老子，号曰道家。道家者，秉要执本，清虚无为”④，明确使用了“道家”的概念。

从这有限的几个例子，可知“六家”中的某些概念已为一些学人认可，但由于《盐铁论》为论政之作，不专主学术，《别录》的散佚又如此严重，司马谈之学派概念是否在西汉中期得到普及，不好判定。

从《汉志》诸子分类看，刘歆对《论六家之要指》的六分法是相当熟悉和认可的，所以才会将六家之称直接引入《七略》。这种引入，不仅是学派称谓上的因袭，而且在对六家学术本质和特性的把握上，也接受了司马谈的论断。如在评论各家之短长、优劣方面，《汉志》的基本态度与司马谈也基本一致，如下表所示：

	长处		不足	
	《论六家之要指》	《汉志》	《论六家之要指》	《汉志》
儒家	列君臣父子之礼，序夫妇长幼之别。	祖述尧舜，宪章文武，宗师仲尼，于道最为高。	博而寡要，劳而少功。	惑者既失精微，违离道本，苟以哗众取宠。
道家	指约而易操，事少而功多。	知秉要执本，清虚以自守，卑弱以自持，此君人南面之术也。		绝去礼学，兼弃仁义，曰独任清虚可以治。
阴阳家	序四时之大顺	敬顺昊天，历象日月星辰，敬授民时。	大祥而众忌讳，使人拘而多所畏。	牵于禁忌，泥于小数，舍人事而任鬼神。

① 王利器：《盐铁论》卷第十《申韩第五十六》，中华书局，1992 年，第 578 页。

② 王利器：《盐铁论》卷第四《毁学第十八》，中华书局，1992 年，第 231 页。

③ 王利器：《盐铁论》卷第五《遵道第二十三》，中华书局，1992 年，第 292 页。

④ 姚振宗：《七略别录佚文》，上海古籍出版社，2008 年，第 54 页。

续表

	长处		不足	
	《论六家之要指》	《汉志》	《论六家之要指》	《汉志》
法家	正君臣上下之分	信赏必罚，以辅礼制。	严而少恩	无教化，去仁爱，专任刑法而欲以致治，至于残害至亲，伤恩薄厚。
名家	控名责实，参伍不失。	古者名位不同，礼亦异数。孔子曰："必也正名乎！名不正则言不顺，言不顺则事不成"。此其所长也。	苛察缴绕，使人不得其意。	苟钩鈲析乱而已
墨家	强本节用	贵俭，兼爱，上贤，右鬼，非命，上同。	俭而难遵，是以其事不可遍循。……使天下法若此，则尊卑无别也。	见俭之利，因以非礼，推兼爱之意，而不知别亲疏。

《汉志》与《论六家之要指》基于立场的不同，分别对儒家和道家有特殊的偏爱。而在对待阴阳家、墨家、名家和法家上，措辞较为接近，对各家学派优长的判定也基本一致。可见《汉志》在深层次上是认可司马谈对各家学派特性的认定的，这是两者关系的重要方面。

在此基础上，《汉志》增设了四家，即纵横、杂、农及小说家。这也成为历来学人攻讦《汉志》的一个重点，如梁启超就认为："纵横家毫无哲理，小说家不过文辞，杂家既谓之杂矣，岂复有家法之可言？而以之与儒、道、名、法、墨等比类齐观，不合论理"。[①] 至于农家，梁氏虽承认其也可为一家之言，但更倾向于将之与兵家、方技等并列。他甚至曾经断言："分诸子为十家，不过目录学之便利"[②]，完全否定了《诸子略》在判定诸家上的学术考量。总之，他对《汉志》所增设的四家颇多质疑。

① 梁启超：《论中国学术思想变迁之大势》，上海古籍出版社，2001 年，第 24 页。

② 梁启超：《汉书艺文志诸子略考释》，清华大学出版社，2012 年，第 268～269 页。

（二）《汉书·艺文志》所增设之四家考辨

对于纵横等四家之学有无学术价值，我们这里先不讨论。就梁启超的指责而言，虽然有点矫枉过正，但确实揭示了《汉志》“九流十家”分类法的一个困境。司马谈之六家，完全是在抽象的意义上讨论学派概念，没有具体人或书的牵绊。就他所判定的六种学术而言，也多侧重于形而上的理论层面，是对各家学术特质的精心雕琢，圆满而又允恰。

但刘歆判别学术的大背景却与司马谈大不一样。从《汉志》产生的缘起来看，进行学术史的梳理并非其原始动力和最初意图。《别录》《七略》的产生，直接的原因是汉廷的图书整理活动，即所谓“至成帝时，以书颇散亡，使谒者陈农求遗书于天下”，因而有刘向父子等人的校书活动，继而有《别录》《七略》及在此基础上产生的《汉志》。与高祖及武帝时期相比，成帝这一次的图书整理虽然规模更大，范围更广，持续时间更长，但并没有本质性差别，都是一种政府主导的、有组织的典籍搜寻与整理活动，学术动因并不像司马谈那般明确。而且就《汉志》的主体文本来看，其著录书籍多以登录书名、卷数或篇数、作者等内容的形式出现，近于簿册性质，与后世纯粹目录的体例基本一致。因此《汉志》的主要或基本性质是官方藏书目录，其“考镜源流”的部分，虽然也有相当的见地，但较之司马谈那种纯学理的分析，还是有一定区别的。

而这次整理的书籍，遍及各个方面，囊括当时知识世界的各个层面。纵横家等四家虽然在学理上的深度不及司马谈之六家，但在《汉志》体系中仍是可以跻身诸子之列的。也就是说，《汉志》对诸子的判定，比司马谈的范围要更广，具体的原因我们后面将要谈到。而且，这次整理的图书数量众多，后四家所囊括的书籍也无法勉强纳入司马谈之六家的范围之内，因此刘歆只得扩充类目以便容纳这些超出六家框架的典籍，这也应是《汉志》之诸子扩充至“九流十家”的现实考虑。

如此看来，《诸子略》的十分法，确实是杂糅了以学派划分为核心的学术标准和以图籍归类为核心的实用目的。虽然有时按照性质划分也是图书分类的一种方法，但两种标准毕竟无法完全相契无间，其中的出入也是造成《诸子略》内在冲突的根本原因。

与此相关联,《诸子略》中指称诸子的"家",与《论六家之要指》中的"家",在内容所指上其实有一些差别。司马谈的"家"主要指学派,这种意思应当是从先秦之"家"演进而来的。按照李锐的分析,先秦学术意义上的"家"有两层含义:一为有师承关系或直接学缘关系,这应是"家"的最原始含义;二为在学术宗旨或倾向上接近,师承并不是最重要的[①]。两者相较,后者更具普遍意义,因为学术上的共同点才真正触及后世学派问题的核心,也是后来在指称学派上最常见的含义,司马谈"家"的内涵就是如此。

而《诸子略》中的"家",用法略显驳杂。在指称学派时,特别是引自于司马谈的六家时,"家"无疑是带有较强的学派意义的。但《汉志》毕竟是图书整理的产物,其所谓"家"也带有实用性的特征。如其在罗列诸种典籍之后,都有一个数字的统计,如"右名七家,三十六篇"[②],"右纵横十二家,百七篇"[③],"凡诸子百八十九家"[④]等,这里的"家"就不仅具有学派意义了,也有了数量统计中"种"的意思,成为与数字相搭配的量词。

1. 杂家

在新增的四家里,《汉志》对待它们的态度其实也不完全一样,设立四家的寓意也不尽相同。我们认为破解这一问题的关键,在于充分考虑"杂家"类的意图。

关于杂家之"杂",不少学人都认为是杂乱无章的意思,这种说法并不准确。因为《诸子略》要论列诸子学派,此"杂"的出现应与学派分类有密切关系。前面说过,《汉志》承袭了司马谈六家的概念,但它面临的书籍又超出了六家的容纳范围,所以才要予以扩充。而这种扩充既要照顾学派标准,又要满足实际的图书分类需要,对"杂家"的理解也要考虑这一因素。

《汉志》"杂家"类的出现并不是偶然与随意的。就现实的学术因素来看,已很难有单一的学术,因为战国末期至秦汉初期,学术的交流与融合已成为必然之势。当然,这一趋势是按照不同的路向来进行的,有同一学术派别中不同学术分

① 李锐:《"六家"、"九流十家"与"百家"》,《中国哲学史》,2005年第3期。亦收入李氏著《战国秦汉时期的学派问题研究》,北京师范大学出版社,2011年。

② 《汉书》卷三十《艺文志》,第1737页。

③ 《汉书》卷三十《艺文志》,第1739页。

④ 《汉书》卷三十《艺文志》,第1745页。

支的融合，如韩非子对传统法家慎到之势、申不害之术、商鞅之法的整合，形成法术势三位一体的新格局；有以一派为宗，对其他学派的整合，如黄老学之《黄帝四经》，以道为本，兼采百家，形成有道家色彩的经世之学；有以务实态度对各家之长的平等择取，因事而取术，如《吕氏春秋》等。正是在这种大趋势下，"杂家"的出现才成为可能，也成为必要。

不过《汉志》之增设杂家还有特别的意图。《汉志》的出现，主要是缘起于汉政府的图书整理，整理的最终结果就是要将各种典籍登录在册，以备查找。典籍如此众多，分类十分必要，而分类的依据自然就是书籍的内容。具体到《诸子略》部分，诸子虽然主张各异，所宗万千，但其实都是在为构建一个天下秩序振臂高呼，只不过通往各自理想中的天下的路径不同。思想这个东西有时很玄妙，跳跃性很大，没有界限，没有边际。我们很难给它们冠以合适的称谓，即便一个个体，其思想可能也会前后发生变化，互相矛盾，更别提那些成于众人之手，历时长久而汇集成册的书籍了。所以，我们应当首先明白，给图书分类是困难的，也是十分勉强的，但也不是说没有可能，没有规范。只能从总体着眼，从宏观把握，即便做不到面面俱到，也要有相当的依据。

《诸子略》中，杂家之前的七家，其学派特性是较为明显的，历来学者也都没有异议，唯对杂家的出现争论不休。其实，前人的许多争论都是因对"杂"作出了错误的理解，也没有明了"杂家"在整个《诸子略》中的位置，"杂"并非是现代人理解的杂乱不堪，而应为"交织、错杂"的含义，至少在《汉志》中没有任何贬低的色彩。

《汉志》增设杂家的最直接原因有两个：第一，以现存的《吕氏春秋》《淮南子》为例，二书成于众人之手是毫无疑问的。如《吕氏春秋》，《史记·吕不韦传》载曰："当是时，魏有信陵君，楚有春申君，赵有平原君，齐有孟尝君……吕不韦以秦之强，羞不如，亦招致士，厚遇之，至食客三千人。……吕不韦乃使其客人人著所闻，集论以为八览、六论、十二纪，二十余万言。以为备天地万物古今之事，号曰吕氏春秋"[①]。至于《淮南子》，东汉高诱在注解时曾说："（刘安）与苏飞、李尚、左吴、田由、雷被、毛被、伍被、晋昌等八人及诸儒大山、小山之徒，共讲论道德，总统

① 《史记》卷八十五《吕不韦列传》，第2510页。

仁义，而著此书"[①]。两书为多人共同撰写，当无可疑。不过，有时成于众人也是一个表面现象，因为先秦、两汉典籍中，成于多人的著作不少，如《论语》《庄子》等，但均不像两书被列为杂家，看来这还不是问题的关键。

第二，《吕氏春秋》《淮南子》之所以被纳入"杂家"，其根本原因恐怕还是二书对诸子学说的多方面择取。这种择取，有的是较为妥当地共存在一个体系中，有的更像是拼凑在一起，缺乏内在联系与协调性，以"杂家"称之也是事出有因。两书对诸子学术的态度基本是公允、包容的。

如《吕氏春秋》，有学者曾予以统计，"若不计十二纪，大致道家 24 篇，墨家 5 篇，与法家相牵连的 5 篇，名辩内容较多的 11 篇，兵家 8 篇，农家 4 篇，阴阳家 3 篇，合计 60 篇；其余 88 家皆可归入儒家"[②]。这个统计结果的数量或许有很大争议，但从所论列的这些学派名目中，也可窥见《吕氏春秋》涉及内容之广泛，"杂"的特征表露无疑。

《淮南子》那里，这一特点亦有体现。从结构上来看，其书的各部分内容之间有较强的独立性，如《原道训》《诠言训》，将"道"作为至高之原则予以推崇，"太上之道，生万物而不有，成化像而弗宰"[③]，并视"道"为无为政治、保全性命的理论基石；《兵略训》又大谈用兵之道，对战争的缘起、性质、用兵原则、治兵方法、将领的素质都有涉及，简直兵家名篇；而《齐俗训》对礼义的论述，又多合于儒家，"夫礼者所以别尊卑，异贵贱；义者所以合君臣父子兄弟夫妻朋友之际也"[④]，"故礼因人情而为之节文，而仁发饼以见容，礼不过实，仁不溢恩也，治世之道也"[⑤]。

最为突出的是在《泰族训》中，儒道两家思想都十分明显地体现出来，一方面讲圣人"廓然无形，寂然无声，官府若无事，朝廷若无人"[⑥]，一方面又讲礼乐教化，六经之用。因此，徐复观认为此篇中实际有一个由道到儒的转向，"于是在全书的结构上，显得是以老庄思想开其端，且似乎是全书思想的主流，却以儒家思想

① 何宁：《淮南子集释》叙目，中华书局，1998 年，第 5 页。
② 张富祥：《王政全书——〈吕氏春秋〉与中国文化》，河南大学出版社，2001 年，第 197 页。
③ 何宁：《淮南子集释》卷一《原道训》，中华书局，1998 年，第 9 页。
④ 何宁：《淮南子集释》卷十一《齐俗训》，中华书局，1998 年，第 759～760 页。
⑤ 何宁：《淮南子集释》卷十一《齐俗训》，中华书局，1998 年，第 784～785 页。
⑥ 何宁：《淮南子集释》卷二十《泰族训》，中华书局，1998 年，第 1382 页。

竟其尾;无形中表示,道家思想应归结于儒家思想之上"[①]。

综合来看,不同于那些性质单一的学派的图书,两书内容在学派的跨越性上是比较大的,"杂家"的称谓盖起于此。

同时我们也不能想当然地认为"杂家"就是完全的拼凑,毫无目的地堆砌,这就实际低估了刘向父子及班固的识见。他们虽然认为杂家具有"兼儒墨,合名法"的表现形式,但意旨乃是指向"知国体之有此,见王治之无不贯"[②]的,"王治"才是核心,这就抓到了问题的要害。考《吕》《淮》两书,这种为"王治"服务的实用意图是非常明显的。《吕氏春秋》就明言学术之用在于整齐众家,"听群众人议以治国,国危无日矣……故一则治,异则乱;一则安,异则危"[③]。而《不二》之"老聃贵柔,孔子贵仁,墨翟贵廉,关尹贵清,子列子贵虚,陈骈贵齐,阳生贵己,孙膑贵势,王廖贵先,兒良贵后"[④],也不是表达对他们的敬意,而是要指出其偏差,正是诸家皆有所偏,《吕》书才要"一之"。《淮南子》的编撰宗旨,在其书中亦不加掩饰:"观天地之象,通古今之事,权事而立制,度形而施宜,原道之心,合三王之风,以储与扈冶,玄眇之中,精摇靡览,弃其畛挈,斟其淑静,以统天下,理万物,应变化,通殊类,非循一迹之路,守一隅之指,拘系牵连之物,而不与世推移也。故置之寻常而不塞,布之天下而不窕"[⑤]。特别是其中"权事而立制,度形而施宜"二语,将其摘取各家学术的原则点明,即为现实服务,"王治为先",学术为后。且刘安入朝时,还曾将《内篇》献于汉武帝,其意可知,《淮》书的政治色彩亦可知。

因此,我们认为,在《诸子略》的格局中,"杂家"的称谓是可以成立的:一则"杂家"跨越诸家,较之那些立场鲜明的学派,确实有驳杂之嫌;二则,《汉志》对杂家的定义,并非是杂乱不堪,没有依归,而是以"王治"为中心,这很大程度上与《吕》《淮》两书出现的背景和意图是契合的。我们对"杂家"的许多误解,乃是缘于曲解了《汉志》对"杂"的设定,忽略了《诸子略》的整体学术关照。我们深入《诸子略》谋篇布局

---

① 徐复观:《〈淮南子〉与刘安的时代》,见《两汉思想史》(第二卷),华东师范大学出版社,2001 年,第 164 页。

② 《汉书》卷三十《艺文志》,第 1742 页。

③ 许维遹:《吕氏春秋集释》卷第十七《不二》,中华书局,2009 年,第 467～468 页。

④ 许维遹:《吕氏春秋集释》卷第十七《不二》,中华书局,2009 年,第 467 页。

⑤ 何宁:《淮南子集释》卷二十一《要略》,中华书局,1998 年,第 1462～1463 页。

的内在理路中，以一种历史的态度来考虑，这个问题或许会简单得多。

下面我们附带谈另外一个问题，即杂家与“黄老”的关系。这个问题之所以引起大家的关注，是因为司马谈与《汉志》对两家的陈述颇容易让人误会。司马谈在谈及汉初的道家，即公认之黄老学时讲：“因阴阳之大顺，采儒墨之善，撮名法之要，与时迁移，应物变化，立俗施事，无所不宜，指约而易操，事少而功多”[①]，《汉志》的“杂家类”也在最后说道：“兼儒墨，合名法，知国体之有此，见王治之无不贯”[②]。从表面看来，两者的共性确实不少，至少在整合儒墨、采纳名法上基本一致，所以有人认为《汉志》的杂家其实就是司马谈的“道家”，即黄老。如熊铁基认为，“《吕氏春秋》《淮南子》可说是司马谈所说道家的代表作是没有问题的”[③]；牟钟鉴认为两书是“秦汉之际道家著作的姊妹篇”[④]；陈鼓应也认为，将两书列为杂家，“这很欠妥”，二书以道家为主导思想，《吕氏春秋》“便是以老、庄与黄老为主体而吸收阴阳、儒、墨、名法各家观点的一部巨著”[⑤]。至于黄老学的特点，诸家的意见也差不多，如陈鼓应认为黄老之学的中心思想为“道法”[⑥]；白奚认为是“道法结合，兼采百家”[⑦]；丁原明认为黄老之学的核心点在于道论、无为论和对百家的兼采[⑧]。可见，黄老的立足点在道家上，无论是法家还是儒墨，要由道而生，其作用亦复归于道。

而在杂家那里，对诸家学术是务实性地择取，这种理论上的完整性尚不太明显，不好说某一家占据真正的理论核心。因为各家学派的性质及关注点本来就有所不同，所以一方面杂家取众家所长，另一方面各学派在其理论体系中的地位、层次也不一样，如道家的优势在其宇宙发生论、本体论及辩证法上；儒家的优势在于伦理纲常、礼乐教化；法家的优势在于廓清乱局，建立秩序。所以，在《吕》

---

① 《史记》卷一百三十《太史公自序》，第3289页。

② 《汉书》卷三十《艺文志》，第1742页。

③ 熊铁基：《秦汉新道家》，上海人民出版社，2001年，第108页。

④ 牟钟鉴：《〈吕氏春秋〉与〈淮南子〉的比较研究》，《哲学研究》，1984年第1期。

⑤ 陈鼓应：《老庄新论》，商务印书馆，2008年，第195页。

⑥ 陈鼓应：《黄帝四经今注今译——马王堆汉墓出土帛书》，商务印书馆，2007年，第29页。

⑦ 白奚：《先秦黄老之学源流述要》，《中州学刊》，2003年第1期。

⑧ 丁原明：《黄老学论纲》，山东大学出版社，1997年，第3页。

《淮》两书中，天道论多从道，人道多从儒，治道多从法，并不是毫无因由。这种区分乃是基于各家学术特质所作的安排，并非要以此为各家排座次、定高低。这也正反映了杂家择善而从，因事取术的特点。

表面看来，杂家与黄老具有很大的相似度，细究起来，黄老的限定更为具体，即必须充分尊重“道”在学术体系中的主导作用。“黄老之学”兼谈“黄”与“老”，但黄帝为何人，其学术为何物，当时人并没有共识，“百家言黄帝，其言不雅驯”，黄老的真正立足点在“老”上，即“道”上。

在《吕氏春秋》及《淮南子》中，“道”的主导作用仍不明显。现存黄老之学的典型著作，乃是马王堆汉墓出土之《黄帝四经》，其尊道色彩非常浓厚，“天弗能覆，地弗能载……万物得之以生，百事得之以成”[①]。仁义礼智与刑赏法治亦由此道而出，“牝牡相求，会刚与柔。柔刚相成，牝牡若刑（形）”[②]，称之为“黄老”当不会有太大的问题。而在《吕氏春秋》中，对道的描述较少，且十分分散，其他学派也都是以如此状态分布其中，诸家平流进取，共存其中，并没有表现出对道家的特别关注。如果非要寻找一个全局性的框架，反倒是阴阳五行的色彩更为浓厚。如徐复观认为《吕氏春秋》的骨干在于十二纪部分，这一部分的编排体例，是明显按照阴阳五行的逻辑展开的，“十二纪的成立，是邹衍的阴阳五行思想发展的结果”[③]。在《淮南子》那里，对“道”已有了许多专篇的论述，似乎以“黄老”冠之没有问题。但正如许多学者所言，其书内部始终交织着儒、道两家的鲜明冲突。如牟钟鉴认为儒道两家存在一系列论争，如有为与无为、去情返性与节情养性、福祸由天与福祸由己等[④]。徐复观亦认为《淮南子》的著作群体中存在儒道的分野，前者以大山、小山为代表，后者以苏飞、李尚等为代表[⑤]。这在典型的黄老著作中，

---

① 陈鼓应：《黄帝四经今注今译——马王堆汉墓出土帛书》，商务印书馆，2007年，第399页。

② 陈鼓应：《黄帝四经今注今译——马王堆汉墓出土帛书》，商务印书馆，2007年，第210页。

③ 徐复观：《〈吕氏春秋〉及其对汉代学术与政治的影响》，见《汉代思想史》（第二卷），华东师范大学出版社，2001年，第3页。

④ 牟钟鉴：《〈吕氏春秋〉与〈淮南子〉思想研究》，齐鲁书社，1987年，序言第16页。

⑤ 徐复观：《〈淮南子〉与刘安的时代》，见《汉代思想史》（第二卷），华东师范大学出版社，2001年，第123页。

也是不会出现的现象。所以,《淮南子》中"道"不是作为一个不可动摇的中心贯穿其中,并不能视作统摄全书的理念。从另一个角度看,在大一统条件下,要想真正地消除思想学派上的差异,熔炼出包含诸家的思想体系,是多么困难的一件事。诸家这种政治理念的分歧,也会一直延续下去。譬如,汉代虽称"霸王道杂之",似乎已经走出了一条有汉家特色的为政理念,其实这只是一种说法而已。贯穿整个汉代的儒生与文吏之争、德治与法治之争,就很能说明问题并非如此简单。《淮南子》中的儒道论争为什么会存在,从这个角度来看,或许更加容易理解。

所以,仅以"兼采百家"为标准将两书视为黄老,论据并不充分。换句话说,"杂家"与"黄老"的定义在某种程度上有很大的重合性。杂家的含义更为广泛,称黄老为杂家,当不会有太大的问题,而杂家能否称为黄老,还需要对其人其书进行进一步的具体分析。

2. 纵横家

我们先谈谈纵横家在《汉志》语境下的学派特性和效用问题。相比于其他六家,纵横家作为学派出现确实是比较晚的事情。在《汉志》之前谈论先秦学术的各篇章,还没有使用学派概念,但它们对人物的品评基本涵盖了许多后世学派的代表人物。如《天下》篇之论老聃、关尹、庄周、墨翟、宋钘、公孙龙、惠施、慎到等;《非十二子》之论墨翟、子思、孟轲、田骈、慎到、邓析等;《不二》之论孔子、老聃、列子、孙膑等。当然,诸家是以人论学,每篇所举人物有限,有遗漏是肯定的,如《非十二子》竟无老聃、庄周等道家巨擘。将诸篇所及综合来看,后世之儒、墨、名、道等诸家学术实已容括其中,而苏秦、张仪等纵横家的代表人物未见提及。至司马谈《论六家之要指》明确提出六家概念,仍未见有纵横家。可知,在《汉志》之前的学人的视域中,学术意义上的"纵横家"是不成立的。

这时的"纵横"更多被视为一种权术。如《韩非子》有"世人多不言国法而言纵横"①;《淮南子》有"晚世之时,七国异族,诸侯制法,各殊习俗,纵横间之,举兵而相角"②;《新语》有"因其刚柔之势,为作纵横之术"③。司马迁在回顾六国乱局

① 王先慎:《韩非子集解》卷第二十《忠孝》,中华书局,1998年,第469页。
② 何宁:《淮南子集释》卷六《览冥训》,中华书局,1998年,第492~493页。
③ 王利器:《新语校注》卷上《辨惑第五》,中华书局,1986年,第72页。

时,也曾说:“务在强兵并敌,谋诈用而纵横长短之说起”[①]。即便在刘向之《战国策书录》中,纵横仍是这种含义:“是以苏秦、张仪、公孙衍、陈轸、代厉之属,生纵横短长之说,左右倾侧”[②]。

《汉志》将这种实用性的权术视为独立学派的依据是什么?它对纵横家学派地位的承认,背后又隐藏怎样的学术信息呢?

如果单从纯粹的学术层面考虑,纵横家的学派特性确实十分模糊,既没有明晰的学术传承,也没有众所公认的学术起源的领军人物,更没有浓缩的学术理念和学术宗旨。但我们要注意一个问题:《汉志》之前的诸篇章在论列学术时基本都在理念的层面展开,因为此时诸子的兴盛基本都局限于学术讨论层面,与政治现实的真正结合还远未开始。与此相关,他们讨论的学派和学人也都集中于学理层面,类似纵横家这样的实用性的权术尚未纳入他们的视域中。

至刘歆之时,国家进入大一统,学术与政治的结合逐渐紧密。先秦时期的“学”正慢慢向政治现实中的“术”演进,与此同时时人认识的“学”的范围也逐渐扩大。在这种大背景下,“学”与“术”的界限逐渐模糊,学、术合一更符合当时的情况。以术为主的纵横家,得以跻身诸子学之列,应当与这种学术认知上的转变有直接关系。

换句话说,这实际涉及对诸子学影响的评价问题。从表面看来,儒、墨、道等是当时最为兴盛的学派,而且当时的一些记载仿佛也在印证这一点。如《显学》曰:“世之显学,儒墨也”;孟子也说:“杨朱、墨翟之言盈天下,天下之言不归杨则归墨”[③],“逃墨必归于杨,逃杨必归于儒”[④];稷下学宫更是汇聚了各种学术,“皆命曰列大夫”。但这种表面繁盛的背后,隐藏着儒墨等在政治面前的尴尬和无能为力。

至战国后期,诸子都构建了较为系统的理论体系,其成就也达到了本学派理论体系的最高水平,甚至说已经达到了一个瓶颈。那这个瓶颈是什么?很简单,是怎样将自己的学术理念与政治相结合。除了法家一度以“富国强兵”见闻于诸

① 《史记》卷十五《六国年表》,第 685 页。

② 姚振宗:《七略别录佚文》,上海古籍出版社,2008 年,第 34 页。

③ 焦循:《孟子正义》卷十三《滕文公下》,中华书局,1987 年,第 456 页。

④ 焦循:《孟子正义》卷二十九《尽心下》,中华书局,1987 年,第 997 页。

侯外，其他各家的学说基本没有得到付诸实践的机会，而是仅仅停留在“学”的层面上。究其原因，一方面是各家学说都有自己的软肋，这在《荀子·解蔽》《庄子·天下》中都有很好的揭示；另一方面，也是更重要的，诸子的学术理念过于迂阔或理想化，与实际政治的差距太大，难以完成由“学”到“术”的跨越，如儒家讲教化、倡仁义；道家重体道，讲无为；墨子讲兼爱，倡非攻；名家玩琦辞，尚论辩……试想这样玄虚、模糊的理念怎样能进入政治操作的层面呢？而战国后期，天下归一的趋势日益明显，对学术现实层面的需求也越来越迫切。两相比较，“学”与“政”之间出现了严重的断裂。

这为法家学说的崛起和成功提供了契机。众所周知，战国的法家曾一度成为各国政治的主导者，如秦之商鞅，魏之李悝，楚之吴起，其所倡导的政治理性为各国带来了极大的活力。从某种意义上讲，法家才是战国时期的真正显学，只有它获得了政治层面的践履和成功。但法家思想也并非完美无缺，后期法家暴露出来的严苛少恩大大限制了其实际功效，而且法家虽长于实践，但理论欠缺，不成系统，这也是法家思想难以深入发展的原因。因此长于“学”的儒、道等家与长于“术”的法家的结合，成为合乎逻辑的事情。

考察战国后期至西汉初的这一段历史，就可以很清楚地看到两者结合的趋势。黄老道家以“道”为宗旨，同时以道论法，兼采百家，一度独步于汉初政坛，而汉代新儒学凭借与法家、阴阳五行家的完美结合后来居上，取黄老而代之。这一时期思想学术发展的历史，与其说是融合，不如说是实现由“学”到“术”的转变，法家思想就是主导这一转变的核心，它为儒、道等家的付诸实践提供了载体。当然，这一转变是残酷的，战国诸学派的特色逐渐消泯，随之而来的是带有宏大气象的兼容之学。那些无法适应这一转变的学派，如墨家，则逐渐淡出了历史的视野。

从此大趋势看，政治视野下的“学”和学人眼中的“学”，其内涵的侧重是不一样的。以务实为特征的纵横家，进入到代表官方意识形态的《汉志》中，应当不是偶然的。

具体来讲，《汉志》增设纵横家，还与纵横之术在西汉中前期一度流行有关。纵横的本意，乃是战国时期横秦纵楚的外交活动，与当时天下分裂、诸侯并争的时代大局有关。而且，纵横家作为一种政治现象，时人已经有所关注。如景春与孟子争论时，云“公孙衍、张仪岂不诚大丈夫哉！一怒而诸侯惧，安居而天下熄”[①]；《韩非子》有“世人多不言国法而言纵横……山东之言纵横未尝一日而止也”[②]；《淮南子》之《要略》作为点评学术的名篇，也探讨了纵横之学的问题，“晚世之时，六国诸侯，溪异谷别，水绝山隔，各自治其境内，守其分地，握其权柄，擅其政令。下无方伯，上无天子，力征争权，胜者为右，恃连与国，约重致，剖信符，结远援，以守其国家，持其社稷，故纵横修短生焉”[③]。楚汉之争时，某些人如郦食其等仍在扮演着纵横者的角色。西汉建立后，在“七国之乱”前，无论是异姓诸侯还是同姓诸侯，势力都很强大，这为一些士人游走于各种力量之间提供了空间，这些人也带有较强的纵横色彩。如张舜徽认为：“汉初犹有人传习其道，自不失为专门之学，曾盛行于一时”[④]。关于这一点，《史记·田儋列传》载：“蒯通者，善为长短说，论战国之权变，为八十一首”[⑤]，又《主父偃列传》：“主父偃者，齐临菑人也。学长短纵横之术”[⑥]。当然秦汉时期的纵横家，不可能像战国时期那样游走于不同的诸侯国之间，他们是带有纵横意味的策士。在这一点上，其与先秦纵横家确有相类之处。

在《汉志》中，《诸子略》纵横家共列十二家，大致可以确定为西汉时期作品的为六家，即《蒯子》五篇、《邹阳》七篇、《主父偃》二十八篇、《徐乐》一篇、《庄安》一篇及《待诏金马聊苍》三篇[⑦]，大约占了整个纵横家类的一半。从这层意义上来看，《汉志》之增设纵横家，实有其现实的承载条件，即刘歆等人对西汉前期纵横之学的承认。《汉志》体现的是对西汉学术态势的客观把握，其“九流十家”的划分是在继承《天下》《非十二子》《要略》及《论六家之要指》的基础上，对学术形态进行的伸展性概括与总结。《汉志》的图书分类标准，也绝非为了操作方便而设，而是确实有班固对于战国秦汉学术的理解在里面，正是在这种理解的基础上，

① 焦循：《孟子正义》卷十二《滕文公下》，中华书局，1987年，第415页。

② 王先慎：《韩非子集解》卷第二十《忠孝》，中华书局，1998年，第469页。

③ 何宁：《淮南子集释》卷二十一《要略》，中华书局，1998年，第1461～1462页。

④ 张舜徽：《汉书艺文志通释》，湖北教育出版社，1990年，第69页。

⑤ 《史记》卷九十四《田儋列传》，第2649页。

⑥ 《史记》卷一百一十二《平津侯主父列传》，第2953页。

⑦ 《汉书》卷三十《艺文志》，第1739页。

确立了《汉志》各家各派的分野。换句话说，班固以自己的理解整理了古代知识的秩序，构建了古代知识的结构。

3. 农家

那么农家和小说家在《汉志》中“家”的地位的确立又是基于什么依据呢？《汉志》对前七家的设定，依据是其学派特性较为明确、性质单一；杂家虽然混合众家，但这种混合还是围绕学理进行的，带有鲜明的学术气息。

对于农家的设置，很多人都认为不甚合理。如梁启超认为农家“其位置与兵、商、医诸家相等”[①]。《汉志》所载农家诸著作，今均已散失，只有部分辑佚的篇章。马国翰所辑有《神农》《野老》《尹都尉》《氾胜之》与《蔡葵》五种[②]，就其内容看，里面确实有很多关于种植、管理及收割农作物和关于农业气候、天气识别等知识。如《神农》有《八谷生长》篇，详细记述了黍、大豆、小豆、秫、荞麦、小麦、稻及麻的种植、收获日期及生长期，如“大豆生于槐，出于沮石之山谷中，九十日华，六十日熟，凡一百五十日成，忌于卯”[③]；《占篇》则记述了某些作物种植与当年天气的对应关系，如“正月上朔日，风从东来，植禾善；风从南来，植黍善；风从北来，稚禾善”[④]。

这种关于农业种植技艺的问题在其他几种书中也有体现。如《野老》有《辨土》篇与《审时》篇，讲农业种植土壤选择及种植物候的问题[⑤]；《尹都尉》有《种瓜》篇、《种芥》篇、《种葵》篇、《种蓼》篇、《种葱》篇与《种薤》篇，涉及种子挑选、土地耕作、田间管理、虫病防治、收获及贮藏等各种事项[⑥]；《氾胜之》中关于农业技术的有《耕田》篇、《收种》篇、《种谷》篇、《大豆》篇、《小豆》篇、《麻子》篇、《种麻》篇、《种稻》篇、《种稗》篇、《种瓜》篇、《种瓠》篇等，值得注意的是，《区种法》篇详细记述了氾胜之的区田法[⑦]。

---

① 梁启超：《论中国学术思想变迁之大势》，上海古籍出版社，2001 年，第 24 页。

② 《蔡葵》所辑非其原书之文，乃马国翰采于《汉书·食货志》。所以其辑佚的《汉志》之农家类著作，名义上有五种，实际只有四种。

③ 马国翰：《玉函山房辑佚书》之《子编农家类》，广陵书社，2004 年，第 2644 页。

④ 马国翰：《玉函山房辑佚书》之《子编农家类》，第 2645 页。

⑤ 参见马国翰：《玉函山房辑佚书》之《子编农家类》，第 2649～2651 页。

⑥ 参见马国翰：《玉函山房辑佚书》之《子编农家类》，第 2664～2667 页。

⑦ 参见马国翰：《玉函山房辑佚书》之《子编农家类》，第 2649～2651 页。

若农家类的内容仅限于技术，则学者对其能否跻身“九流”的质疑无可厚非。但实际上，这些残篇中同样有从国家长治久安的高度探讨农业问题的。如《神农》有《法》篇，其中有“衣食饶溢，奸邪不生，安乐无事而天下均平。智者无所施其策，勇者无以行其威。故衣食为民之本，而工巧为其末也……民为邦本，食为民天。农不正，食不充，民不正，用不衷”①。《野老》有《上农》篇，也论及农耕与天下安定的关系，“民农则朴，朴则易用，用则边境安，主位尊；民农则重，重则少私义，少私义则公法立，力专一；民农则其产复，其产复则重徙，重徙则死其处而无二虑”②。

所以，《汉志》之增设农家，一方面是由于“农家”类著作所载并非仅限于农耕之专门技艺，亦涉及农业与料民理国的关系。在西汉时期，重农思潮确实非常流行，《汉书》之《食货志》开篇即言农耕之事，“理民之道，地著为本”，且农耕之事与儒家仁政之道息息相关，使民有时，制民之产，也成为被普遍提及的言论。相比之下，医、商与国家兴衰的关系就要疏远得多，这是农家能够脱颖而出，跻身诸子的重要原因。

另一方面，从先秦史籍的记载看，当时确实有人持“农家”之论，《汉志》对农家的评价是有所指的，尤其是认为若偏执一端，就“欲使君臣并耕，悖上下之序”，显然是出自《孟子》的记述。《滕文公上》中，孟子之弟子陈相尽弃孟子之学而从许行，并向孟子转述许行的重农主张：“贤者与民并耕而食，饔飧而治”③，结果被孟子认为“是乱天下也”。所以就学理上看，此农家在当时确有人持守，而且可能在一段时间内有不少遵从者，陈相转而从学许行可为证。

不过《汉志》对农家的学派特性似乎也有所保留。从诸家位次序列上讲，杂家是对前七家的补充，农家则位居第九位。而杂家“兼儒墨，合名法”的特性也主要是针对前七家而来，似乎并没有将农家包括在内。关于这一点，梁启超的解释或许有所帮助：“农仅寥寥九家……姑列为一流以附于诸子，有恐其与专明理论

---

① 马国翰：《玉函山房辑佚书》之《子编农家类》，第 2645～2646 页。

② 马国翰：《玉函山房辑佚书》之《子编农家类》，第 2647 页。

③ 焦循：《孟子正义》卷十一《滕文公上》，中华书局，1987 年，第 367 页。

之书相混，特次于杂家以示别也”。[①] 从形式上看，梁启超的说法是很有道理的。至于刘歆之举的真正意图，于史无载，我们也不好随意揣度古人。

4. 小说家

关于小说家的增设，争议也有很多。“小说”之名，大概首见于《庄子》，“饰小说以干县令”[②]，鲁迅解之为：“谓琐屑之言，非道术所在”[③]。《诸子略》对小说家的设定与此相类，“小说家”之得名，应该是由于其所记录的都是些零散、琐碎的为政之道，与九流相比，极不系统，亦不深入，即所谓“街谈巷语，道听涂说”之论，与后世的“小说”之文体观念无涉。就班固自注提供的信息看，“小说家”的这个特点也表露无疑，如注《伊尹说》，云“其语浅薄，似依托也”；注《鬻子说》，云“后世所加”；注《师旷》，云“其言浅薄……似因托之”；注《天乙》，云“天乙谓汤，其言非殷时，皆依托也”；注《黄帝说》，云“迂诞依托”。[④] 从这些自注的语气和小说家类小序表达的意旨看，班固对这类书籍的态度是明确的，即其多为托古、浅薄之碎语，不可登大雅之堂。

章学诚根据班固的自注提出了一些自己的意见。如《周考》，班固注曰：“考周事也”。《青史子》，班固注曰：“古史官记事也”。[⑤] 章学诚据此认为两者不当列于小说家，“其书非《尚书》所部，即《春秋》所次矣”[⑥]。若仅根据班固简短的注解，章氏此说似乎能成立。但张舜徽认为：“小说家之《周考》，盖杂记丛残小语、短浅琐事以成一编……其中或及周代轶闻者，见者遽目为专考周事，非也”[⑦]。而所谓《青史子》，《文心雕龙》有“青史曲缀以街谈”的说法，这与《汉志》对小说家的限定颇为接近。章学诚的结论，可能为班固过于简略、语意不明的注解误导。殊不知两书均散佚，《汉志》既将其列于小说家类，定有相当之依据，在缺乏资料的情况下不容轻易否定。

---

① 梁启超：《汉书艺文志诸子略考释》，清华大学出版社，2012年，第268页。
② 郭庆藩：《庄子集释》卷九上《外物第二十六》，中华书局，2004年，第925页。
③ 鲁迅：《中国小说史略》，广西师范大学出版社，2010年，第1页。
④ 《汉书》卷三十《汉志》，第1744页。
⑤ 《汉书》卷三十《汉志》，第1744页。
⑥ 叶瑛：《文史通义校注》，中华书局，1985年，第1049页。
⑦ 张舜徽：《汉书艺文志通释》，湖北教育出版社，1990年，第96页。

小说家在十家中地位最低，甚至被《汉志》排除在“可观者”的范围之外。这种态度不免让人有所疑问，既然这类书籍价值如此不堪，为何还要将之立为一家，成为单独的一类呢？解决这个问题，离不开对《汉志》产生的动因和实际场景的考察。

《汉志》本于《七略》，而后者实际是宫廷藏书的目录。我们大致可以推测，在刘歆整理诸子类书籍时，对它们的性质是有一个大致的判定的，即学派性质较为明显的入于前七家；博采众家，但亦与学理相涉者为杂家；专谈耕桑之事的，列于农家。经过数次筛选之后，应该还遗留极少量书籍，文义浅薄，内容琐碎，所涉驳杂，主旨飘忽，也谈不上学理上的系统性和价值，这些书籍应该就是《汉志》所谓的“小说家”。从整个《诸子略》的角度讲，这些书籍才是真正的“杂家”，无法归入九流的任何一流。所以，我们认为小说家名义上是十家中的一员，实际应是来源于图书分类筛选过程中的最后残余。《汉志》对小说家的态度也可以证明这一点：在小说家为数不多的自注中，屡屡谈及“似伪托”之类的话语，小序中又以“街谈巷语”称之，《诸子略》之总序也将其排除在真正的学派之外，“其可观者九家而已”。

因此，《汉志》十家之说的成立，图书整理的效应和影响在起着作用。《诸子略》不可能是严格的推阐诸子起源的著作，其分类法杂糅了学术和目录的双重标准。附带说明一下，历代学人对《诸子略》各类小序的推崇有时惑于表象，认为其揭示了诸子之真正起源。而我们认为，就《汉志》的成书看，其首先是基于现实的图书整理需要，其所谓的分类方法带有人为归纳的色彩。各种小序的表述，与其说是各家学术发源的真正依据，倒不如说是在图书分类完成之后，对各类典籍所作的概括性的表述和意旨的总结。它们虽一定程度上接触了各学派的核心问题，但绝非诸子学术成立的真正依据。

三、《汉书·艺文志》之“九流十家”的适用问题

《汉志》之“九流十家”的划分一经确定，对中国学术界即产生了巨大影响，后世论列学术无不借助此体系，似乎舍此无以谈中国学术。历代史籍、书目或对其派别或对其书籍所属略有调整，但基本没有跳出“十家”的圈子。不过，也有学者

对此框架有一些质疑，或认为其构建的色彩过于浓厚，是人为将先秦之学术强划类别；或以为十家之说乃起于刘向父子之书目整理，本非严格学术溯源之作，将其目录分类视为学术派别、宗旨之分，系一种误读和不恰当的移植。如鲁惟一在谈及《汉志》的分类问题时，特别指出了其服务于图书分类的意旨："这样的分类首先并不是有意对中国哲学进行分析，它实际上是图书馆里负责收集文献和编排图书的学者们的著录工作"[①]。

这种质疑从某些方面确实触及了《汉志》的一些软肋，特别是"九流十家"分类法隐藏着十分明显的实用意图，那些推溯诸子起源的各种小序确实也有倒果为因、妄加比附的嫌疑。但这些不足之处能否将十分法完全推倒？如果这样，又该用什么称谓来指称先秦学术呢？

首先，我们必须明白，《汉志》中的部分诸子名目之前就已经存在，"九流十家"分类法确实有当时的学术认知为支撑点。诸子初兴之时，在地域上是呈现散点状的，基本是各是其所是，各非其所非，整体来说是一种相对封闭和孤立的态势。而对这时期学术大势的把握也是因人而立论，因事而论学，即以《天下》篇等体现的描述性语言为主。对于诸子学术，先秦多以"百家"称之，这在当时的环境下确实是成立的。待到后来学术发生纵向传承和横向传播时，派性的问题才逐渐显现出来。至《显学》，有了一些粗略的学派意识，其对儒、墨的诠释就很明显。时人对当时学术的认知，也逐渐走向条理化和清晰化。至司马谈，又增至六家，最后归结于《汉志》之十家。从这个大趋势看，"九流十家"的出现并非刘歆等人面壁虚造的概念，背后能体现十分连贯的学术整理的线索，最起码前六家的称谓确实是由总括学术而来，符合学术认知的基本逻辑。

《汉志》最易引起后世诟病之处，确实与其作为目录书的效用有关。首先，作为图书整理的产物，《汉志》之底本《七略》在当时主要作为目录使用，其对学派的划分与实存的书籍是要形成对应关系的，之前抽象存在的学派概念有了具体的内涵，这一方面可以丰富各学派的体系，另一方面其实也将各学派的特性作了实际的限定，这就使之丧失了在指称学术上的灵活度，而不得不受制于具体的典籍

① 鲁惟一著，王浩译：《汉代的信仰、神话和理性》，北京大学出版社，2009年，第8页。

和人物。

其次，作为目录，其重要特性是为查找书籍提供便利，所以要做到书与目匹配，即每本典籍在书目中要有确定的位置。这就使得某些内容并不纯粹的书籍被勉强归入某一部类，而这种归类的标准，《汉志》又借用了学派的概念，遂造成典籍内容与所属类别并不完全吻合的情况。从这个角度讲，为了书目著录的方便，《汉志》不得不勉强将图书归入其认为合适的类别中。缘此，《汉志》中“十家”不再是单纯的学派，同时也具有了书目划分的“种”或“类”的性质，这是其与《论六家之要指》之“家”的根本区别。《汉志》中诸子的学派特性并未独立发挥作用，而是首先屈从于图书分类的实用意图。后世围绕“十家”所著录的书籍的部类，有较多争议，如《管子》应属道家还是法家等，从这个角度看是没有理解《汉志》赋予“家”的双重效用，仅从学派特性考虑《汉志》的分类是无法得其全貌的。

所以，《汉志》的“九流十家”分类法确实不宜视为纯粹的学术派别划分模式，其内部标准并不统一，况且又以数量众多、性质驳杂的典籍著录其中，更为把握和理解上增添了不少难度。

部分学者建议恢复“百家”的称谓，无疑是看到了当前以“九流十家”为框架谈论先秦学术的表面化、格套化的倾向，简单以学派划分鸿沟，抹杀了体现在个体学术上的多元性和总体学术上的沟通性，这是很有见地的。但“九流十家”确实很大程度上规划了先秦学术的总体场景，这一点不容轻易否定。笼统以“百家”称之，就会使我们对诸子学术的认识停顿在松散的状态上。因为即便是《天下》篇等论列学术时，也以数人并举的方式描绘了对某一群体的共识，其中隐含最基本的整齐学术的意图。当然，“九流十家”的学派特性毕竟是因论列先秦学术而存在，自秦汉学术一统之后，严格意义上的派别已经不复存在，后世再将某人、某书归入某一家，就有些勉强了。学界多将子学思潮限定在先秦时期，正是基于这层考虑的。

所以，我们认为对“九流十家”的反思确实是必要的，要考虑《汉志》赋予它们的双重功用，这样才能把握问题的核心。至于能否将这种分类法完全推倒，我们认为还需要谨慎考虑。因为儒、墨、道等概念在先秦时期经历了相当长的酝酿而形成，对于总括学术、辨别源流也有很大意义，不能因为《汉志》对学派概念使用的歧误和后世过度信从就予以全盘否定。

我们要做的不是急于推倒这个体系，而是辨清《汉志》对“家”使用的语境和用意，在研究诸子学术时避免过度受到《汉志》的误导。“九流十家”这种过于判别的称谓，在指称某一些宏观的学术宗旨、学术团体上是适用的，但具体至某一典籍或某一学人，就不能简单以某家称之，因为个体的思想总是多方面的，而且随时间推移也会出现一些变化。尤其是战国后期学术融合，诸子学术基本都是多种学说的复合体。若简单依从《汉志》，岂不尽归于杂家？所以，对“十家”的使用，最重要的还是区分不同的场景，把握住其适用范围。

第五章

《汉书·艺文志》与"诸子出于王官说"

一、"王官说"与《周礼》关系探讨

关于《汉志》"诸子出于王官说"，历来多有学者将之与《周礼》牵连在一起，即认为"王官说"取材于《周礼》，如曹慕樊认为："刘歆要抬高《周官(周礼)》的地位，所以编造出古学术都在王官，以证明《周官》确是周公(姬旦)的著作"①。我们认为问题并不是这么简单，以下就对这一问题进行分析，以廓清迷雾，回归历史本来面目。

《汉志》以"某家者流出于某某之官"的模式，将诸子学术与上古官制建立联系，这一点众所周知。但对这些官制的由来学者意见不一，很多人自觉不自觉地将其与《周礼》所载的职官挂钩。如章太炎在讨论儒家的时候，说"《周礼·太宰》言儒以道得民，是儒之得称久矣。司徒之官，专主教化，所谓三物化名"②。从表面看来，某些学者也是承认这种可能性的，"他们说某家者流盖出于某官，尤其是认为'儒家者流，盖出于司徒之官'，很可能是依据了《周礼》"③，"此说的提出，可能受了《周礼》的启发，或者脱胎于《周礼》"④。章太炎这里的原意或许并非要在

---

① 曹慕樊：《目录学纲要》，西南师范大学出版社，1988年，第31页。

② 章太炎：《诸子学略说》，广西师范大学出版社，2010年，第4页。

③ 李锐：《九流：从创建的目录名称到虚幻的历史事实》，《文史哲》，2004年第4期。收入李锐：《战国秦汉时期的学派问题研究》，北京师范大学出版社，2011年。

④ 郑万耕：《刘向刘歆父子的学术史观》，《史学史研究》，2003年第1期。

《周礼》中寻得"王官说"的一一对应关系，只是要为我们举例说明一下"司徒"的职责及"儒"在儒家典籍中被赋予的效能。但他的解释还是很容易误导读者，以致将"王官说"与《周礼》的职官等同起来。

到了胡适那里，章太炎这种模糊的立场被强化了。胡适在《诸子不出于王官论》中反驳章氏，其中就将矛头指向章氏心目中"王官说"的依据——《周礼》。在胡适的理解中，《汉志》与《周礼》的关系是不容置疑的，如"《周官》司徒掌邦教，儒家以六经设教。而论者遂谓儒家为出于司徒之官""《周礼》尝有掌皮之官矣，岂可谓今日制革之术为出于此耶？"[①]他赖以立论的证据就是《周礼》的不可靠性，"《周礼》伪书本不足证。即以《周礼》所言'十有二教'及'乡三物'观之，皆不足以言学术"[②]。

章、胡两人的论辩表面看来各有所据，但实际脱离了《汉志》的文本和成书环境，也没有仔细考察刘歆的学术背景，从而将"王官说"与《周礼》的联系强加于《汉志》，带来了学术史上一个影响深远的虚假命题。细察两人的论断，他们用以论证《周礼》职官对《汉志》影响的依据只是儒家所出的"司徒之官"，其他诸家所出之职官，与《周礼》所载并不相合。"其所举羲和之官，理官，礼官，议官，清庙之官，农稷之官，稗官云者，《周礼》皆无此官名"[③]。

而以司徒之官来论证"王官说"与《周礼》的关系，实际也是证据不足，因为司徒虽见于《周礼》，但同时也见于其他典籍，如《礼记》等，而且也都有教化、理民等职能，与《汉志》对司徒的描述也并无二致，如何就能说《汉志》中的"司徒"一定是引自《周礼》？要想真正解释这个问题，还须抓住历史上的几个关键点，特别是周礼学史上的几个较为突出的转折点。

（一）刘歆与《周礼》及《汉书·艺文志》的双重联系

部分学者之所以将《汉志》与《周礼》扯上关系，是因为刘歆与二者都有关系。

---

① 欧阳哲生编：《胡适选集》，吉林人民出版社，2005 年，第 250 页。

② 欧阳哲生编：《胡适选集》，吉林人民出版社，2005 年，第 252 页。

③ 余嘉锡：《余嘉锡论学杂著》，中华书局，2007 年，第 270 页。余嘉锡此番论断的本意，还是为维护"王官说"与《周礼》的关系，只是他认为刘歆没有十分确切的把握，所以表述略显模糊，"盖约略言而不敢凿也"。由此，亦可见此种论点对学界影响之深刻。

《周礼》在西汉的传播若隐若现，至王莽时方大显于世，刘歆也是在此时开始接触、研习《周礼》的，而且曾以之教授弟子，则刘歆在《周礼》传承上确实有一定的作用。而《汉志》的主体，如我们前面所讲，正是出于刘歆之手，其中论定诸子起源的词句也是由他定调，“《汉志》上承刘歆《七略》，篇中论列学术，皆采《辑略》中语”[①]。

正是刘歆之于《周礼》及《汉志》的双重影响，使得有些人将“王官说”与《周礼》中的职官联系起来。如康有为《新学伪经考》，一方面讲《周礼》乃是“歆欲附成莽业而为此书……故歆之伪学，此书为首”[②]；另一方面又讲：“考歆终日作伪，未必有综九流之识……特自伪《周官》，欲托身为周公皋牢一切，故兼收诸子，以为不过我学一官一职之守”[③]。康氏的表述，其实已经暗含了刘歆是从《周礼》中取材以成“王官说”的意蕴。康有为的“刘歆伪造说”，学者已多有反驳[④]，如今信从者罕见。而对康氏所指认的《汉志》取材于《周礼》的说法，学者基本采取了默认态度，殊不知这与刘歆的学术背景和《周礼》在西汉流传的线索并不相合。我们试析如下。

首先，虽然刘歆在《周礼》传承中有过重要作用，但不可以笼统地讲他与《周礼》关系如何密切，他对《周礼》的认识也是有一个过程的。如前所述，至少在《七略》成书时，《周礼》还远未引起刘歆的重视，《周礼》的真正崛起要等到居摄三年王莽“发得《周礼》”之时。因此，由时间顺序看，刘歆在《七略》成书时研习《周礼》的可能性非常小，更不会从中择取职官作为品评诸子起源的关键证据。

其次，从《诸子略》选取的职官看，只有行人职官、司徒职官、史官等较为明确，其他的都十分含糊，只是简单的类指，对应关系并不确切。理官、农稷之官、稗官、议官与法、农、小说、杂家的联系，更像是一种字面或效能的简单比附，并没有任何深意。而羲和之官于五经中仅见于《尚书》，《周礼》中并无踪影。《诸子略》的职官更像是杂采多种典籍，并杂入了刘歆的个人归纳而形成的，与《周礼》

---

① 张舜徽：《汉书艺文志通释》，湖北教育出版社，1990 年，第 126 页。

② 康有为：《新学伪经考》，三联书店，1998 年，第 78 页。

③ 康有为：《新学伪经考》，三联书店，1998 年，第 121 页。

④ 可参见钱穆：《刘向歆父子年谱》，《两汉经学今古文平议》，商务印书馆，2005 年。

所载并没有一一对应的关系。这也可以印证刘歆当时并未信从《周礼》,“不然,刘歆亲传《周礼》,岂不能于三百六十官中,求得其所出乎?”[①]

(二)“王官说”形成的若干关节

真正将诸子起源与《周礼》之职官建立直接联系的其实是《隋书·经籍志》(以下简称《隋志》)。其论儒家,则“《周官》,太宰以九两系邦国之人,其四曰儒,是也”[②];论道家,则“《周官》九两,其三曰师,盖近之矣”[③];论法家,则“《周官》,司寇‘掌建国之三典,以佐王刑邦国,诘四方’,司刑‘以五刑之法,丽万民之罪’,是也”[④];论名家,则“《周官》,宗伯以‘九仪之命,正邦国之位,辨其名物之类’,是也”[⑤];论墨家,则“《周官》宗伯‘掌建邦之天神祇人鬼’,肆师‘掌立国社及兆中庙中之禁令’,是其职也”[⑥];论纵横家,则“《周官》,掌交‘以节与币,巡邦国之诸侯及万姓之聚,导王之德意志虑,使辟行之,而和诸侯之好,达万民之说;谕以九税之利,九仪之亲,九牧之维,九禁之难,九戎之威是也’”[⑦];论小说家,则“《周官》,诵训‘掌道方志以诏观事,道方慝以诏辟忌,以知地俗’,而训方氏‘掌道四方之政事,与其上下之志,诵四方之传道而观衣物’,是也”[⑧];论农家,则“《周官》,冢宰‘以九职任万民’,其一曰‘三农生九谷’,地官司稼‘掌巡邦野之稼,而辨穜稑之种,周知其名与其所宜地,以为法而悬于邑闾’,是也”[⑨]。

与《汉志》相较,《隋志》的子部还包括兵家、天文、历数、五行及医方,涉及四部与六分法的问题,这里暂不做讨论。另外一个不同就是,《隋志》对诸子学缘的推断,只有儒家类与《汉志》相同,其他则全据引《周礼》。这些变化有两种情况:一为对《汉志》论断的改易,如《汉志》将道家归于史官,而《隋志》归于“师”。二是

---

① 余嘉锡:《余嘉锡论学杂著》,中华书局,2007年,第270页。
② 《隋书》卷三十四《经籍三》,第999页。
③ 《隋书》卷三十四《经籍三》,第1003页。
④ 《隋书》卷三十四《经籍三》,第1004页。
⑤ 《隋书》卷三十四《经籍三》,第1004页。
⑥ 《隋书》卷三十四《经籍三》,第1005页。
⑦ 《隋书》卷三十四《经籍三》,第1005～1006页。
⑧ 《隋书》卷三十四《经籍三》,第1012页。
⑨ 《隋书》卷三十四《经籍三》,第1011页。

对《汉志》之职官的具体化，如《汉志》中法家出自的理官，被具体为《周礼》之司寇、司刑；《汉志》墨家所出自的清庙之守，《隋志》具体为《周礼》之宗伯、肆师；《汉志》小说家所出自的稗官，《隋志》具体为《周礼》之诵训。

所以，真正将诸子起源与《周礼》相联系的并不是《汉志》，所谓“诸子出于王官说”至《隋志》才达于完整，这是后世许多学者忽略的地方。从表面看来，这是《隋志》对《汉志》的补充和完备，实际是将《汉志》所表达的概指之辞加以固化。从形式上看虽更加齐整，但在解释上的可信性上更低。胡适认为《汉志》援引《周礼》以推说诸子起源，实是冤枉了刘歆。

针对“诸子出于王官说”的探讨，在《隋志》之后相当长一段时间内都比较平静，诸家多沿用《汉志》《隋志》或《淮南子·要略》的说法，或取其一，或兼采二三。章学诚曾从官守角度讨论学术问题，但态度也不十分清晰，“(《汉志》)次及诸子百家，必云某家者流，盖出古者某官之掌……其云流而为某家之学，即官司其职，而师弟传业之义也”[①]。尽管这样，章学诚的意思也只是对《汉志》意旨的复述，并未予以特别阐释，也未将其与《周礼》职官联系起来。最终凸显《周礼》与《汉志》关系问题的乃是胡适，其《诸子不出于王官论》乃是驳章太炎而来。但细察章太炎《诸子学略说》，他仅在评述儒家时，引用《周礼》以解“司徒之官”，评述其他各家时并无此说，胡适的反驳有无的放矢的嫌疑。

《汉志》与《周礼》的关系问题，并非一个单纯的学术探源的问题，背后隐藏着不同时期学术潮流的影响。学术动向的转折，是造成该问题不同表现形式的原因之一。下面我们还是以《隋志》对《周礼》的信从，和胡适对“诸子出于王官说”的反驳为切入点，探讨《汉志》与《周礼》关系中的关键点。

《隋志》对《周礼》的依赖，实际是东汉至魏晋南北朝时期周礼学发展的逻辑结果。新莽时，《周礼》被立为官学，东汉时又被废弃，但《周礼》的传承却未中断。东汉一朝研习《周礼》者可考的有杜子春、郑兴、郑众、贾逵、卫宏、张衡、马融、卢植等[②]。其中最著名的是郑玄，他不仅遍注三礼，而且对《周礼》倾力最多，将其置

---

① 叶瑛：《文史通义校注》，中华书局，1985 年，第 952 页。

② 杨天宇：《关于〈周礼〉的书名、发现及其在汉代的流传》，《史学月刊》，1999 年第 4 期。收入杨氏著：《经学探研录》，上海古籍出版社，2004 年。

于三礼之首。从刘歆到郑玄，《周礼》地位越来越高，甚至也产生了一个谱系较长的传承系统和实力不俗的学者群体。

魏晋南北朝时期，《周礼》地位仍呈上升的趋势。曹魏时期，《周礼》正式立为博士，取得官方承认。《周礼》越来越受到推重。如南朝吏部侍郎陆倕曾有言："凡圣贤可讲之书，必以《周官》立义，则《周官》一书，实为群经源本。"[①]北魏更是一度以《周礼》为据，改革官制，"依《周礼》建六官，置公、卿、大夫、士，并撰次朝仪，车服器用，多依古礼，革汉、魏之法"[②]，《周礼》的影响已入及政治操作层面。而且《周礼》中记载了翔实的制度，诸人奏议中援引《周礼》谈及后宫、职官、乐律、度量、宫室等礼仪规制的情形非常普遍。《隋志》子部对《周礼》的援引，出于何人虽不可详知[③]，要不离于此学术大势。

而胡适对《汉志》与《周礼》关系的否定，亦是有缘由的。宋以来疑经之风日盛，《周礼》是争论的热点之一。至康有为《新学伪经考》，《周礼》刘歆伪作说一度流行。胡适受此思潮影响，对《周礼》的可靠性十分怀疑，进而波及《汉志》诸子起源的论说，他对"诸子出于王官说"的反驳，并非是其考察《汉志》问题本身得出的结论，实是信从《周礼》伪造说的附带结果。他的结论表面看来有一定道理，其实忽略了此问题的另一关键处，即对《诸子略》所据引之职官是否出自《周礼》没有进行仔细的分析。现代学者刘巍分析胡适《诸子不出于王官说》的诸多促进因素，认为其中重要因素就是清末所谓今文学的渲染，"以康有为为中心的晚清经今文家早就提出了对《汉志》'九流出于王官说'及其相关根据的经古文家说的不信任案，为'诸子不出于王官论'的面世准备了观念的前提"[④]。胡适论断的基础，在于对《周礼》可信性的怀疑，由此才牵连对"诸子出于王官说"的质疑。

可见，对《汉志》与《周礼》的关系问题的讨论，并非严格围绕诸子起源问题本身，此问题的呈现和消沉与周礼学的动态和进展有密切关系。《汉志》本身的表述并没有体现出对《周礼》的特别关注。两者关系的构建，在形式上备于《隋志》，

---

① 姚思廉：《梁书》卷四十八《儒林传》，第679页。

② 令狐德棻：《周书》卷二十四《卢辩传》，第404页。

③ 《隋志》之成书，乃是出于众人之手，长孙无忌、魏徵、令狐德棻、李延寿、于志宁等都曾参与。见杜云虹：《〈隋书·经籍志〉研究》，山东大学博士论文，2012年，第12页。

④ 刘巍：《"诸子不出于王官论"的建立、影响与意义》，《近代史研究》，2003年第1期。

而真正为现代学者所关注乃是源自胡适。通过分析，胡适对《汉志》的学术出于官守的批驳，虽说有一定道理，但其用以立论的大前提是不稳固的，因为《汉志》所称引之职官与《周礼》的相关度很小。即便是他设为假想敌的章太炎也承认："《艺文志》所称某家者流出于某官，多推想之辞"[①]。胡适此论的真正依据，源于清末今文学对《周礼》的贬责，“诸子不出于王官说”只是此种质疑衍生的一个并不确凿的结论。

二、《诸子略》之“王官”择取依据

既然《诸子略》之职官并非取自《周礼》，那么其据引的诸多职官从何而来？《汉志》对它们的遴选，其依据又是什么？

（一）儒家与“司徒之官”

在先秦秦汉的文献及出土之西周金文中，确实有关于“司徒”一职的记载，以传世文献为例，《周礼》在六官系统中有地官司徒一类，“乃立地官司徒，使帅其属而掌邦教，以佐王安扰邦国”[②]。不过，这里的司徒像是一个职能部门的总称，而非某一具体的职官，司徒之官权力最大，负总责的是大司徒，“掌建邦之土地之图与人民之数”[③]，凡稼穑农桑、山林川泽、邦国都鄙，乃至礼乐教化和刑赏征伐，都由大司徒统御。

《周礼》的记述与金文材料中对司徒的定位是比较接近的。在西周早期的金文中只有“司土”，“司徒”的出现是较晚的事情，学界普遍认为两者是异名同实[④]。“司土”，仅就字面意思看与料土理民关系密切。但金文记载的司徒的职能更为复杂和多样化，司徒更像是一类官员的概称，存在于各级政权中，甚至军事系统中也有其踪迹。有的司徒明显是作为中央政府官员身份出现的，如西周晚期的郃咎簋中载："唯元年三月丙寅，王各于大室，康公佑郃盨，赐织衣，赤芾，曰：用嗣

---

① 章太炎：《诸子学略说》，广西师范大学出版社，2010年，第73页。

② 贾公彦：《周礼注疏》卷第九《地官司徒第二》，上海古籍出版社，2010年，第305页。

③ 贾公彦：《周礼注疏》卷第九《地官司徒第二》，上海古籍出版社，2010年，第333页。

④ 但也有学者认为“司徒”之称出现后，“司土”的称谓仍然并行，似乎两者并非完全等同。李峰认为背后暗含了西周政治内部的一个较大的机制性转换。

乃祖考事,作司土"[①]。此处郃匊被任命为司徒,且周王亲自列席,其地位应是较为尊崇的。军队征伐中也有司徒的踪迹,如西周中期之盠方尊载曰:"用司六师王行、三有司:司土(徒)、司马、司工(空)"[②]。此外,在农业生产、土地管理、册命仪式等大大小小的各类场合中,都能见到形形色色的"司徒",或直接处理土地买卖之类的琐事,或参与较大决策的制定,职能相差很大[③]。

就金文与《周礼》的记载看,司徒之官的特点与职能还是比较明显的:一是所掌事务繁杂,遍及经济、社会、军事的各个领域,且司徒并非某一具体的职官名称,更像是某一类之官的概称,那些与理民相关的官吏似乎都可视为司徒之官;第二,司徒在整个政治事务中虽然必要,但未见有十分特殊之处,至少不会处于最核心和关键的地位。因为西周官僚体系有卿事寮与太史寮两大部分,此外还有太祝等独立性较大的官员,而司徒只是卿事寮三有司之一,其实际地位并不像后来儒家典籍中描述的那样高,这其中的出入颇值得寻味。

(二)道家与史官

将道家对应史官,《汉志》的理由是"历记成败存亡祸福古今之道",即史官掌人事古今,博学通识,然后知为政、为人之道在于卑弱与自守。此说似有一定道理,但既然史官能参透古今,那么岂不是任何学问都可以说来自史官。龚自珍就有"诸子也者,周史之小宗也"的说法,其结论或许值得商榷。但若按照《汉志》赋予史官的这种效能,也是言之成理。

可见,《汉志》认为道家出于史官应是有所指的,有其具体的原因,不可泛泛而论。在道家类文献中,《老子》之前尚有五种典籍,即《伊尹》《太公》《辛甲》《鬻子》及《管子》,且其名义上的作者均生活在老子之前。按照一般的逻辑,"道家出于史官"的说法很可能与数人的身份有关。

伊尹为商人,为汤贤臣,后来又辅佐太甲。以太甲无德,放于桐宫三年,待其悔过后迎回商都。某种程度上,伊尹与周公的角色十分相似。《汉志》所载《伊

---

① 张亚初:《殷周金文集成引得》,中华书局,2001年,第76页。

② 张亚初:《殷周金文集成引得》,中华书局,2001年,第964页。

③ 参见刘雨、张亚初:《西周金文官制研究》,中华书局,1986年,第8页。

尹》之书，历来有许多怀疑者，如梁启超说：“伊尹时已有著作传后，且篇数多至五十余，此可断其必诬”[①]。张舜徽也认为此书当是托于伊尹，受先秦诸子的托古之风影响，与小说家的“伊尹说”相类，都是后人伪托[②]。

又太公。姜太公辅助武王灭商，又践平三监之乱，后世附益之作甚多。道家类著录的太公之书，有《谋》八十一篇，《言》七十一篇，《兵》八十五篇，不但类目繁杂，可信性也令人怀疑。班固自注就直言：“或有近世又以为太公术者所增加也”[③]。梁启超推测其书可能出于战国齐国的稷下学宫，原因是齐人“喜引开国之君以自重其说”[④]，不无道理。而且就《汉志》保留的痕迹看，《太公》与《伊尹》在《七略》之《兵书略》中也有出现，可见两书之内容并非纯为后世之道家思想，当是冠以伊尹、太公之名，实为汇聚诸家之作的合集，其非出于伊尹、太公之手。姚振宗据此认为两书当出于“战国权谋之士”[⑤]的手中，可谓得之。

鬻子，相传为周文王师。除道家类著录之二十二篇外，小说家类也著录十九卷，则其中有后人附益当无可疑。今存之《列子》有鬻子之话语，如《力命》曰：“鬻熊语文王曰：‘自长非所增，自短非所损。算之所亡若何？’”[⑥]《杨朱》引：“鬻子曰：‘去名者无忧。’”[⑦]其中之意蕴颇合于道家玄虚、守雌之说，但与太公、伊尹一样，史籍未言鬻子与“史官”有何关连，当不应为《汉志》之说的依据。

辛甲的问题较为复杂，其为商臣，后去商奔周。《左传》有言：“昔周辛甲之为大史也”[⑧]，则其为史官，于史有载。商末距刘歆之时时间久远，其书二十九篇是否为其本人所作，颇值得怀疑。但其为史官之事不可否定，则“道家出于史官说”

---

① 梁启超：《汉书艺文志诸子略考释》，见于王承略、刘心明主编《二十五史艺文经籍志考补萃编》（第五卷），清华大学出版社，2012 年，第 285 页。

② 张舜徽：《汉书艺文志通释》，湖北教育出版社，1990 年，第 128 页。

③ 《汉书》卷三十《艺文志》，第 1729 页。

④ 梁启超：《汉书艺文志诸子略考释》，见于王承略、刘心明主编《二十五史艺文经籍志考补萃编》（第五卷），清华大学出版社，2012 年，第 285 页。

⑤ 姚振宗：《汉书艺文志条理》，见于王承略、刘心明主编《二十五史艺文经籍志考补萃编》（第三卷），清华大学出版社，2011 年，第 203 页。

⑥ 杨伯峻：《列子集释》卷第六《力命篇》，中华书局，1979 年，第 205 页。

⑦ 杨伯峻：《列子集释》卷第七《杨朱篇》，中华书局，1979 年，第 237 页。

⑧ 杜预：《春秋经传集解》第十四《襄公四年》，上海古籍出版社，1997 年，第 818 页。

是否源于辛甲，也不好轻易下结论。

可见，数人生活之世，名义上都在老子之前，但题名之书是否为他们所作，其实大有疑问。因为战国时托古之风甚盛，时人对于这种气氛应是心知肚明的，“班史《艺文》所志大抵春秋、战国之作，夏商以前仅数十种，皆率诞幻不经，当时具悉其伪”[①]。因此，《汉志》此说的最大可能性还是源于老子。

在西汉史籍中，谈及道家时基本是以老子为中心展开的。初期虽一度盛行黄老，但正如司马迁所言“百家言黄帝，其文不雅驯”[②]，时人对黄帝的真实性还是有保留的，而伊尹、太公、辛甲在西汉诸子学派的语境中完全没有出现过。西汉谈论道家之学，间或有黄、老并称的例子，如“陈丞相平少时，本好黄帝、老子之术”[③]；“窦太后好黄帝、老子言”。在更多情况下，西汉人仅以老子之学指称道家，如“不疑学老子言”[④]；“太皇窦太后好老子言，不说儒术”[⑤]。更为重要的是汉人阐释道家意旨之时，惯引《老子》为据，“老子曰”或“老子言”的例子在西汉史籍、子书中也较为多见，如《淮南子》中称引老子的地方多达六十处，而“黄帝曰”只有两处，可知西汉时人真正认同的道家人物是老子。

所以，《汉志》在道家类中，虽将名义上数人所作的典籍载入其中，但真正认可的道家之祖是老子。一则，老子为史官，这在西汉典籍中是反复出现的，应被时人认可，老子的史官身份是确凿的，如“老子者……周守藏室之史也”[⑥]；二则，在对道家的评述中，无论是褒其“清虚以自守，卑弱以自持”，还是贬其“绝去礼学，兼弃仁义”，与《老子》其书都有十分紧密的相关度，词句也有很大相似度。如《老子》有“致虚极，守静笃”，“夫礼者，忠信之薄，而乱之首”，“绝仁弃义”等语，表露的倾向与《汉志》对道家的认定完全一致，“故数道家当以老子为首”[⑦]。《汉志》将道家溯于史官，当主要针对老子而发，对道家渊源的思考也是围绕时人共识的

---

① 胡应麟：《经籍会通》卷三，见《少室山房笔丛》，中华书局，1958 年，第 36 页。

② 《史记》卷一《五帝本纪》，第 46 页。

③ 《史记》卷五十六《陈丞相世家》，第 2062 页。

④ 《史记》卷一百三《万石张叔列传》，第 2771 页。

⑤ 《史记》卷一百二十一《儒林列传》，第 3122 页。

⑥ 《史记》卷六十三《老子韩非列传》，第 2139 页。

⑦ 章太炎：《诸子学略说》，广西师范大学出版社，2010 年，第 55 页。

道家之祖——老子而展开的。

但这种推断还有两个小的问题。第一个小问题,《诸子略》各家文献的排列标准并不严谨,有的大致按照典籍名义上之作者的时间先后为序,更多的是古今相杂,散乱无序。如从道家类的著录看,前五种大致以时间为序,后面的典籍则不是这样,《管子》之后乃三种《老子》传记,其中有徐氏经说,班固注曰:“子少季,临淮人,传《老子》”,当为西汉时人无疑,其下又有刘向之《说老子》四篇,为成帝时。其后著录之《文子》《蜎子》《关尹子》《庄子》《列子》等均为老子同时或稍后之人,作品反居于汉人之后,显然并非以时间为序。这种混乱状态在诸家中是普遍存在的,可知《诸子略》之著录典籍并没有太严格、统一的规制,随机性和偶然性较大。张舜徽认为这种杂乱可能是源于传抄的原因:“今本《汉志》所列诸书次第,恐久经传钞,难免前后颠倒错乱,似未可据以立论”[①],可备一说。所以,道家类之《伊尹》等五种典籍虽然位置居前,但似乎并没有太多深意,因为《诸子略》之典籍排列并不是以时间为序的。

第二个小问题,《诸子略》虽有考辨诸子学术的意味,但毕竟首先要为图书划分部类归属。其划定诸子的标准承袭了西汉初年司马谈的学派观念,各种典籍名义之作者与所属学派的创始人并不能单纯以时间论定从属关系。如墨家,其作为学派得名源自墨子之学无疑,墨家著录“《尹佚》二篇”,班固注曰“周臣,在成、康时”,则尹佚生存之世当在墨子之前,而以其为名的典籍却要归于后起的以墨子为名的学派之内。从两人生活时间先后来看,这种处理似乎不妥,但从学派概念的演进看无可厚非。由此可见,即便某些典籍成书较早,也不得不屈从于西汉司马谈、刘歆等以来确立的学派体系之下。就我们所讨论的道家学术起源看,即便《伊尹》诸书真的成于老子之前,也不能改变汉代人眼中以老子为道家之祖的认识,所谓的“道家出于史官”说,也应与老子关系更为密切。

(三)阴阳家与“羲和之官”

《汉志》将阴阳家的源头归于羲和之官。在五经中羲和之称仅见于《尚书》,

① 张舜徽:《汉书艺文志通释》,湖北教育出版社,1990年,第194页。

即《尧典》"乃命羲、和钦若昊天，历象日月星辰，敬授人时"[①]，先秦两汉关于羲和的记述基本都以《尧典》为据，如《大戴礼记》有"羲和掌历，敬授民时"[②]，《吕氏春秋》有"羲和作占日"[③]语。

对于羲和的执掌，两汉时人的认识也都是比较清楚的，如宣帝时丞相魏相在奏议中有"明王谨于尊天，慎于养人，故立羲和之官以乘四时，节授民事"[④]；《后汉书·律历志》也讲："承圣帝之命若昊天，典历象三辰，以授民事，立闰定时，以成岁功，羲和其隆也"[⑤]。喜好复古的王莽还曾置羲和之官，但他的羲和之官是由大司农改名而来。大司农，在秦时称治粟内史，"掌谷货"。王莽称羲和为大司农，应与其执掌天下农耕、谷物与历象、节气有关。而且王莽时的羲和刘歆，曾参与治明堂、辟雍，条奏钟律，与羲和的执掌还是有相近之处的。

而阴阳家的学派特性与阴阳、星历、节气等有十分密切的关系，司马迁记述邹衍之学的特性时言："深观阴阳消息，而作怪迂之变"[⑥]。所谓"阴阳消息"，《历书》言道："明于五德之传，而散消息之分"[⑦]，实际与历法、四时等相关，所以才有秦以水为德，以十月为首月的历法。徐复观据此认为："散消息之分，是开始把抽象的阴阳观点，与经验界中的四时现象，结合在一起；把阴阳的消息，散布在四时中间去，由四时气候的变化，以看出消与息之分"[⑧]。所以，汉人眼中的阴阳家是与历法、节气密切相涉的，如司马谈认定的阴阳家在于"阴阳四时、八位、十二度、二十四节各有教令"[⑨]，《汉志》也以"敬顺昊天，历象日月星辰，敬授民时"[⑩]阐释其内涵。所以刘歆以掌历象的羲和之官推阐阴阳家，是有原因的。

---

① 孔颖达：《尚书正义》卷二《尧典》，上海古籍出版社，2007 年，第 38 页。

② 方向东：《大戴礼记汇校集解》卷七《五帝德第六十二》，中华书局，2008 年，第 718 页。

③ 许维遹：《吕氏春秋集释》卷第十七《勿躬》，中华书局，2009 年，第 450 页。

④ 《汉书》卷七十四《魏相传》，第 3139 页。

⑤ 《后汉书》志第三《律历下》，第 3056 页。

⑥ 《史记》卷七十四《孟子荀卿列传》，第 2344 页。

⑦ 《史记》卷二十六《历书》，第 1259 页。

⑧ 徐复观：《〈吕氏春秋〉及其对汉代学术与政治的影响》，见《两汉思想史》（第二卷），华东师范大学出版社，2004 年，第 7 页。

⑨ 《史记》卷一百三十《太史公自序》，第 3290 页。

⑩ 《汉书》卷三十《艺文志》，第 1734 页。

（四）纵横家与“行人之官”

《汉志》将纵横家起源归于行人之官。行人，《周礼》曰：“邦有宾客，则与行人送逆之”[①]，其又有大小行人之分。大行人主要行走于各诸侯、邦国之间，联络感情，互通声息，“时聘以结诸侯之好，殷覜以除邦国之慝”[②]；小行人辅助大行人，做得更多的是一些较为零散的、礼节性的工作。

行人之职在《左传》中也多有出现，比较著名的行人有韩国行人子员，郑国行人良霄、公孙挥，卫国行人石买，陈国行人干征师等。伍子胥在奔吴之后，也曾以行人身份联络诸国，以从外交上孤立楚国，“伍员为吴行人以谋楚”。从表现形式看，纵横家的代表人物苏秦、张仪、公孙衍等，与西周、春秋时期的行人是有很大共性的，蒋伯潜云“班氏殆以纵横家指外交家”[③]，正是从这个意义上讲的。

以上所讲乃道家与史官，儒家与司徒，阴阳家与羲和之官，纵横家与行人的关系，这些对应的职官在先秦典籍中都可以寻得确切名称，其职能与《汉志》对各学派优劣长短的表述也具有字面意义上的联系，可分别将其视为一类。除此之外，另一些职官的追溯则显得十分模糊，《汉志》也没有确切指出出自何官，而是一种概称，揣测和归纳的成分较大，如理官、礼官、议官、稗官、农稷之官等。下面我们择取一二，略加说明。

（五）其他

法家所出自的理官，应是作为类称出现，郑玄云：“理，治狱官也。有虞氏曰士，夏曰大理，周曰大司寇”[④]。“理官”之名，先秦文献中无载，至西汉见于史籍。理官，简而言之就是典法律、制刑狱的有关官吏，非某一具体职官。如《汉书》载：“今叔孙通所撰礼仪，与律令同录，臧于理官”[⑤]，则此处之理官有典藏朝仪、律令

---

① 贾公彦：《周礼注疏》卷第四十一《秋官司徒第五》，上海古籍出版社，2010 年，第 1366 页。

② 贾公彦：《周礼注疏》卷第四十四《秋官司寇下》，上海古籍出版社，2010 年，第 1443 页。

③ 蒋伯潜：《诸子通考》，（台北）正中书局，1948 年，第 248 页。

④ 孔颖达：《礼记正义》卷第二十四《月令第六》“命理瞻伤”条注，上海古籍出版社，2008 年，第 692 页。

⑤ 《汉书》卷二十二《礼乐志》，第 1035 页。

之责。《汉书·刘辅传》有“小罪宜隐忍而已，如有大恶，宜暴治理官，与众共之”[①]；东汉张酺以窦宪骄横不法，上奏曰：“宜下理官，与天下平之”[②]，此两处之理官有提点刑狱之责。东汉郭躬，曾为廷尉，《后汉书》本传曰：“及典理官，决狱断刑，多依矜恕”[③]，可知廷尉亦属理官。桓谭对理官职责的描述可视为理官较为全面的定义：“国家设理官，制刑辟，所以定奸邪”[④]，将理官与刑辟对举。《汉志》中法家的特性就是“信赏必罚”，且先秦法家之代表人物商鞅、申不害、韩非等无不强调法的作用，则刘歆将法家起源归于理官，应根据的是法家对律令、刑狱的推崇与理官所掌的相近性。

至于杂家所出之议官，《汉志》的推演像是一种牵强附会。其对杂家的定义是“兼儒墨、合名法”，对于诸种学术无所不采，不好以某一职能具体的职官与之对应。而所谓议官，正好不以事为限，以议政、进言为职，不主于一事但又无所不究。两者在表面上的灵活性和多样性，或许达到了刘歆心目中的平衡。

稗官与小说家的联系，更像是一种附会。《汉志》对小说家的定位是“街谈巷语，道听涂说”，是不可登大雅之堂的坊间之言，受制于《诸子略》推阐诸子起源的整体表述方式，也需要某一职官与之匹配。因此只有那些卑微的小官，可与之相配。稗者，细碎之米，稗官即小官，“乃闾里小知者”。至于稗官所指为何，就不是《汉志》关心的重点了。

总体看来，《汉志》对诸子源起之官的遴选，其标准是相当杂乱和含混的。有的出于经典，如羲和、司徒等；有的是所指不明的概称，如理官；有的更像是为了对应某些学派特性的简单比附，如稗官、议官等。

后世许多学者围绕《汉志》这些职官的择取，做了许多考证、补充的工作，有的还引起了较为持久的争议，如小说家所出自之稗官到底为何官[⑤]，或支持，或驳斥，现在看来很多不过是为《汉志》的表象所误导罢了。《汉志》以职官作为诸子之源，应当是有其学术考量的，这个问题我们在后面将会谈到。就我们

① 《汉书》卷七十七《刘辅传》，第3253页。
② 《后汉书》卷四十五《张酺列传》，第1531页。
③ 《后汉书》卷四十六《郭躬列传》，第1544页。
④ 桓谭：《新论》卷中《谴非》，上海人民出版社，1976年，第24页。
⑤ 见余嘉锡：《小说家出于稗官说》，《余嘉锡论学杂著》，中华书局，2007年，第265页。

的分析看,《诸子略》选取的这些职官,与诸子的学缘虽不可说绝无相干,但毕竟不是真正的承袭关系。诸子的学派属性只是相对的,所涉及的问题也多种多样,不可能是出自某一具体官守的结果。且两者一为政守,一为学术,本非同一层次,简单比附已经牵强,若将其视为学术的真正源头,则是南辕北辙、缘木求鱼了。

三、《诸子略》王官说的意图

《汉志》为什么要以“某家者流,盖出于某某之官”的形式推溯诸子起源呢?这个问题似乎不成为问题,因为这是《汉志》中的结论,是一个已然现象,古今也少有学者去追问。不过如果细细品味,这种说法还是颇有意蕴的。

胡适在反驳《汉志》所谓“诸子出于王官说”时,其中一个理由就是前此之《天下》篇、《要略》及《论六家之要指》等均无此说,这个描述固然正确,但并不是一个充足的理由,因为时间上的先后并不意味着何者更接近真理。按照这种逻辑,《论六家之要指》所提出的“六家”的概念也是《天下》篇没有的,岂不是也靠不住了吗?其实换个角度,胡适的论断还有另外一种解读方式。

(一)“王官说”的目的——处理经、子关系

解决《诸子略》之“王官说”的意图问题,还应从大处着眼。刘歆身处大一统时期,其《七略》的基本任务就是整齐学术,为汉政府厘定一个“新官学”的基本框架,这个任务的最重要一环就是摆正诸子与六艺的关系。

前面说过,西汉的儒学实际分为两类:一类为传习六经、以六艺为业者,即《汉志》之《六艺略》部分;另一类是著书立说者,其诸子学的色彩更浓厚,即《诸子略》之儒家类。两者的关系是孔子六艺之学与社会人生之学的自然延续。进入西汉,六艺被尊为官学,其与儒家类的区分日益显著,六经与诸子的隔阂也逐渐清晰起来。

西汉一朝,诸子的命运经历了数次沉浮。初期在政治操作层面,黄老一支独盛,儒学尚在积蓄力量,但在博士设置上,即官方认可的学术上,各家基本上还是平等的。这时的博士之职还承袭着秦代博士的特点,主要用于顾问应对,只要有

一技或一术之长，都可被立为博士。徐复观称秦及汉初的博士为“杂学博士”[①]，这种情况在秦汉史籍中有所体现。如秦始皇时的卢生，曾为始皇访仙问药，《淮南子·道应训》高诱注说：“卢敖，燕人，秦始皇召以为博士，使求神仙，亡而不反也”[②]，则秦博士有神仙家。又如黄疵，《汉志》名家类有《黄公》四篇，班固注曰：“名疵，为秦博士”[③]，则秦博士有名家；文帝时，公孙臣以明五德终始知名，并上书要求改立土德，文帝“以为博士，申明土德事”[④]，则博士有五行家；贾谊虽儒者，但亦通百家之学，“廷尉乃言贾生年少，颇通诸子百家之书。文帝召以为博士”[⑤]，则博士有百家之学。

至汉武帝时，董仲舒建言“罢黜百家，独尊儒术”，“诸不在六艺之科、孔子之术者，皆绝其道，勿使并进”[⑥]。诸子之学失去了官学的地位，开始进入低迷期。但不能忽视的是，此后的相当一段时间内，诸子的低迷更多体现在学理上，其在“术”的层面上其实一直发挥着作用。武帝的若干亲信大臣，都有着较为浓厚的诸子学背景，如汲黯“学黄老言”；主父偃“学长短从横术，晚乃学《易》《春秋》、百家之言”[⑦]。在反击匈奴的战争开始后，桑弘羊、张汤等一大批兴利苛敛之臣成为政局的主导，儒学的约束作用降至冰点。宣帝时期的盐铁会议，虽是围绕盐铁官营、匈奴和战问题的争论，但其中也有着鲜明的儒法之争的色彩。所以，在刘歆之前，关于如何在学理上为诸子定位，如何解释这种官学上罢黜、现实中利用的矛盾，就显得十分迫切了。

《汉志》处理经、子的倾向十分明显，在《诸子略》各家小序中，一般以优劣并举的方式对各家作出评判，既有褒扬也有贬抑，其中的标准就是孔子之道。前面讲过，《汉志》评判诸子多据孔子之言，而孔子背后的东西就是六经。对于诸子与六艺的关系，《汉志》以为诸子“亦六经之支与流裔”，这也是评价诸子的立足点。

---

① 徐复观：《徐复观论经学史二种》，上海书店出版社，2006年，第56页。
② 何宁：《淮南子集释》卷十二《道应训》，中华书局，1998年，第881页。
③ 《汉书》卷三十《艺文志》，第1736页。
④ 《史记》卷十《孝文本纪》，第430页。
⑤ 《史记》卷八十四《屈原贾生列传》，第2491页。
⑥ 《汉书》卷五十六《董仲舒传》，第2523页。
⑦ 《汉书》卷六十四上《主父偃传》，第2798页。

对诸子起源的判断,《汉志》的说法其实与《要略》并不冲突,因为《汉志》也承认诸子之兴源于"王道衰微,诸侯力政,时君世主,好恶殊方"[①]的大背景,即起于时势。从某种程度上讲,这才是《汉志》真正认可诸子起源的原因。所谓"诸子出于王官说",实际是要解决一个诸子的价值定位问题。

为什么这样说呢?《诸子略》总序部分,是对诸子学术的总的评价,对诸子与六经的关系,其态度是明确的,即六艺是根基和主干,诸子是支流与枝叶,其统合经子的方法就是"修六艺之术,而观此九家之言"[②],诸子是作为六经的补充而存在的。从这个角度考虑,以上古职官解诸子就比较容易理解了。十家所出之官,我们前面已分析过其来源,可谓虚实相杂,真假莫辨,但这样的表述本身就很能说明问题。因为将诸子与上古官守建立联系,实际就证明诸子渊源有自,诸子是上古官学的衍生形态,其与六经是同根同源,有互相融通的必要和可能性。这就在学理上为诸子的合理性提供了论证,也为当时对诸子之术的择取提供了注脚。

反过来讲,我们也可以解释《汉志》为何采用一些概念模糊、内涵不清的职官来与诸子匹配。因为一来,要将学术与官守建立比较直接、明了的联系,本身就十分勉强,况且诸子学术虽各有其重点,但毕竟所涉及的内容比较广泛,派性是相对的。将职守固定的职官与内容广博的学派挂钩,难度可想而知。不过更重要的是,《汉志》此种做法的意图是要将诸子与上古官守建立联系,从而为协调诸子与六经关系搭建平台,"推诸子之原于官守,是定一尊于经也"[③]。至于择取何种职官,刘歆自己恐怕也未必心中有数,或是取于经典,或是大略言之,因为这并非《汉志》关注的核心,论证也就略而不谈了。我们认为这才是《诸子略》之"王官说"产生的内在逻辑。

(二) 复古之风——"王官说"的促成因素

当然,《诸子略》以这样一种形式推阐诸子起源,也有着现实政治、学术动向

① 《汉书》卷三十《艺文志》,第1746页。

② 同上。

③ 刘咸炘:《学略》,华东师范大学出版社,2009年,第36页。

的影响。儒学(包括经学)其实并非单纯的学术,更多带有一种入世的关怀,将之称为儒家的政治学更为合适。孔子时已讲"君子忧道不忧贫",他心目中的"道"无非是尧、舜、禹、汤、文、武、周公为代表的礼乐仁义,因此儒家的思维有很强的回溯色彩,"孟子道性善,言必称尧舜"。逝者如斯,回归上古是不可能的,于是儒生退而求其次,希望在现实中再现儒家之道。而所谓道的外在表征,要不离于典制、礼乐、职官等。西汉中后期儒生对"圣王之治"的热衷,就是在这些层面上展开的。

早在汉文帝时,贾谊就提出制礼作乐,内容包括改正朔,易服色,定官名,兴礼乐,用土德等[①],但未被文帝采纳。就西汉中前期的情况看,儒生塑造国家形态的努力基本都是空言,一来无论是偏爱黄老的文景,还是好大喜功的武帝,对儒学都缺乏真正的热情,对制礼作乐不甚关注;二来部分儒生为《诗》《书》所束缚,拘于经典,不知变通。如武帝为封禅曾向儒生征求礼仪的程序,群儒嗍嗍,莫衷一是。武帝最后只好将众儒遣散,采方士之说以成礼。

儒生的真正崛起,是在元帝之后。伴随力量的壮大,儒生的群体意识开始觉醒,对圣王之治的憧憬日益强烈,"复古"之风也越演越烈。复古的方面有很多,其中关于礼制的争论最激烈,"元成以下,乃言礼制,追古昔,此为汉儒学风一大变"[②]。早在宣帝时,丞相王吉就曾上书请求"述旧礼,明王制",但被视为迂阔之言,不得用。后来礼制之争集中于宗庙、郊祀等具体领域,如翼奉上书:"汉家郊兆寝庙祭祀之礼,多不应古"[③],贡禹则奏罢郡国庙,定汉家庙迭毁之礼,此议被批准。成帝即位后,匡衡、张谭又提议对一些祭祀作出变更,"甘泉泰畤,河东后土之祠,宜可徙置长安,合于古帝王"[④],此议受到许嘉等人非议,但由于师丹等人的支持,最后付诸实施。后匡衡又上书请求以古制厘定五畤之祭,"天子皆从焉"。对汉廷宗庙、郊祀等礼仪的争论,其口号就是回归儒生心中的古制,"使汉家国一统宗教与礼乐制度更符合儒家奉为典范的西周模式,以期建立儒家礼乐文化的

---

① 《汉书》卷四十八《贾谊传》,第2222页。

② 钱穆:《刘向歆父子年谱》,见《两汉经学今古文平议》,商务印书馆,2005年。

③ 《汉书》卷七十五《翼奉传》,第3176页。

④ 《汉书》卷二十五下《郊祀志第五下》,第1254页。

正统"[1]。

除了祭仪外,复古的建议五花八门。如翼奉曾要求远仿西周,迁都成周,"愿陛下迁都,所谓与天下更始者也"[2];贡禹为了解决富商牟利、贫民盗铸获刑的问题,竟然提议废除钱币,"宜罢采珠玉金银铸钱之官,无复以为币,市井勿得贩卖,除其租铢之律,租税禄赐,皆以布帛及谷。使百姓一归于农,复古道便"[3],这就与历史大势背道而驰了。值得注意的是,这一时期的复古很大程度只是一种口号,提议者对复古到何种程度,所谓的"古"以何时断限等没有清楚的认识。所以在很多问题上只是侃侃而谈,引起不少争论,复古的争议也就反复无常。如关于郊祀的争论一直延续了数十年,人人异辞,"三十余年间,天地之祠五徙焉"[4],流于琐碎,没有任何实际意义。

还有些复古背后有明显的政治诉求,并非单纯的仪式或制度变更。西汉中后期,许多复古提议实际是要对前此的政治进行一种矫正和纠偏,只不过以"复古"的形式出现。特别是汉武帝对内对外的一系列政策,与儒家的圣王之治背道而驰,这时的复古某种程度上也可以视为对武帝政治的反动。如王吉上书宣帝,要求追溯古礼,其用意在"驱一世之民,济之仁寿之域"[5],钱穆对这层意义揭示得十分清楚:"盖汉初治尚恭俭,主无为,武帝始从事礼乐,以兴太平,而不免于奢侈。王、贡之徒乃以恭俭说礼乐"[6],"复古"背后的现实用意是比较明显的。又如贡禹要求毁弃郡国宗庙,亦是因为其耗费巨大,劳民伤财,故以古礼为据,要求罢之,而他要求废弃口钱的用意也大致相同,"古民无赋算,口钱起于武帝……宜令儿七岁去齿及出口钱,年二十乃算"[7],虽未完全达到目的,但也算是减轻了一些平民的负担。

---

① 谢谦:《汉代儒学复古运动与郊庙礼乐的正统化》,《四川师范大学学报》,1996年第2期。

② 《汉书》卷七十五《翼奉传》,第3177页。

③ 《汉书》卷七十二《贡禹传》,第3076页。

④ 《汉书》卷二十五下《郊祀志第五下》,第1266页。

⑤ 《汉书》卷七十二《王吉传》,第3063页。

⑥ 钱穆:《刘向歆父子年谱》,见《两汉经学今古文平议》,商务印书馆,2005年,第28页。

⑦ 《汉书》卷七十二《贡禹传》,第3075页。

所以，儒生的复古并非都是迂腐的“法先王”，“古”的背后有他们的政治期待和现实关怀，复古只是一种凭借或者学理上的依据，他们对“古”的内容的限定亦是围绕对现实问题的关注而来。

把握了复古的这些基本情况后，我们着重来看一下围绕官制的复古，因为这和《诸子略》“王官说”的表述形式关系最为密切。官制本身只是政治架构的组成部分，但在儒家眼里使用什么样的官制以及职官的称谓都是有寓意的。在构建理想国家的过程中，他们对官制的诉求也有浓厚的理想色彩。

贾谊的改制，已经提到了改易官名，只是未得以实行，改制的具体内容史籍也无记载。汉武帝时期曾经大规模改易官名，如“元狩四年初置大司马，以冠将军之号”①；奉常，“武帝太初元年更曰庙祀”②；郎中令，“武帝太初元年更名光禄勋”③；典客，“武帝太初元年更名大鸿胪”④；治粟内史，“武帝太初元年更名大司农”⑤；中尉，“武帝太初元年更名执金吾”⑥……武帝改称的职官，多是前所未有的称谓，和儒生的儒学系统没有直接关系。阎步克认为很可能是汉武帝别出心裁的制作，“富于好奇心和想象力的汉武帝，是随心所欲地确定了那些官名的，如同他对待封禅之礼那样，并不斤斤拘泥于古典”⑦。否则，元帝之后的儒生也不会继续汲汲于职官名称的改易了。

如绥和元年，何武、方进等人奏言将部刺史改置州牧，理由是“古选诸侯贤者以为州伯……所以广聪明，烛幽明也……臣请罢刺史，更置州牧，以应古制”，得到批准。后来朱博又以“功效陵夷，奸轨不禁”为由，奏请将州牧复为刺史，“奏可”。⑧ 这种官制的变动在当时应当是有着广泛的社会基础的，也开启了王莽时改易官名的序幕。王莽之时，职官的改易达到高潮，如元始四年(4 年)，王莽更定

---

① 《汉书》卷十九上《百官公卿表》，第 724 页。
② 《汉书》卷十九上《百官公卿表》，第 726 页。
③ 《汉书》卷十九上《百官公卿表》，第 727 页。
④ 《汉书》卷十九上《百官公卿表》，第 730 页。
⑤ 《汉书》卷十九上《百官公卿表》，第 731 页。
⑥ 《汉书》卷十九上《百官公卿表》，第 732 页。
⑦ 阎步克：《士大夫政治演生史稿》，北京大学出版社，1996 年，第 380 页。
⑧ 《汉书》卷八十三《朱博传》，第 3406 页。

官名，依据《尧典》置十二州，且将京师分为两郡，厘定公卿、大夫及八十一元士官名及位次。始建国元年(9 年)，"更名大司农曰羲和，后更为纳言，大理曰作士，太常曰秩宗，大鸿胪曰典乐，少府曰共工，水衡都尉曰予虞"[①]；天凤元年(14 年)又依傍五经改易、增设诸多职官，"以《周官》《王制》之文，置卒正、连率、大尹，职如太守；属令、属长，职如都尉。置州牧、部监二十五人，见礼如三公。监位上大夫，各主五郡。公氏作牧，侯氏卒正，伯氏连率，子氏属令，男氏属长，皆世其官"[②]……如此之类还有很多。班固对王莽的这种做法总结说："锐思于地理，制礼作乐，讲合六经之说"[③]。王莽本人对此也毫不避讳："予制作地理，建封五等，考之经艺，合之传记，通于义理"[④]。

西汉后期职官改易之典型者，莫过于三公制度的变革。如前所述，《汉志》中司徒之官"助人君顺阴阳、明教化"的职效，与金文所载司徒之职能并不吻合。《汉志》此番论述的出现，应在西汉的现实政治环境中寻得源头。在汉代官制架构中，"助人君"特别是"理阴阳"之类的话语，实际是对丞相职责的定位。丞相在官制中地位十分显赫，总理朝事，辅助君主，似乎并无某种具体职责的束缚。《史记》中陈平应答文帝质问的话就很能说明问题："问决狱，责廷尉；问钱谷，责治粟内史"[⑤]，而丞相之责在于"上佐天子理阴阳，顺四时，下育万物之宜，外镇抚四夷诸侯，内亲附百姓，使卿大夫各得任其职焉"[⑥]。另一个例子是丙吉，其为相时曾见牛喘吐舌，就亲自过问，左右不解，丙吉解释说："三公调和阴阳，职所当忧，是以问之"[⑦]。当时方值春季，而牛喘息若处于酷暑之中，这是节气失和、阴阳不调的表现，身为丞相当加以过问。与此相应，以灾异频出、阴阳失调为名罢免丞相的情况在西汉也常常出现，以致赵翼有西汉"灾异策免三公"的说法。

阴阳之说实际是当时天人感应思维在政治上的反映，每当出现大的民间动

① 《汉书》卷九十九中《王莽传中》，第 4103 页。
② 《汉书》卷九十九中《王莽传中》，第 4136 页。
③ 《汉书》卷九十九中《王莽传中》，第 4140 页。
④ 《汉书》卷九十九下《王莽传下》，第 4149 页。
⑤ 《史记》卷五十六《陈丞相世家》，第 2061 页。
⑥ 《史记》卷五十六《陈丞相世家》，第 2061～2062 页。
⑦ 《汉书》卷七十四《丙吉传》，第 3147 页。

乱、瘟疫或灾害时，君主常将其视作为政不当、违背天意的表现。西汉皇帝自遣的诏书中常常有“有失阴阳”“阴阳不调”的用语，调和阴阳也就成了维护国家安定的头等大事。而丞相的特殊地位，使其担负了辅佐人君“理阴阳”的职责。换句话说，调和阴阳并非一般的官员可以享有的权利，而是与丞相或三公的职责相匹配的。

在我们前面的分析中，无论是《周礼》还是金文，其中记载的司徒，似乎都无法与西汉丞相的地位相匹敌，则《汉志》对司徒这种地位的描述很有可能不是来源于真实的史书记载，而是当时政治形态的反映，这就涉及西汉丞相制和三公制的演变问题。

西汉的丞相制承袭自秦，时人又多将太尉、御史大夫与丞相并称三公，其实太尉、御史大夫与丞相的地位并不对等，这时期还是较为典型的丞相制。至汉武帝时，出现了“大司马”的加号，当时主要是用来尊崇卫青、霍去病的，置于大将军和骠骑将军之前，只是一种虚号，并非真正的职官，也没有印绶和官属。虽然大司马之号的出现并未触动丞相制，但司马毕竟是先秦“三有司”之一，它的出现昭示着后来官制的重大变化。至成帝时，何武上书认为“丞相独兼三公之事”，与古制不合，建议分丞相之权，建立三公。《成帝纪》中载，此事的最后结果，即“以大司马骠骑将军为司马，罢将军官。御史大夫为司空，封为列侯。益大司马、大司空奉如丞相”①，初期的丞相制转变为三公制。司空的称谓也首次出现在西汉的三公系统中，朝“三有司”的发展更进了一步。不过此过程经历了一点反复，哀帝建平二年(前 5 年)，一度将大司空更名为御史大夫，至哀帝元寿二年(前 1 年)，又将御史大夫改名为大司空，更重要的是将丞相改为大司徒。以“三有司”为名的三公制在形式上最终完备。

三公制下的司徒，其职权已无法与丞相相比，但当时对三公职权的划分还是较为清楚的。司徒很大程度上承袭了丞相的某些职责，更加集中于理民。《后汉书》认为司徒“掌人民事”，《通典》认为“司徒主人”，两者的描述大致相类。换句话说，在《汉志》看来，司徒很大程度上被视为丞相的同义语，丞相典和阴阳、辅佐

① 《汉书》卷十《成帝纪》，第 329 页。

人君的属性，也被转移至司徒之官上。如此，则《汉志》对儒家与司徒之官关系的判定，是有着现实政治的承载条件的。司徒作为承袭丞相而来的职官，被《汉志》纳入了考察儒家起源的视域之内。

而汉制中司徒取代丞相的契机，很大程度上就是时兴的复古之风带来的。众所周知，汉初文景之时黄老独盛；武帝虽表面尊崇儒学，实则仅是粉饰性地利用；昭宣虽有中兴气象，但是“颇修汉武故事”，王霸并用。西汉中前期一直弥漫着秦政的气息，与此相应，随着儒生群体的壮大，复古思潮暗流涌动。就当时的整体政治形势看，复古仅是一种表现，其实质是对秦以来严苛政治的反感和修正。这种复古的表现多种多样，如改正朔、易服色、制礼作乐等，并一直伴随西汉政治的始终。

在官制上，直承于秦的丞相制遭到了一些非议，对三公制的追念成为一种潮流，“古者民朴事约，国之辅佐必得贤圣，然犹则天三光，备三公官，各有分职”[①]。而关于三公官的所指，众说不一，或以为太师、太傅、太保，或以为司徒、司马、司空。不过就汉代儒者的倾向看，似乎对后者更加认同，《白虎通》明言：“司马主兵，司徒主人，司空主地。王者受命为天、地、人之职，故分职以置三公，各主其一，以效其功”[②]。值得注意的是，《白虎通义》成于东汉之班固，《汉志》亦是班固所著《汉书》之一部分，两者对三公内涵的认同，并不是一种巧合；而且《白虎通义》是经过激烈争论和折中的产物，是官方认可的经学纲纪，其对“三有司”系统三公的表述，应当是为时人普遍接受的观点。

将三有司制度与儒生复古思潮相联，并非是我们的牵强附会，这确实是当时思想界动向的一个缩影。抛去成、哀两帝对三有司的采纳，王莽朝的官制设置同样也能说明问题。王莽对官制复古的热衷是公认的，其对三公制的选取上也是信从了“三有司”，“王莽时，议以汉无司徒官，故定三公之号曰大司马、大司徒、大司空”[③]。王莽改易官名，无不依据经典，其取三有司为三公，必遵从此例。可知，“三有司”之流行，确为西汉后期儒生复古思潮的一个重要表现，《汉志》对司徒的

① 《汉书》卷八十三《朱博传》，第3404页。

② 陈立：《白虎通疏证》卷三《封公侯》，中华书局，1994年，第130～131页。

③ 卫宏：《汉官仪》，见孙星衍：《汉官六种》，中华书局，1990年，第123页。

限定，当是受此思潮激荡的结果。

值得注意的是，先秦典制中虽已有司徒的出现，但其地位、职能与儒家典籍中的描述有着相当大的差距。金文中的司徒，只是普通的事务性官吏，只是官制中的一员，未见有特殊的地方。而在儒家的描述中，司徒显然被赋予了更多的道德与伦理色彩。《周礼》中的司徒除了管理土地、人民外，还担负着礼乐教化的功能，如“施十有二教焉”[①]，包括敬、让、亲、和、安、中、恤、节、能等，又以“六德”“六行”教民，主旨不脱离后世儒者力倡的仁、义、礼、智、信等核心范畴。对司徒的道德化塑造，在其他典籍中也有出现，如《礼记·王制》载：“司徒修六礼以节民性，明七教以兴民德，齐八政以防淫，一道德以同俗，养耆老以致孝，恤孤独以逮不足，上贤以崇德，简不肖以绌恶”[②]；《大戴礼记·盛德》有“司徒之官以成德”之语[③]。

在儒家典籍中，司徒不再是单纯行政意义上的职官，而变成了集理民、教民和化民于一身的儒家人格的化身，司徒的职责更多集中于礼乐教化方面。司徒的这种属性，可视为儒家理想对官制浸染和重塑的一个典型，也应是《汉志》中司徒之官“助人君顺阴阳、明教化”说法的依据。

因此，在当时的复古思潮中，标榜经典以论官制是当时的惯用思维。而改易后的那些职官，虽以复古为号，其实来源复杂：有的在经典中有据可查，但其职能、地位大为不同；有的则于史无载，更多出自时人的归纳和创造，王莽的职官改易率多此类。总体讲，“复古”名义下的官制改易，呈现出一种乱象。

由此，我们认为西汉中后期的儒生政治改革，不能简单冠以“复古”之名，对上古圣王之治的追捧，固然是儒生的理想，但不可将这种倾向过于呆板化。这些儒生对复古更多是一种宣传，至于如何改造现实，他们还是较为灵活的。在官制上的改革就是这样，“古”的内涵是不确定的，只要能体现出“改正朔，易服色”的气象，他们都可以加以利用。

这种灵活的态度，我们觉得同样也适用于《汉志》。刘歆之时，正处于“复古”

---

① 贾公彦：《周礼注疏》卷第九《地官司徒第二》，上海古籍出版社，2010 年，第 339 页。

② 孔颖达：《礼记正义》卷第十九《王制第五》，上海古籍出版社，2008 年，第 545 页。

③ 方向东：《大戴礼记汇校集解》卷八《盛德第六十六》，中华书局，2008 年，第 840 页。

运动的上升期，追溯上古官制，改易现实官名，成为一种潮流，这也是儒生心中圣王之治的寄托。《诸子略》所择取的官名未必都于史有据，但这种表达方式本身就是“复古”的体现。因此，“王官说”的出现不是偶然的，而是要在当时盛行的“复古”思潮中为诸子寻得一种合法性的证明，拉近诸子与六经的关系。因为复古之风本就是经学鼓荡、激励的产物，《诸子略》以古之王官推阐诸子起源的做法，当是受到了这种思潮的影响，要以“古”的方式为诸子寻得与六经同源的论证，背后的意旨仍在于统合经子，厘定诸子与六经的关系。

当然，《汉志》以职官推定诸子起源，其实也彰显了大一统视野下考量学术问题的独特视角。《汉志》之前，《天下》篇等也都对诸子之学有过思考，间或也有追寻诸子起源的尝试，如《要略》将诸子之兴归于时势所需，即后世所言之“救弊说”。但较之《汉志》，它们的追溯多限于一般性的描述，思考亦不深入。原因可能是它们仍处在诸子起源问题探索的早期阶段，有所局限也是难免。《汉志》成书时，刘歆等人不仅有了前此诸篇为基础，更重要的是他们身处大一统的王朝体制下，诸子学术也由战国时期的学理层面发展到逐步与政治紧密结合，有了现实操作的依托，这是前此诸篇所未面临的新情况。这使得刘歆等人对诸子的思考有了更多政治考虑和视角，其转而从职官角度追溯诸子缘起，不能不说与其所处之宏观背景有关。

第六章

《汉书·艺文志》六分法与四部分类法的比较

一、《汉书·艺文志》六分法与古人知识世界

《汉志》六分法虽带有当时图书整理的实用痕迹，某些部类的划分也未必完全精当、允妥，但其体系框架确实包容了时人的知识背景，是当时学术、信仰等多层面的真实写照。下面我们予以简单介绍，以便加深《汉志》之分类法在当时历史场景下的适用性和合理性。

六艺类文献。其在西汉的地位自不待言，五经成为官方学术，并通过博士弟子、察举、征辟等制度与仕途结合起来，在形式与制度上都取得了独尊地位。特别在西汉中后期之后，儒学的影响进入文化、心理等深层次，整个汉廷的政治风格呈现较为浓厚的儒家特质。无论是皇帝诏旨，还是群臣奏议，多引据五经，三公九卿等显赫职官多由有经学背景的儒者充任，经学的公、私传承及于高峰，整个社会“靡然向风”。这种氛围还感染了当时的政治走向，最明显者为西汉中后期的儒生复古思潮，时人多依傍经典针砭时弊，以复古为口号，范围遍及州郡设置、官制、币制，甚至以尚贤为名改易君主、变革朝代，其终极至于以复古为号召的王莽篡汉。这种愈演愈烈的风潮，足可见经学普及在整个社会格局中的鼓动性和影响力。

诸子略文献。诸子之主体，是春秋战国民间处士，面临学术为天下裂的变局，从不同角度对整个秩序进行建构，或就某一方面问题各陈己见，是为子学。此思潮绵延数百年，战国末年走向最后的总结和综合。秦汉时，子学的高峰已经

结束，与大一统相匹配的新的学术体系正在形成。但学术演进具有弥散性和连续性，加之秦汉距战国时代切近，子学思潮在西汉时仍有较大影响。《史记》《汉书》中，有许多关于时人博通诸子、百家之学的记述，如贾谊“颇通诸子百家之书”[①]；主父偃“晚乃学《易》《春秋》、百家言”[②]；东方朔“讽诵诗书百家之言，不可胜数”[③]。而且这些有诸子学背景的人很多在当时政局中都有较高的地位。在《汉志》之《诸子略》中，九流十家的文献也有部分是成于西汉的，如儒家类之“贾山八篇”“陆贾二十二篇”“贾谊五十八篇”[④]“董仲舒百二十三篇”[⑤]等。道家类有“捷子二篇”“曹羽二篇”“郎中婴齐十二篇”[⑥]，三书具体内容已不可知，班固均注曰：“武帝时说”。阴阳家有“五曹官制五篇”，班固注曰：“汉制，似贾谊所条”[⑦]；“卫侯官十二篇”，注曰：“近世”[⑧]，当亦成于西汉无疑。纵横家类，主父偃、蒯通、徐乐、庄安诸篇及“待诏金马聊苍三篇”[⑨]也是西汉作品。杂家类，有“东方朔二十篇”，为武帝时人；“博士臣贤对一篇”，注曰：“汉世”[⑩]。农家类，“董安国十六篇”，注曰：“汉代内史”；“氾胜之十八篇”，为成帝时；“蔡癸一篇”[⑪]，为宣帝时。小说家类，武帝时有“封禅方说十八篇”“待诏臣饶心术二十五篇”和“虞初周说九百四十三篇”[⑫]，宣帝时有“臣寿周纪七篇”。从这个角度看，诸子学在西汉知识领域仍占有很大分量，其血脉虽日趋单薄，但也是真实存在的。《汉志》对西汉诸子的著录，不单单是一种图书分类的便宜之举，实是对先秦子学在当时现实影响的客观承认。

诗赋类文献。西汉时期是诗赋发展的高峰，涌现了以司马相如为代表的汉

---

① 《史记》卷八十四《屈原贾生列传》，第2491页。
② 《史记》卷一百一十二《平津侯主父列传》，第2953页。
③ 《史记》卷一百二十六《滑稽列传》，第3206页。
④ 《汉书》卷三十《艺文志》，第1726页。
⑤ 《汉书》卷三十《艺文志》，第1727页。
⑥ 《汉书》卷三十《艺文志》，第1731页。
⑦ 《汉书》卷三十《艺文志》，第1734页。
⑧ 《汉书》卷三十《艺文志》，第1734页。
⑨ 《汉书》卷三十《艺文志》，第1739页。
⑩ 《汉书》卷三十《艺文志》，第1741页。
⑪ 《汉书》卷三十《艺文志》，第1743页。
⑫ 《汉书》卷三十《艺文志》，第1744页。

赋名家。《诗赋略》所著录之诗赋，绝大多数为西汉时人所作，先秦及秦朝的作品屈指可数，仅有"屈原二十五篇""唐勒四篇""宋玉赋十六篇""赵幽王赋一篇""孙卿赋十篇"和所谓"秦时杂赋九篇"数种。西汉人多有诗赋流传于世，以之抒情寄意，如《汉书》就收录了许多诗赋名篇，几乎将西汉代表之诗赋尽数囊括，以致有学者称其"以文代述"。[①]

兵书类文献。兵书与战争关系密切，而战争与人类历史伴随始终，并占有十分重要的地位。在先秦时期，"国之大事，在祀与戎"，重要的族群融合、国家缔造、朝代变革都与战争密切相关，著名者如阪泉之战、涿鹿之战、鸣条之战、牧野之战等。从战争在历史演进的重要性言，兵书应当在典籍著录中占有一席之地。如前所述，西汉一直存在一个较为连续的兵书整理传统——西汉初的韩信申军法，至汉武帝时期杨仆"纪奏兵录"，再至成帝时任宏的校对兵书。这一传统与西汉时期频繁的战事密不可分，如秦末及汉初的灭秦战争、楚汉之争，景帝时的平定七国之乱。同时西汉一直面临着与匈奴作战的压力，武帝朝更是集中发动了数十年的对匈战争。密集的战事，塑造了西汉社会刚劲尚武的气质，这就为兵书的出现、整理带来良好的契机。值得注意的是，两汉兵学的进展不仅体现在专门的军事书籍的出现和整理，在一些儒士论政的一般性书籍中，涉及兵学问题的篇章也非常多，典型者如晁错《言兵事疏》；又如贾谊之《治安策》，对匈奴侵扰问题直陈己见，认为是"可为流涕者也"；盐铁会议中，贤良与桑弘羊就匈奴和战问题展开反复论证，这在《备胡》《伐功》《西域》诸篇中都有记载。因此，西汉时期的兵学发展是全方位的，和战问题与王霸之争一样，成为当时的流行议题。在史籍中，时人明习兵法的记载也时有出现，如张良习《太公兵法》；东方朔自称"十九学孙吴兵法，战阵之具，钲鼓之教"[②]；赵充国"少好将帅之节，而学兵法，通知四夷事"[③]；冯奉世"学《春秋》涉大义，读兵法明习"[④]。朝廷也多次将通晓兵法作为征辟人才的一目，诏书各郡，如成帝元延元年（前 12 年）七月，"与内郡国举方正能

---

① 白寿彝主编：《中国史学史》第二卷（秦汉时期），上海人民出版社，2006 年，第 246 页。

② 《汉书》卷六十五《东方朔传》，第 2841 页。

③ 《汉书》卷六十九《赵充国传》，第 2971 页。

④ 《汉书》卷七十九《冯奉世传》，第 3294 页。

直言极谏者各一人，北边二十二郡举勇猛知兵法者各一人”[①]；哀帝建平四年（前 3 年）冬，“诏将军、中二千石举明兵法有大虑者”[②]；平帝元始二年（2 年），“举勇武有节明兵法，郡一人，诣公车”[③]。新莽时还曾大规模地征召全国通习兵法之人，“天下通一艺教授十一人以上，及有逸《礼》、古《书》、《毛诗》、《周官》、《尔雅》、天文、图谶、钟律、月令、兵法、《史篇》文字，通知其意者，皆诣公车”[④]。

而且在《史记》《汉书》中，时人称引兵书、兵法的现象十分常见。黥布造反时，楚军参与平叛，陈兵三处，有人提醒说：“兵法，诸侯战其地为散地”[⑤]；韩信平定赵王、陈馀时，陈馀曾言：“吾闻兵法十则围之，倍则战”[⑥]。而韩信巧妙运用背水阵，大破敌军，其依据乃是“兵法不曰‘陷之死地而后生，置之亡地而后存?”[⑦]《卫将军骠骑列传》卫青之吏员有“兵法‘小敌之坚，大敌之禽也’”[⑧]之语。晁错在进言备胡之时，多次援引兵书之语，“兵法曰：‘有必胜之将，无必胜之民。’繇此观之，安边境，立功名，在于良将，不可不择也”[⑨]，“兵法曰：丈五之沟，渐车之水，山林积石，经川丘阜，草木所在，此步兵之地也，车骑二不当一”，“兵法曰：‘器械不利，以其卒予敌也；卒不可用，以其将予敌也；将不知兵，以其主矛敌也；君不择将，以其国予敌也。四者，兵之至要也’”[⑩]。又如武帝初年，曾召集群臣就与匈奴和战问题廷议，韩安国以为匈奴苦寒不毛之地，征伐不便，应静观其变，待有可乘之机再作图谋，并言：“兵法曰：‘遗人获也’”[⑪]。主父偃上书武帝，以为伐匈奴耗费庞大，得不偿失，曰：“故兵法曰：‘兴师十万，日费千金。’”[⑫]宣帝时，赵充国平定羌患，在上书时亦引兵法：“臣闻兵法‘攻不足者守有余’，又曰‘善战者致人，不致

---

① 《汉书》卷十《成帝纪》，第 326 页。
② 《汉书》卷十一《哀帝纪》，第 342 页。
③ 《汉书》卷十二《平帝纪》，第 354 页。
④ 《汉书》卷九十九上《王莽传上》，第 4068 页。
⑤ 《史记》卷九十一《黥布列传》，第 2606 页。
⑥ 《史记》卷九十二《淮阴侯列传》，第 2615 页。
⑦ 《史记》卷九十二《淮阴侯列传》，第 2617 页。
⑧ 《史记》卷一百一十一《卫将军骠骑列传》，第 2927 页。
⑨ 《汉书》卷四十九《晁错传》，第 2279 页。
⑩ 《汉书》卷四十九《晁错传》，第 2280 页。
⑪ 《汉书》卷五十二《韩安国传》，第 2402 页。
⑫ 《汉书》卷六十四上《主父偃传》，第 2801 页。

于人'"[①]。成帝时,乌孙兵围困西域都护段会宗,成帝让陈汤参与谋议,陈汤在奏议中言:"兵法曰'客倍而主人半然后敌'"[②],认为在双方实力对比上汉军并不居于劣势,乌孙不会构成大的威胁。新莽末年,王邑、王寻等进兵昆阳,在攻城还是围困上产生了争论,严尤进言:"'归师勿遏,围城为之阙',可如兵法,使得逸出,以怖宛下"[③]。

从以上这些例子看,西汉的兵学拥有较高的普及率。官方层面,边防和武备是国家的立足点,真正是"死生之地,存亡之道,不可不察也",因此军事征伐、人才征召、议定国政、书籍整理等各领域都不能将军事上的需求排除在外,兵学作为一个重要议题在发挥作用。个人层面,兵学是谈论时政、建言奏议所不可缺少的知识体系,《史》《汉》中大量的引据自《孙子》等兵书的话语,就是其明证。《汉志》著录之兵书类文献,虽然在六类书籍中显得最少,但数量的多寡与其重要性并不是一个概念。军事在国家中的重要地位,决定了兵书在典籍中的分量和特殊地位。从这层意义上讲,《汉志》之单列兵书类文献,实是抓住了西汉王朝二百年得以维系、演进的一个重要关节点。

与以上四类文献相比,数术类和方技类文献则要晦涩和隐约得多。受时代和知识背景差异的影响,两类书籍如今多被视以蒙昧或迷信,这其实是一种误解。数术与方技涉及星历、方术、相术、养生、医学等各类知识,且多将天人相互附会,表面看来荒诞不经,实际上却是当时流行的知识和信仰。这种流行遍于所谓的下层民众和方士,甚至国家的许多重要制度、仪典、规制等,其实都以这种知识为基本背景,即葛兆光所言,"他们相信面前天地人鬼组合的宇宙是一个和谐的整体,它有明确的中心和模糊的边缘……一切都依照着阴阳、四季、五行、八方、十二时等等基本要素组合,天地人鬼都有一种神秘的也是必然的对应关系"[④],也正是这些知识,构成了当时上至天子、士大夫,下至贩夫走卒共同分享的一般知识。李零也认为,数术、方技实际是与精英文化并存的一条文化线索,"学

① 《汉书》卷六十九《赵充国传》,第 2981 页。

② 《汉书》卷七十《陈汤传》,第 3023 页。

③ 《汉书》卷九十九下《王莽传下》,第 4183 页。

④ 葛兆光:《中国思想史——七世纪前中国的知识、思想与信仰世界》(第一卷),复旦大学出版社,1998 年,第 229 页。

界对中国古代文化的认识往往注意的只是从百家争鸣到儒家定于一尊这一过程，而很少考虑在先秦诸子'之前'和'之下'还有以数术方技之学为核心的各种实用文化"[①]。

在《史记》《汉书》中，也有关于数术、方技类的记述，但数术类的内容更丰富一些。如《史记》之《日者列传》和《龟策列传》，《汉书》之《天文志》和《律历志》，均是典型的数术类文献。《汉志》中的数术类文献共分六个小类，分别为天文、历谱、五行、蓍龟、杂占和形法。下面我们就择取数种，寻找史籍中相对应的一些信息，分析这些知识在西汉时期的普及程度和应用范围。

数术之天文类。《汉志》对天文类的界定是"序二十八宿，步五星日月，以纪吉凶之象，圣王所以参政也"[②]，即以日月星辰象征世间之人事，星象的变动乃是世间祸乱治安的征兆，可视为一种特殊的"天人合一"。这种思维在《天文志》中表现得最为充分，其意旨与《汉志》所陈十分接近，"经星常宿中外官凡百一十八名，积数七百八十三星，皆有州国官宫物类之象"，而星宿的一些异常变动，乃是由于世间相对应的物象发生变化，"政失于此，则变见于彼，犹景之象形，乡之应声"。[③]《律历志》的主体，详细罗列了一些具体星象所代表的治乱含义。

较典型者如太白，"兵象也"，为用兵之兆，其运行之快慢缓急暗示用兵的吉凶，"出而高，用兵深吉浅凶；埤，浅吉深凶。行疾，用兵疾吉迟凶；行迟，用兵迟吉疾凶"[④]。太白之星象在用兵方略上是极为重要的一个参考，如哀帝时息夫躬奏议："往年荧惑守心，太白高而芒光，又角星茀于河鼓，其法为有兵乱"，所以建议"可遣大将军行边兵，敕武备，斩一郡守，以立威，震四夷，因以厌应变异"。[⑤]宣帝时，赵充国破羌，诏书中即言："太白出高，用兵深入敢战者吉，弗敢战者凶。将军急装，因天时，诛不义，万下必全，勿复有疑"[⑥]，以太白之星象为据督促赵充国急击。

---

① 李零：《中国方术正考》，中华书局，2006 年，第 11 页。

② 《汉书》卷三十《艺文志》，第 1765 页。

③ 《汉书》卷二十六《天文志》，第 1273 页。

④ 《汉书》卷二十六《天文志》，第 1283 页。

⑤ 《汉书》卷四十五《息夫躬传》，第 2184 页。

⑥ 《汉书》卷六十九《赵充国传》，第 2981 页。

又如荧惑，为国家内乱之象，“荧惑为乱为贼，为疾为丧，为饥为兵”[①]。其星象所及，必有灾难，如宣帝时骑都尉赵平有位叫石夏的人通晓星象，曾言“荧惑守御星，御星，太仆奉车都尉也，不黜则死”[②]；成帝绥和二年（前7年），“荧惑守心”，是汉廷当有内乱之象，翟方进作为丞相，在汉代以灾异策免三公的传统下，被迫为此次灾变承担责任，“即日自杀”。

又如君臣关系，“魁下六星两两而比者，曰三能。三能色齐，君臣和；不齐，为乖戾”[③]；一小星名为附耳，“附耳摇动，有谗臣在侧”[④]；又如晷长有潦、旱和扶的区别，“扶者，邪臣进而正臣疏，君子不足，奸人有余”[⑤]。星象所涉及的物象十分之多，《天文志》中罗列甚多，兹不赘述。

数术类之蓍龟。筮占和龟卜起源很早，商朝时龟卜至于高峰；筮占出现较晚，周代时逐渐完备，并形成了以《易》为核心的筮占体系。《左传》中，卜筮两种占术仍同时存在，如闵公二年：

> 成季之将生也，桓公使卜楚丘之父卜之。曰：“男也。其名曰友，在公之右。间于两社，为公室辅。季氏亡，则鲁不昌。”又筮之，遇《大有》之《乾》，曰：“同复于父，敬如君所。”

至于西汉，蓍龟仍是卜问、决疑的重要手段。《史记》有《日者列传》和《龟策列传》，多记筮占之事，司马迁还明言：“王者决定诸疑，参以卜筮，断以蓍龟，不易之道也”。[⑥] 不过今存之《龟策列传》乃褚少孙所补，是其“问掌故文学长老习事者”之后写定的，可知其时仍有精通龟卜之人。本传罗列了众多的卜问事项及不同龟甲纹理所代表的不同征兆，如禾稼是否丰收，天气是否有雨，年中有无兵灾，有无盗贼，有无贵人相助，有无疾疫等，涉及社会生活的方方面面。

除此两传之外，其他篇章中涉及卜筮的例子也很多。如景帝时，梁王想入继

---

① 《汉书》卷二十六《天文志》，第1281页。
② 《汉书》卷六十八《霍光传》，第2955页。
③ 《汉书》卷二十六《天文志》，第1275页。
④ 《汉书》卷二十六《天文志》，第1278页。
⑤ 《汉书》卷二十六《天文志》，第1294页。
⑥ 《史记》卷一百二十八《龟策列传》，第3223页。

为帝,遭到袁盎反对,就派人刺杀袁盎。袁盎暗觉不祥,"乃之棓生所问占"[①]。昭帝驾崩后,丙吉进言霍光,希望能迎立武帝之曾孙,其中有"愿将军详大议,参以蓍龟"之语,在拥立之大事上,仍要以卜筮为佐。又如张禹,成帝时常有疾病缠身,加之灾异屡现,"常择日洁斋露蓍,正衣冠立筮,得吉卦则献其占,如有不吉,禹为感动有忧色"[②]。

数术类之杂占,其意旨是"纪百事之象,候善恶之征",其中又以占梦为主,"众占非一,而梦为大"。[③] 在《史》《汉》之中,关于占梦、解梦的例子也有很多。如"始皇梦与海神战,如人状。问占梦,博士曰:'水神不可见,以大鱼蛟龙为候。今上祷祠备谨,而有此恶神,当除去,而善神可致',乃令入海者赍捕巨鱼具,而自以连弩候大鱼出射之"[④]。薄后生文帝时,曾梦见"苍龙据吾腹",高祖的回答是:"此贵征也"[⑤]。文帝时,梦见欲上天而不得,忽然后面有一人助推,"顾见其衣裻带后穿"[⑥],文帝醒来后暗寻与梦中相匹配之人,邓通由此获得宠幸。昌邑王刘贺"梦青蝇之矢积西阶东,可五六石"[⑦],问郎中令龚遂。龚遂以《诗经》有"营营青蝇,至于藩;恺悌君子,毋信谗言"语,认为是左右多小人之兆,劝诫刘贺放逐左右佞臣。景帝时,王夫人曾"梦日入其怀",景帝告之曰:"此贵征也"[⑧],其后遂有武帝降生。类似的例子还有很多,则时人多以梦为现实之征兆,且信之不疑。

数术类之形法,换言之即相法,而所相的对象大至九州、城郭,小至六畜、刀剑及人之相貌与骨骼等。此类知识,于《史》《汉》中多见的为相人之法。如高祖落魄之时,吕公观其相,认为"臣少好相人,相人多矣,无如季相"[⑨],并将吕雉嫁给刘邦;高祖为亭长时,曾有讨水老翁观吕雉母子相,以为皆大贵之人,并认为刘邦

---

① 《史记》卷一百一《袁盎晁错列传》,第 2745 页。
② 《汉书》卷八十一《张禹传》,第 3351 页。
③ 《汉书》卷三十《艺文志》,第 1773 页。
④ 《史记》卷六《秦始皇本纪》,第 263 页。
⑤ 《史记》卷四十九《外戚世家》,第 1971 页。
⑥ 《史记》卷一百二十五《佞幸列传》,第 3192 页。
⑦ 《汉书》卷六十三《武五子传》,第 2766 页。
⑧ 《汉书》卷九十七上《外戚传》,第 3946 页。
⑨ 《史记》卷八《高祖本纪》,第 344 页。

"君相贵不可言"[①]。楚汉相争时,蒯通以韩信之倾向举足轻重,曾以相术说"相君之面,不过封侯,又危不安。相君之背,贵乃不可言"[②],借以劝诫韩信富贵荣辱只在一念,应早作图谋。又如汉初,高祖册封同姓诸王,曾招吴王刘濞,观其相貌,认为"若状有反相"[③],一度对封其为王产生悔意。大将军卫青贫贱时为人牧羊,曾有人相曰:"贵人也,官至封侯"[④]。这些相人所说的话,后来基本被证实,这种吻合可能是后来史传和坊间的附会。即便如此,也可见相术在当时的流行和时人的信从程度。

方技略文献,分为医经、经方、方中和神仙四种,均与医学、养生相涉。具体的方技之书,《史》《汉》中保留的较少,只有若干事例与此相关。且方技之术当时与数术联系紧密,史籍中的著名方士多兼两种技艺,既通晓天文、星历、方术,又懂得求仙、长生之术。《史记·封禅书》中汇集了许多方士活动的材料,尤以出自燕齐之地为多,"宋毋忌、正伯侨、充尚、羡门高最后皆燕人,为方仙道,形解销化,依于鬼神之事,驺衍以阴阳主运显于诸侯,而燕齐海上之方士传其术不能通,然则怪迂阿谀苟合之徒自此兴,不可胜数也"[⑤]。秦汉宫廷里,也一直活跃着一个方士群体[⑥]。如秦始皇时为求长生,"因使韩终、侯公、石生求仙人不死之药"[⑦],并派遣齐人徐福"发童男女数千人,入海求仙人"[⑧]。

汉武帝时期著名的方士更多。如李少君,自称能"使物,却老",并与仙人安期生相识,武帝对其深信不疑,"遣方士入海求蓬莱安期生之属,而事化丹沙诸药齐为黄金矣"[⑨]。李少君死后,武帝仍"以为化去不死也"。又如齐人少翁,当时武

① 《史记》卷八《高祖本纪》,第346页。
② 《史记》卷九十二《淮阴侯列传》,第2622页。
③ 《史记》卷一百六《吴王濞列传》,第2821页。
④ 《史记》卷一百一十一《卫将军骠骑列传》,第2922页。
⑤ 《史记》卷二十八《封禅书》,第1368～1369页。
⑥ 据李零统计,秦代可考的方士共有八人,即徐市、茅蒙、卢生、韩终、侯生、石生、安期生和黄公。见李零:《中国方术续考》,东方出版社,2010年,第106～109页。
⑦ 《史记》卷六《秦始皇本纪》,第252页。
⑧ 《史记》卷六《秦始皇本纪》,第247页。
⑨ 《史记》卷十二《武帝本纪》,第455页。

帝宠幸之王夫人病死，“少翁以方术盖夜致王夫人及灶鬼之貌云”[①]，得到武帝信用，拜官文成将军。其后又有栾大，“以黄金可成，而河决可塞，不死之药可得，仙人可致也”[②]取信武帝，拜为五利将军，武帝还将卫长公主许配给他。甚至像封禅这样的国家重典，亦是出于方士之议，“天子既闻公孙卿及方士之言，黄帝以上封禅，皆致怪物与神通”[③]，真正的儒生只是用以缀饰，且儒生对于封禅之礼计议不定，实际并未参与封禅之事，武帝“尽罢诸儒弗用”。

以上这些，是《汉志》之六类典籍在西汉时期知识、信仰领域的一些印证，旨在说明六分法并非一种图书分类学的便利和权宜之计，实与当时社会知识、思想等几大领域的状况相契合，是时人思想形态客观和全面的反映。当然，由于几种知识的表现形式和传播形态不尽相同，如六艺类、诸子类、诗赋类文献为当时上层或精英阶层所通晓，且在国家体制内有较为稳定的与政治相结合的桥梁，因此在当时是“显学”，体现在典籍层面可能是数量更多，授受关系更为清晰。而数术、方技类知识，更多体现为一种技术操作层面，其传播隐晦而零散，以典籍形式出现的几率较小。不过，数量的对比仍然只是一个方面，就当时知识、信仰形态的完整性而言，数术、方技类的重要性并不比其他知识分量轻。

近一个世纪以来，先秦秦汉出土文献的大量涌现，也有助于印证我们对《汉志》六分法合理性的判断。对于六艺类、诸子类及诗赋类在六分法中的地位，今人基本没有异议，这些典籍的研究也一直是学界的热点和重心。兵书、数术及方技三类文献，在《汉志》中的比例相对较少，至今存世的典籍也屈指可数，以致影响了我们对三类典籍在西汉时期普及度和影响力的判定。而在出土文献中，这三类典籍的数量占据了很大的比重，尤其是一些《日书》等数术类书籍，几乎每处皆有，这就不得不让人感叹它们的普及程度。为了更直观地将三类典籍的概貌展现出来，我们以近百年出土文献为线索，将其按照《汉志》之类例予以粗略罗列，并用简表展示之。

---

① 《史记》卷十二《武帝本纪》，第 458 页。
② 《史记》卷十二《武帝本纪》，第 462 页。
③ 《史记》卷十二《武帝本纪》，第 473 页。

先秦秦汉出土文献之兵书类简表[1]

	出土或发现时间	文献名	数量
敦煌汉简	1906～1907	《力牧》	1枚残简
银雀山汉简	1972年	《孙子兵法》	300枚竹简
		《孙膑兵法》	440余枚竹简
		《尉缭子》	100余枚竹简
		《六韬》	226枚竹简
		《兵书丛残》	共15篇,近200枚竹简
		《地典》	40枚残简
		《天地八风五行客主五音之居》	100余枚残简
		《守法守令等十二篇》	233枚竹简
定县八角廊汉简	1973年	《六韬》	144枚竹简
马王堆帛书	1973年	《刑德》甲、乙	帛书,长84厘米,宽44厘米
张家山汉简	1984年	《盖庐》	55枚竹简
上博简	1994年	《曹沫之陈》	65枚竹简

先秦秦汉出土文献之数术类简表

分表一:天文类[2]

	出土或发现时间	文献名	数量
马王堆帛书	1973年	《五星占》	146行,约8000字
		《天文气象杂占》	约300余条占文,30余个图形
		《星占书》甲、乙	合计95行

① 表格之基本数据、信息采自骈宇骞、段书安《二十世纪出土简帛综述》,文物出版社,2006年,第231～240页。

② 表格之基本数据、信息采自骈宇骞、段书安《二十世纪出土简帛综述》,文物出版社,2006年,第241～244页。

续表

	出土或发现时间	文献名	数量
阜阳双古堆汉简	1977年	《五星》	
		《星占》	
银雀山汉简	1972年	《占书》	约45枚

分表二：历谱类[①]

	出土或发现时间	文献名	数量
阜阳双古堆汉简	1977年	《天历》	数十枚
		《汉初朔闰表》	约200支残简
		《干支》	
		《算数书》	30余枚残片
张家界古人堤汉简	1987年	《历日表》	
		《九九乘法表》	一件残片
关沮周家台秦简	1993年	《历谱》	130枚竹简，一方木椟
张家山汉简	1983年	《历谱》	18枚竹简
		《算数书》	190枚竹简
银雀山汉简	1972年	《元光元年历谱》	32枚竹简
敦煌清水沟汉简	1990年	《地节元年历谱》	27枚竹简
		地节三年、本始四年《历谱》	3枚散简
敦煌汉简	1906～1907年	《元康三年历谱》	15枚竹简
		《神爵三年历谱》	11枚竹简
		《五凤元年八月历谱》	
		《永光五年历谱》	一方木椟
		《永元六年历谱》	一方木椟
		《永兴元年历谱》	1枚木简
		《九九术》	1枚竹简

① 表格之基本数据、信息采自骈宇骞、段书安《二十世纪出土简帛综述》，文物出版社，2006年，第244～255页。

续表

	出土或发现时间	文献名	数量
尹湾汉简	1993 年	《元延元年历谱》	一方木椟
		《元延三年五月历谱》	一方木椟

分表三：五行类①

	出土或发现时间	文献名	数量
江陵九店楚简	1981～1989 年	《日书》	205 枚竹简
天水放马滩秦简	1986 年	《日书》甲乙种	合计 452 枚竹简
江陵王家台秦简	1993 年	《日书》	
云梦睡虎地秦简	1975 年	《日书》甲乙种	合计 416 枚竹简
荆州关沮周家台秦简	1993 年	《日书》	178 枚竹简
江陵岳山秦简	1986 年	《日书》	两方木椟
随州孔家坡汉简	2000 年	《日书》	400 余枚竹简
香港中文大学藏汉简		《日书》	109 枚竹简
江陵张家山汉简	1984 年	《日书》	
阜阳双古堆汉简	1977 年	《日书》	近百个残片
		《刑德》	残片
		《向》	残片
沅江虎溪山汉简	1999 年	《阎氏五胜》	500 枚竹简
定县八角廊汉简	1973 年	《日书》	
敦煌悬泉置汉简	1990～1992 年	《日书》	
居延汉简	1973～1974	《日书》	
疏勒河流域汉简		《日书》	
武威汉简	1959 年	《日书》	13 枚木简
西安杜陵木椟	2001 年	《日书》	一方木椟

① 表格之基本数据、信息采自骈宇骞、段书安《二十世纪出土简帛综述》，文物出版社，2006 年，第 255～270 页。

续表

	出土或发现时间	文献名	数量
马王堆汉墓	1973年	《阴阳五行》甲乙	甲本长3.5米，乙本长1.23米
		《刑德》丙	
		《出行占》	
尹湾汉简	1993年	《神龟占》	木椟一方
		《六甲占雨》	木椟一方
		《刑德行时》	11枚竹简
		《行道吉凶》	16枚竹简

分表四：杂占类[①]

	出土或发现时间	文献名	数量
云梦睡虎地秦简	1975年	《日书》甲乙种之《梦》篇	
江陵王家台秦简	1993年	《日书》之《梦占》	
居延汉简		占嚏耳鸣书	
马王堆汉墓	1973年	《太一将行图》	长43.5厘米，宽45厘米
		《木人占》	
江陵望山楚墓竹简	1965年	卜筮祈祷简	207枚竹简
荆门包山楚墓竹简	1987年	卜筮祈祷简	54枚竹简
江陵天星观楚墓竹简	1978年	卜筮祈祷简	约2700字
江陵秦家咀楚墓竹简	1986～1987年	卜筮祈祷简	7枚竹简
新蔡平夜君成墓竹简	1994年	卜筮祈祷简	1571枚竹简

① 表格之基本数据、信息采自骈宇骞、段书安《二十世纪出土简帛综述》，文物出版社，2006年，第273～277页。

分表五：形法类①

	出土或发现时间	文献名	数量
马王堆汉墓	1973 年	《相马经》	77 行，5200 字
银雀山汉简	1972 年	《相狗方》	20 枚残简
阜阳双古堆汉简	1977 年	《相狗》	残简
敦煌悬泉置汉简	1990～1992 年	《相马经》	
敦煌汉简	1906～1907 年	《相马法》	1 枚竹简
居延破城子汉简	1972～1977 年	《相宝剑刀》	6 枚竹简

先秦秦汉出土文献之方技类简表

分表一：医经类②

	出土或发现时间	文献名	数量
马王堆汉墓	1973 年	《足臂十一脉灸经》	34 行
		《阴阳十一脉灸经》甲、乙	共计 55 行
		《阴阳脉死侯》	
		《脉法》	300 字
张家山汉简	1983 年	《脉书》	66 枚竹简

分表二：经方类③

	出土或发现时间	文献名	数量
关沮周家台秦简	1992 年	医方简	73 枚竹简
马王堆汉墓	1973 年	《五十二病方》	462 行
武威汉简	1972 年	《治百病方》	78 枚木简，14 枚木椟

① 表格之基本数据、信息采自骈宇骞、段书安《二十世纪出土简帛综述》，文物出版社，2006 年，第 277～280 页。

② 表格之基本数据、信息采自骈宇骞、段书安《二十世纪出土简帛综述》，文物出版社，2006 年，第 281～283 页。

③ 表格之基本数据、信息采自骈宇骞、段书安《二十世纪出土简帛综述》，文物出版社，2006 年，第 283～287 页。

续表

	出土或发现时间	文献名	数量
武威汉代木椟	1972 年	《白水侯方》	两块木椟，编号 84、85
敦煌汉简医方	1906～1907 年	医方简	
张家界古人堤遗址	1987 年	《治赤谷方》	木椟一块
西安未央宫遗址	1980 年	医方简	

分表三：房中类①

	出土或发现时间	文献名	数量
上博简	1994 年	《彭祖》	8 枚竹简
马王堆汉墓	1973 年	《养生方》	32 章，6000 字
		《杂辽方》	文字 79 行，约 45 条药方
		《胎产书》	文字 34 行
		《十问》	101 枚竹简
		《合阴阳》	32 枚竹简
		《杂禁方》	11 枚竹简
		《天下至道谈》	56 枚竹简

分表四：神仙类

	出土或发现时间	文献名	数量
马王堆汉墓	1973 年	《却谷食气》	可辨 272 字
		《十问》之食气说	
		《导引图》	高 50 厘米，长 100 厘米
阜阳双古堆汉墓	1977 年	《万物》	约 50 条内容
		《行气》	残简
张家山汉简	1983 年	《引书》	112 枚竹简

① 表格之基本数据、信息采自骈宇骞、段书安《二十世纪出土简帛综述》，文物出版社，2006 年，第 287～290 页。

从这些表格中可见,出土兵书、数术、方技类文献的地域十分广泛,在所有简牍出土之墓葬、遗址中均可见其踪影,且其内容涵盖养生、医学、历谱、天文等各方面,为我们保留了大量时人阅读范围及知识结构的珍贵信息。这些材料也在向我们昭示,《汉志》之文献分类最大程度上代表了当时的知识与信仰世界,其分类法在当时确实有着知识背景的依托和支撑。《汉志》的六分法,在当时有着历史的合理性和适用性。

二、从《汉书·艺文志》到《隋书·经籍志》——分类法的演变

中国目录学发展的大势,是由《汉志》为代表的六分法,过渡至以《隋志》为代表的四分法。从类例上看,《汉志》之《六艺略》相当于《隋志》之经部,《诗赋略》相当于集部,其他部分则有较大的调整或变动。如《汉志》之《诸子略》《兵书略》《数术略》和《方技略》,合并为子部;《六艺略》之春秋类与史传相关的内容,则独立为史部。两者转换的关键,在于子部的冗杂化和史部的崛起。

至《隋志》后,历代正史艺文、经籍等志,或专门官方目录,如《四库全书总目》,或较具名气的私人目录如《郡斋读书志》《直斋书录解题》等,在大的部类上都是遵从《隋志》之经、史、子、集的布局,改易、变动仅限于枝端末节,不仅范围有限,内容也因人、因书而异,无法从整体上给《隋志》的框架带来冲击。从这个角度讲,《汉志》与《隋志》代表了中国古代学术分类的两个分水岭,而考察六分法至四分法演变的重心,就在于两者之间的历史断限——魏晋南北朝。

(一)演变之过程

魏晋南北朝时期目录学的发展情况,现存的史籍记载很少,集中于《隋志》的一些追溯中。如曹魏时期,郑默整理秘书,并有目录《中经》的成书,其详情不得而知。后来荀勖在此基础上,“更著《新簿》”,分为四部,即所谓甲、乙、丙、丁之四部。甲部录六艺经传,类似《汉志》之《六艺略》;乙部所录除诸子外,另有兵书、术数,实为《汉志》之《诸子略》《兵书略》和《数术略》之集合,后世子部综合、杂糅的

特性已初见端倪；丙部所录为“史记、旧事、皇览簿、杂事”[①]，以史传为主，乃是后世史部之雏形；丁部录诗赋、图赞，另有西晋出土之汲冢书亦在其列。从大处来看，后世之经、史、子、集的框架，《新薄》已基本齐备。但同样不可忽视的是，此时的各类文献，荀勖毕竟未以经史子集冠之，而是笼统以甲乙丙丁归属之。关于这种做法的原因，余嘉锡认为：“其曰甲乙丙丁者，甲乙丙丁非名也，因其中所收之书为例不纯，而姑以是名之也”[②]，即甲乙丙丁其实并无特别含义，乃是用以标示典籍存放位置的一种符号或称谓，更多带有书籍管理、保存的使用色彩。从这个角度看，以之为据的四部分类法成为后世目录学的稳定框架，也带有一种偶然性。

荀勖之后，又有王俭的《七志》。与荀氏不同，王俭则致力回归于《汉志》的体系，其《经典志》类似《汉志》之《六艺略》，《诸子志》类似《诸子略》，《文翰志》类似《诗赋略》，《军书志》类似《兵书略》，《阴阳志》类似《数术略》，《术艺志》类似《方技略》。此外，王俭还别出心裁，“立图谱一志，以全七限”[③]。王俭的做法，表面上恢复了《七略》的体例，实际似是而非。因为《七略》名为七分，实际只有六分，而王俭刻意摹古，自立一志，反有画蛇添足之嫌。加之魏晋时期佛、道兴盛，两家典籍大量涌现，这是《汉志》的框架所无法囊括的，所以王俭又有道、佛两类，作为附录。名为《七志》，实际有九种部类，完全回归六分法恐怕也是不可能的了，正如章学诚所言：“安得执《七略》之成法，以部次近日之文章乎”[④]。这也说明以《七略》为框架的分类法面临着一个不得不变的抉择。

南朝时又有阮孝绪之《七录》，由综合《七略》六分法与《新簿》四分法而来。其体例为：经典录，录六艺经传，类《七略》之《六艺略》，《新簿》之甲部；二为记传录，录史书，类《新簿》之丙部；三为子兵录，录子书与兵书，类《七略》之《诸子略》与《兵书略》，《新簿》之乙部；四为文集录，录诗赋诸书，类《七略》之诗赋略，《新簿》之丁部；五为技术录，类《七略》之《数术类》与《方技略》；六、七分别为佛、道

① 《隋书》卷三十二《经籍志》，第906页。

② 余嘉锡：《目录学发微》附《古书通例》，中国人民大学出版社，2010年，第146页。

③ 阮孝绪：《七录序》，《广弘明集》卷三，见于《四部精华》(子部四)，上海古籍出版社，1992年，第97页。

④ 叶瑛：《文史通义校注》，中华书局，1985年，第956页。

录,录两家之书。从整体看,《七录》以七为名,但体例布局与《新簿》更为接近,如将史书独立为乙部,将兵书与子书合为一类,后世经史子集之四部已齐备。且较之《新簿》,《七录》在两个方面更接近于后世之四部:一则,《新簿》对各部典籍泛以甲乙丙丁称谓,类目意识尚不清晰;《七录》始明以经史子集冠之,部类名称与书籍内容达成一致,后世之经史子集四部正式确立。二则,《新簿》中甲乙丙丁之序,实际为经子史集,子部仍居于史部之前《七录》则调整顺序,将史部调整至子部之前,成为后世四部之范例,再无改易。

《七录》之中,也有一些《七略》《七志》的遗迹。如仍遵循《七略》,将技术录独立为一类;沿袭《七志》,仍有佛、道两类附录等,但这些在整个《七录》中毕竟比重不大。若将《七录》再稍作变动,即为《隋志》之体例。在六分法至四分法的演变进程中,《七录》实处于承上启下的关键地位,无怪乎姚名达言:"《隋志》部类,几乎全袭《七录》"[①]。

魏晋南北朝是目录学六分法至四分法的一个过渡时期,两种分类法并存,互相竞争,互相交杂,又互相汲取,最终的趋向是四部分类法逐渐居于主流。除《新簿》及《七录》外,此时尚有许多目录学著作带有较强的四部色彩。在《七录序》所附之《古今书最》中,附有许多这一时期的目录,如晋元帝四部书目、晋义熙四年秘阁四部目录、宋元嘉八年秘阁四部目录、宋元徽元年秘阁四部目录、齐永明元年秘阁四部目录、梁天鉴四年文德正御四部目录,这些目录均为官方藏书目录,且毫无例外遵从四部之法。可见,四部之法已得到官方认同,居于主流地位。

(二)演变之原因

关于六分法至四分法的转变,古今多有人探讨,从史籍线索看,原因不外以下几种。

第一,各部类书籍数量的升降沉浮。图书目录并非一个单纯的自在现象,尤其是官方目录的体例与部类,是与图书的实际情况以及典籍的存放、维护等实际场景相匹配的,目录的规制与布局,很大程度上受制于图书的数量等因素。

---

① 姚名达:《中国目录学史》,上海古籍出版社,2011年,第65页。

在《汉志》之六类文献中，其基本体例有分工等现实因素的干扰，但从数量上考虑各部类的比例，差距还不是很大。如《汉志》中六艺类文献为 3123 篇，诸子类文献为 4324 篇，诗赋类文献 1348 篇，兵书类文献 790 篇，数术类文献 2528 卷，方技类文献 868 卷。篇与卷的问题，一篇一卷者居多，也有短小者一卷数篇，冗长者一篇数卷，但从总体看，卷、篇的数目可以等而视之。数量最悬殊者为兵书类与诸子类，比例约为 1∶5.5。因此，单纯从数量上言，将兵书与其他文献视为同一级别部类，也是可以成立的。

随着时间的推移，《汉志》六类典籍的比例在后世可能会发生较大变化。比较典型者，如兵书的数量、比例急剧下降，史书类文献则急剧膨胀。如史书在《汉志》中之所以附于六艺类之春秋家，固然由于其时史学是经学，特别是春秋学的附庸，但史书的数量相对较少，确实也是一个不争的事实。其中史书不外乎《国语》《战国策》《太史公》数种，总数约为 350 篇（卷）[①]。这与六类中最少的兵书类尚有较大差距，所以阮孝绪认为："刘氏之世，史书甚寡，附见春秋，诚得其例"[②]，道出了一定的实情。至于魏晋之时，史书的种类、数量都趋于高峰，史书种类上，《七录》分国史、注历、旧事、职官、仪典、法制、伪史、杂传、鬼神、土地、谱状、簿录等十二部，共计"一千二十种二千二百四十八帙一万四千八百八十八卷"。在《隋志》中，史部文献也有十二部，为正史、古史、杂史、起居注、旧事、职官、仪注、刑法、杂传、地理、簿录，而这些只不过是修订《隋书》时可见的史传，还有部分是只存其名而无其书的史著，两者"合八百七十四部一万六千五百五十八卷"。其中有些成于先秦两汉，但分量十分微薄，不足以撼动魏晋南北朝时期史学发展的大局。此时的史学勃发，无可辩驳。也正是基于此，若再将史著附于春秋类文献，太过冗杂，其单独成类，势所必然，即阮氏所言："今众家记传倍于经典，犹从此志，实为繁芜"。[③]

---

① 周一良：《魏晋南北朝史学发展的特点》，《中国文化与中国哲学》，1987 年第二辑，收录于周一良：《魏晋南北朝史论集》，北京大学出版社，2010 年，第 344 页。

② 阮孝绪：《七录序》，《广弘明集》卷三，见于《四部精华》（子部四），上海古籍出版社，1992 年，第 97 页。

③ 同②。

与史部文献的膨胀相反，兵书、数术、方技类文献的数量明显下降，在所有文献中的比重也越来越小。如《七录》之子兵录中，兵书类只有245卷，而数术类文献中，天文类528卷，历算类219卷，五行类615卷，卜筮类390卷，杂占类45卷，形法类307卷，总计2104卷。方技类文献中，医经类50卷，经方类259卷，这与经典录的4701卷与记传录的14888卷相较，差距悬殊。我们以简单的数字将兵书、数术、方技三类典籍的变动加以展示：在《汉志》中，兵书类文献为790卷，数术类2528卷，方技类868卷，占《汉志》所载文献的比例分别为5.95％，19.05％和6.54％，三者合计31.54％；在《七录》中，兵书为245卷，数术类与方技类总共3736卷，分占总文献的0.55％和8.39％，合计8.94％；《隋志》中，兵书为512卷，数术类（即子部之天文、历数、五行）为1960卷，医方类4510卷，分别占总数的0.90％，3.45％，7.92％，合计12.27％。三者在文献总量上的比重下降趋势十分明显，尤其以兵书类文献的萎靡最为显著，兵书在《七录》和《隋志》中均在1％之下，所以《七录》直言："兵书既少，不足别录"[①]。因此，从数量比例和体例协调性上看，简单比附《七略》的框架，将各种数量反差甚为悬殊的典籍同等视之，似乎也不大合适。而且就书籍的实际存放、管理而言，兵书、数术、方技附于子部之后，似乎也是一种较为平实的做法。从这个角度看，子部的冗杂化，可以视为《汉志》之框架内因兵书、数术、方技类文献整体委顿的不得已之举，这也是六分法转变至四分法的一个重要关节点。

史部文献之独立，其原因除了史籍数量增加外，还与独立的史学意识逐渐形成有关。如前所述，《汉志》之所以将《史记》等附于春秋类文献，是因为当时以史书接续孔子作《春秋》之意，独立的史学意识尚不明朗，这在司马迁作《史记》的意旨中表现得很明显。而史学意识的觉醒，主要是在魏晋南北朝时期，这种表现有很多种，逯耀东罗列了很多，如"经史"并称的现象开始普遍；与"六经"对应，出现了"三史"的概念；史书体裁大量涌现，专门的注史之学开始出现；刘宋时期，史学与玄、儒、文并立为官方学术[②]。至于这种变化的原因，逯氏主要归于魏晋之际社

---

① 阮孝绪：《七录序》，《广弘明集》卷三，见于《四部精华》（子部四），上海古籍出版社，1992年，第97页。

② 参见逯耀东：《〈隋书·经籍志·史部〉形成的历程》，见于逯氏著《魏晋史学的思想与社会基础》，中华书局，2006年。

会思潮的变动,即两汉经学主导地位发生动摇,对整个学术体系的统摄力下降,为史学等的独立发展提供了机遇。

逯氏的这个归纳,自然是十分正确的,但尚有补充的地方。魏晋史学的崛起,其促成因素是多方面的。有官方层面的支持,如自曹魏起有了专设之史官,史学的地位逐步上升,南朝宋时史学还与儒、玄、文并立为官学。而此时士族的兴起和九品中正制的推行,使得郡望观念和门第意识广泛流行,谱牒和方志修撰之风兴起,这也是魏晋史学的一大特点①。有学者曾予以统计,三国时期修撰的地记为十四部,两晋时期四十四部,南北朝时期七十二部,共计一百三十部②。谱牒之书,《隋志》中著录"四十一部,三百六十卷",若将亡佚的计算在内,则达"五十三部,一千二百八十卷"之多。

除此之外,魏晋史学的崛起也与东汉以来学术风气,特别是经学风气的转变有密切关系。史学类典籍的勃发,在东汉之时就已经比较明显。据姚振宗所作《后汉艺文志》,成于东汉之史籍共计 15 类,196 部,且体裁多种多样,如别传、传记、风俗志、注补、集解、训解等。因此,魏晋史学的许多萌芽,在东汉时已有端倪。这是因为两汉经学学术风气发生了较大转化,"前汉今文说,专明大义微言;后汉杂古文,多详章句训诂"③,即西汉经学乃是典型之经世学术,重义理阐发,而东汉伴随古文学的崛起,开始趋向博通、厚重、朴实,注重训诂、文史之学。东汉的许多经学家在文史领域都颇有造诣,著作之丰赡,为西汉所未有,如马融"注《孝经》《论语》《诗》《易》《三礼》《尚书》《列女传》《老子》《淮南子》《离骚》,所著赋、颂、碑、诔、书、记、表、奏、七言、琴歌、对策、遗令,凡二十一篇"④;张衡"所著诗、赋、铭、七言、《灵宪》、《应闲》、《七辩》、《巡诰》、《悬图》凡三十二篇"⑤;蔡邕"所著诗、赋、碑、诔、铭、赞、连珠、箴、吊、论议、《独断》、《劝学》、《释诲》、《叙乐》、《女训》、《篆艺》、祝文、章表、书记,凡百四篇"⑥。最典型者为班固,他作为古文经学

① 黎子耀:《史学在魏晋南北朝时期的新地位》,《杭州大学学报》,1979 年第 3 期。

② 仓修良:《中国古代史学史》,人民出版社,2009 年,第 132 页。

③ 皮锡瑞:《经学历史》,中华书局,1959 年,第 89 页。

④ 《后汉书》卷六十上《马融列传》,第 1972 页。

⑤ 《后汉书》卷五十九《张衡列传》,第 1940 页。

⑥ 《后汉书》卷六十下《蔡邕列传》,第 2007 页。

家，著"《典引》、《宾戏》、《应讥》、诗、赋、铭、诔、颂、书、文、记、论、议、六言，在者凡四十一篇"[①]，而且还有史学巨著《汉书》。《后汉书》辟《文苑列传》，著录了许多博通文史之人，东汉文史之盛，当无可疑。

所以，从更恰当的角度看，魏晋时期史学意识的觉醒，源自东汉时期经学内部今古文经学彼此消长的力量对比，以博通为特点的古文经学的繁荣无疑是史学崛起的一个重要机遇，正如某些学者所言，"今文经学的衰落与古文经学的繁荣这两个因素加在一起才共同构成史学发展的前提"[②]。

当然，从《隋志》起开始定型的四分法，毕竟是由《汉志》的类例体系演变而来，不可能完全与六分法脱离关系，其中的联系是十分清晰的。如《隋志》的经部，明显承《汉志》之《六艺略》而来，集部由《诗赋略》扩充而来。在宏观框架上，两者的这种承继关系还是十分明显的。此外，四分法各部之小类的名目及内容，在很大程度上也没有完全脱离《汉志》的影响，后世之书目虽在各小类之归属与数量等方面有所减省、增设或调整，但这种变动，基本都是以《汉志》的语义或设定为基准，仍辐辏于《汉志》的话语体系之中。我们以经部和子部为例，试着分析它们与《汉志》中各小类的相似度。

三、四部分类法与《汉书·艺文志》体例的关系

（一）四部分类法对《汉书·艺文志》体例的继承

1. 经部与《六艺略》

《汉志》之六艺类文献，按照易、书、诗、礼、乐、春秋六家归属文献，并附以论语、孝经、小学三家，即所谓"序六艺为九种"。这种六艺文献的归类方法，在后世的目录学著作或正史艺文、经籍志中，基本被沿袭下来。如在《七录》之经典录中，即将六艺文献分为易部、尚书部、诗部、礼部、乐部、春秋部、论语部、孝经部和小学部，其名称和各类顺序与《六艺略》完全一致。《隋志》中，经部文献分为易、书、诗、礼、乐、春秋、孝经、论语、谶纬、小学，其中有两个小的变动：一是将孝经类

---

① 《后汉书》卷四十下《班彪列传》附班固，第 1386 页。

② 胡宝国：《汉唐间史学的发展》，商务印书馆，2003 年，第 49 页。

文献置于论语类之前；二是在论语类之后、小学类之前，还附有谶纬文献若干。较之《汉志》的六艺分类，实际多了谶纬一类，“或以纬书解经，合为十种”[①]。但从总体看来，《隋志》的变动仍属细节性的。

在《旧唐书·经籍志》中，经部文献增至十二类，分别为易、书、诗、礼、乐、春秋、孝经、论语、图纬、经解、诂训、小学，在《汉志》和《隋志》的基础上进一步细化。所谓图纬、经解和诂训，其内容《旧唐书》均规定为“以纪六经谶候”[②]，似乎并无区别。而且在随后的文献著录中，这三种类目也没有再单独列出，只是笼统记为“经纬九家，七经杂解二十七家，凡四百七十四卷”[③]。其下著录的文献中，除了纬书外，也有《白虎通》《经典释文》等一些总论性质的典籍，将谶纬与一般的经解类文献混合，则其内容确实较为杂乱。经部的类别设置，和实际图书归属的目录，形式上并不统一。从这个角度讲，图纬、经解、诂训三小类，更像是虚设，《旧唐书·经籍志》的类别设置也基本遵从了《汉志》的规制，变动并不如其表现得那般强烈。

至《新唐书·艺文志》，经部文献为十一类，分别为易、书、诗、礼、乐、春秋、孝经、论语、谶纬、经解和小学类，其体例较之《旧唐书》更为严谨，将谶纬与经解类作品分割开来，更接近于《汉志》和《隋志》的分类。

在《宋史·艺文志》中，经部文献为十类，即易、书、诗、礼、乐、春秋、孝经、论语、经解和小学类。较之《新唐书》，取消了谶纬类文献，将之散入经部其他小类之中。至于原因，很可能是此时的谶纬文献已经散佚殆尽，只有易类著录“易纬乾凿度三卷”“易纬稽览图一卷”[④]等数种谶纬文献，数量几可忽略。

在《明史·艺文志》中，经部文献亦有十类，为易、书、诗、礼、乐、春秋、孝经、诸经、四书和小学类。所谓诸经，与《新唐书》和《宋史》之“经解”相类，内容不限于某一经，为注疏或通解六经的著作。与前此之艺文志、经籍志相比，《明史》最大的特点是于经部改设了四书类，这实际与明清以来经学格局的变动有极大之

---

① 《隋书》卷三十二《经籍志》，第948页。
② 《旧唐书》卷四十六《经籍上》，第1963页。
③ 《旧唐书》卷四十六《经籍上》，第1983页。
④ 《宋史》卷二百二《艺文一》，第5041页。

关系，四书的地位逐渐抬升，成为科举考试的内容，与五经并驾齐驱。这在目录学中的表现，就是将四书作为一个单独的类目，使之跻身于经典之列。《明史·艺文志》的经部体例，在《四库全书总目》和《清史稿·艺文志》中全部被承袭下来，唯《总目》将“诸经”改作“五经总义类”，《清史稿·艺文志》将其改作“经总义类”。

因此，从整个经部文献的类例演变看，其小类设置基本遵从了《汉志》之《六艺略》的规制，并且易、书、诗、礼、乐、春秋、论语、孝经、小学的绝对顺序，特别是前六类典籍的顺序，并无变易，都沿袭了《汉志》“以《易》为首”的六经框架。所以，以《隋志》为起点的经史子集四分法中，其经部与《六艺略》有直接和紧密的继承关系，更多是对前者在典籍数量上的扩充和具体书籍上的淘汰和更新，这也是《汉志》对后世目录之学的一个持久影响。

2. 子部与《诸子略》《兵书略》《数术略》《方技略》

四部分类法之子部，恐怕是后世内容最为庞杂、变化最为频繁和内容最不稳定的部分。就总体看，《汉志》之诸子、兵书、数术、方技四略都容括在子部之内，当然子部的外延并不限于这些内容，还包括道家、佛家等。若我们仔细梳理，还是能够发现子部与《汉志》在一些细节上的沿袭关系。

《诸子略》以“九流十家”规划了先秦秦汉学术的基本秩序，清晰的学派意识取代了以前“百家”的笼统概念。这种学派划分在一些典籍的归属上略显牵强，有学者在此基础上曾提出过新的派别，但都是些小修小补，正如李锐所言，“这只不过是扩充九流”①，依然是在《诸子略》确立的学派体系中探讨问题。《汉志》之“九流十家”的框架，成为后世艺文志和经籍志整齐学术、厘定书籍的一个重要工具，贯穿于整个传统学术体系中。

《兵书略》与子部的关系比较简单，基本就是被作为一个小类并入子部，《汉志》对兵书所作的权谋、形势、阴阳和技巧四家的分类，并没有被保留下来，后世子部对兵书也很少再做这样细化的区分。

至于数术和方技类文献，也和诸子类文献一样，被取消了独立的类别，附于

① 李锐：《九流：从创建的目录名称到虚幻的历史事实》，《文史哲》，2004年第4期。

子部之内。后世子部对两类文献的类目处置，差距较大，但基本名目仍是出自《汉志》的设定，即《数术略》之天文、历谱、五行、蓍龟、杂占、形法，《方技略》之医经、经方、房中和神仙，或从中择取数者以为名目，以便对这些书籍进行归并、组合等。

《隋志》子部有儒、道、法、名、墨、纵横、杂、农、小说诸家，这些类目明显承自《诸子略》；又有兵书类，与《兵书略》之内容相类；又有天文、历数、五行、医方，其中天文、历数（《汉志》谓历谱）与五行类，乃采自《汉志·数术略》，医方则与《方技略》相类。对于子部的这种包容四略的做法，《隋志》没有回避，直言："《汉书》有诸子、兵书、数术、方技之略，今合而叙之，为十四种，谓之子部"[①]。可以说，《隋志》的这个说法，实际道出了后世艺文志、经籍志处理《汉志》部类归属的一个共性。

在《旧唐书·经籍志》中，子部共分十七家，为儒、道、法、名、墨、纵横、杂、农、小说、天文、历算、兵书、五行、杂艺术、事类、经脉和医术。前九家承自《诸子略》，当无疑问；天文、历算、五行三家出自《数术略》之类目，唯历算在《汉志》中作"历谱"，但历数之推演离不开算术，所以《汉志》历谱类中也有一些算书，如《许商算书》二十六卷及《杜忠算术》十六卷[②]等，则《旧唐书》以"历算"称之当也有据；经脉和医术，本于《汉志》之《方技略》，经脉类典籍多记人体脉络及针灸之法，类似《汉志》之医经类，"医经者，原人血脉经络骨髓阴阳表里，以起百病之本，死生之分，而用度箴石汤火所施，调百药齐和之所宜"[③]；医术类，多记具体之医方，类似《汉志》之经方类。《新唐书·艺文志》之子部，与《旧唐书》的类例基本一致，唯将"事类"作"类书类"。

至《宋史·艺文志》中，子部为十七类，即儒、道、法、名、墨、纵横、农、杂、小说、天文、五行、蓍龟、历算、兵书、杂艺术、类事和医术。前九家名目出自《汉志》之《诸子略》；天文、五行、蓍龟、历算四家采自《数术略》；医术类则与《方技略》相当。值得注意的是，"道家"中还附入佛家及神仙类典籍，这也是在既定体例框架

---

① 《隋书》卷三十二《经籍志》，第1051页。
② 《汉书》卷三十《艺文志》，第1766页。
③ 《汉书》卷三十《艺文志》，第1776页。

内，为安置佛教及道教类典籍的不得已之举。

在《明史·艺文志》中，子部之类目发生了较大变化，共十二类：儒、杂、农、小说、兵书、天文、历数、五行、艺术、类书、道家、释家。《汉志》诸子中墨、名、法、纵横诸家作为独立类目被取消，归并于杂家之内，原因是“前代艺文志列名法诸家，然寥寥无几，备数而已。今总附杂家”[①]。其实这种做法在明人黄虞稷那里已经开端，其在所著《千顷堂书目》中论列诸子时说：“前代艺文志列名法诸家，然寥寥无几，备数而已。今削之，总名之曰杂家”[②]。即便如此，《千顷堂书目》和《明史》的本意并非要否定墨、名、法、纵横诸家的学派地位，并非对《汉志》之“九流十家”分类法的质疑和变革，而是基于书籍数量与类目设置平允的权宜之举。天文、历数、五行三类，出于《汉志》之《数术略》，兹不赘述；医学类典籍，附入艺术类中。《明史·艺文志》子部类目的另一重大变化，是增添了专门的佛家类目，佛教文献摆脱了从《七志》《七录》以来作为附录存在的状态，正式成为真正独立的类目出现在子部中。

《四库全书总目》之子部，分为儒、兵、法、农、医、天文算法、术数、艺术、谱录、杂、类书、小说、释、道，其中大部在《汉志》中可寻其痕迹，如儒、兵、农、医、天文算法、术数、小说、杂等。需要解释的是，这里的天文算法相当于《汉志·数术略》中天文类与历谱类的集合，天文即星辰运转与变动，所谓算法并非一般的算术，而是与天文相结合的历算，“古之算术，非今之算术也。今核其实，与天文类从焉”[③]。《总目》中所言之“术数类”，表面看与《汉志》之《数术略》相类，其实外延要小，类似《数术略》之五行、蓍龟、形法和杂占的合一，因为其对术数的理解是“要其旨，不出乎阴阳五行，生克制化。实皆《易》之支派，傅以杂说耳”[④]，其内容包括数学、相宅相墓、占卜、命书相书、阴阳五行[⑤]。也就是说，在《总目》中，《汉志》的数术类文献实际被分立为天文算法和术数两类。《清史稿·艺文志》的子部类目与《总目》完全一致，不再赘述。

---

① 《明史》卷九十八《艺文三》，第 2425 页。

② 黄虞稷：《千顷堂书目》，上海古籍出版社，2001 年，第 323 页。

③ 《钦定四库全书总目》卷一百零六《子部》天文算法类序。

④ 《钦定四库全书总目》卷一百零八《子部》术数类序。

⑤ 《钦定四库全书总目》卷一百零八《子部》术数类序。

以上我们从历代正史之艺文志、经籍志之经部和子部的类目沿革和变化中，粗略地描述了《汉志》之体例和类目的影响。不难看出，后世之四分法虽然抛弃了《汉志》的六分法，但这种变动是表面和浅层次的，继承和沿袭才是本质和深层次的。《六艺略》所确立的“序六艺为九种”的体例，在历代书目中基本没有变化；《诸子略》之“九流十家”的学派格局，也得到了广泛认可，虽然后世诸子对应之文献已屈指可数，但“九流十家”作为子部类目的框架，依然保留下来；兵书、数术、方技三类典籍，作为独立一级目录不复存在，但在子部类目设置中，其名目和内容基本仍出自《汉志》的规制，它们作为一种知识体系得以保存下来。从这个角度讲，虽然四分法抹杀了《汉志》六分法在体现古代知识、思想和信仰形态的直观性和完整性，但依然为各种知识体系寻得了一个位置。这个位置未必适当，但确实使其得以保存下来，仅此一点，四部分类法功莫大焉。

（二）四部分类法对《汉书·艺文志》体例的遮蔽

《汉志》之六分法与《隋志》之后的四部分类法，各有其产生的背景和依据，也都有自己的历史适用性和存在的合理性。如前所述，四部分类法是由六分法演变而来，在很多方面做了较大的变动和改易。这些变化很多是不得已的，可能无意间改变或抹杀了一些《汉志》体例的功用和学术考量。从这个角度看，四部分类法之于《汉志》的变化，不单单是类例上的调整，背后还有着对各种知识体系价值评判的变化。下面我们就简单陈说几点四部分类法对《汉志》本意的一些遮蔽和消磨。

1. 经、传关系的模糊

在《汉志》中，对六艺类文献的处理是十分谨慎的。《六艺略》之主体，是按照六经之框架，对经传文献进行归类。其后，鉴于《论语》《孝经》及小学类文献在当时经学传授中的地位，特别是与孔子的密切关系，又将三类文献作为附录，放在六经类文献之后，即所谓“序六艺为九种”。也就是说，《汉志》尊经的态度是十分明确的，对六艺类文献的处理也是有层次感的，经与附录都有合适的位置。《论语》和《孝经》虽在汉代有较高的地位，特别是《孝经》与西汉“以孝治天下”的理念相合，受到政府的提倡，但因缺乏学理上的足够支撑，无法与时人所共识的“先王之圣典"六经等同。《汉志》重心是放在六经上的，其在《六艺略》总序中，是围绕六经关系展开论述的，对三种附录没有专门提及。应当说，《汉志》对六经与论语、孝经、小学类文献的处理，是符合汉代经学发生、演进的基本形态的。

至王俭之《七志》，将六艺类文献改称《经典志》，"以六艺之称不足，标榜经目改为经典"[①]。王俭的做法，自有其考虑，但将六艺类文献统称为"经典"，某种程度上混淆了《汉志》所确立的六经与《论语》等的界限，开启了经传不分的先例。阮孝绪《七录》认同王俭的做法，设有《经典录》，在其中设立了独立的论语部、孝经部和小学部，使之在类目上与六经取得了平等地位。《经典录》在体例上达到了九部，与《汉志》"序六艺为九种"的做法有了较大变化。至《隋志》，《论语》《孝经》和小学类与六经并称"经"的规制，被正式引入官方史书之中，此后再无大的改易。

这种名称和类目上的改易，表面看来只是一种体例上的细微变化，实际助长了对经学知识体系的误解和歪曲。六经之称，在先秦时期就已存在，秦汉人对"经"之范围的限定是有十分清楚的认识的，即只有六经才是真正的"经"。《汉志》对六艺类文献的处理就是这种认识的绝好写照。

但这种集体共识随着时间的演进，逐渐发生变化。经的范围在逐渐扩大，东汉时已有"七经"之称，《后汉书·张纯传》有"七经谶"的说法，《三国志》有"文翁遣相如东受七经"[②]语，而七经的内容众说不一，或以五经加上《论语》《孝经》，或以六经加上《论语》，或以五经之"礼"一分为三[③]。入唐之后，又有九经之称，其内容有两种说法，或以《春秋》三传、三礼，加上《易》《书》《诗》，或以三礼、《论语》、《孝经》，加上《易》《书》《诗》《春秋》[④]。宋朝，出现了十三经，即以三传、三礼，加上《易》《书》《诗》《论语》《孝经》《孟子》《尔雅》，经之类目至于顶峰。

经典范围的逐步扩充，有时也并非完全出于个人意志的随意变更，背后还有一些实际动因。一方面，学术的由简而繁，由浅而深，是学术演进的一个基本路

---

① 阮孝绪：《七录序》，《广弘明集》卷三，见于《四部精华》（子部四），上海古籍出版社，1992 年，第 97 页。

② 《三国志》卷三十八《秦宓传》，第 973 页。

③ 周予同：《群经概论》，岳麓书社，2011 年，第 4 页。

④ 周予同：《群经概论》，岳麓书社，2011 年，第 4 页。

向。西汉时期毕竟处于中国经学发展的起步阶段，六经的研究也都是开山和奠基之作。随着历朝历代六经类典籍的累积和经学名家的涌现，经学逐渐走向条目化和专门化，各种经传如《春秋》三传、《论语》、《孝经》等都有了相当规模的论著和从学之人，在数量上具备了自立一家的可能性。我们姑且将之称为学术演进上的"积累模式"，这种积累是传统学术分门别派的一个重要路径。

另一方面，经学部类的扩充，有时也受制于时代学术变易的影响。最明显者是宋代十三经的出现。《孟子》本是传统之儒家类文献，即子书。此时理学成为宋代之主导学术，而孟子之心性论为理学家所极力推崇，四书的重要性开始抬升，并逐渐取得与五经相类的地位，《孟子》此时跻身经部，正是这种学术潮流的一个表征。

经典范围的扩充，也引起了一些学人的注意。如章学诚认为："至于《论语》《孝经》，则非六经之本体也；学者崇圣人之续余，而尊以经名，其实皆传体也"[①]，指出了《论语》《孝经》属传记，"经"之名与两书性质并不一致。龚自珍专门有《六经正名》篇，认为六经渊源已久，后世所作只能称传、记，不能冠以"经"名。龚自珍对《汉志》处理六艺类的做法十分认可，认为："善夫，汉刘向之为《七略》也！班固仍之，造《艺文志》，序六艺为九种。有经、有传、有记、有群书。传则附于经，记则附于经，群书颇关经，则附于经"[②]，后世之九经、十三经诸说乃"喋喋"之论。刘师培也言道："不察以传为经、以记为经，以群书为经，以释经之书为经，此则不知正名之故也"[③]。

与经典范围扩充相应，四部分类法的经部的设置，也以一种略显笼统的形式对六艺类文献进行著录，《汉志》中那种较为清晰的经传之分被忽视，六艺类文献都附于"经"的名目之下，很容易带来认知上的错误和困难。因此，从这点来看，四部分类法之经部的设置，就辨识经学知识形态和结构而言，确实不如《汉志》明晰。

2. 诸子名目的固守与内涵的迁移

如前面所讲，《汉志》中诸子"九流十家"的学派框架，在后世四部分类法中基

---

① 叶瑛：《文史通义校注》，中华书局，第 1022 页。

② 龚自珍：《六经正名》，见《龚自珍全集》，上海人民出版社，1975 年，第 37 页。

③ 刘师培：《经学教科书》，上海古籍出版社，2006 年，第 6 页。

本被承袭下来，但这种承袭在很大程度上是存在问题的。在《汉志》那里，诸子的内涵是明确的，从时间断限上看，诸子论著以春秋战国时期为主，西汉之作占少数。《汉志》定义诸子的功用，认为其乃官学失守后的一种文化现象，有其特定环境和承载条件，是与春秋战国分裂态势相匹配的文化碎化的体现。因此，学界多将子学思潮之主体，限定于春秋战国。当然，文化有其独立性，其沉浮兴衰不可能与政治变动完全一致，有时有一定的超前或滞后。《汉志》将西汉中前期的一些文献录入《诸子略》，是可以成立的。

但《汉志》之"九流十家"毕竟不是单纯的目录分类的权宜之计，其划分带有很强的整齐学术的意旨，学术的时代性印记较为强烈，其框架不可能没有下限地随意延伸。因为先秦诸子之血脉，入汉之后已经十分微弱，墨、名等家基本没有了传承，后世也没有新的文献可以归入其中，他们作为学派意义上的一家之学已名存实亡。余嘉锡认为："考汉诸子十家，惟儒、道、阴阳三家有西汉末年人之著作，余若纵横、杂家，皆武帝时止，农家至成帝时止，小说家至宣帝时止。而名、墨二家，则只有六国人书。可以见当前汉时诸子之学，已在若存若亡之间"[①]。若继续袭用此框架作为子部类目的重要依据，则难免削足适履，进退失据。所以有些学者倾向于将先秦诸子视为一种特定的学术思潮，在图书分类中也应占有特殊地位。如荀勖之《新簿》，其乙部将子书分为古诸子家和近世子家，可见荀勖已意识到子学之脉络，前后当区分对待。与此相类，张之洞之《书目答问》子部中，亦单列周秦诸子一类，并对后世书目强分诸子的做法进行了驳斥："后世群书，其不能归入经史者，强附子部，名似而实非也"[②]。

但绝大多数目录著作，仍不加区分地将《汉志》之《诸子略》的框架直接承继下来，因而造成一些学派作为部类归属，缺乏明显的代表性。如在《七录》之《子兵录》中，阴阳家只有1卷，名家只有23卷，墨家只有10卷，纵横家只有5卷，农家只有3卷[③]。《隋志》子部中，法家仅6部，72卷，新增者唯有东汉崔寔之《正论》

---

① 余嘉锡：《目录学发微》，中国人民大学出版社，2010年，第147～148页。

② 张之洞撰，范希曾补正：《书目答问补正》，上海古籍出版社，2010年，第117页。

③ 阮孝绪：《七录序》，《广弘明集》卷三，见于《四部精华》(子部四)，上海古籍出版社，1992年，第97页。

和曹魏桓范之《世要论》;名家仅 4 部,7 卷,除《邓析子》《尹文子》外,新增魏文帝《士操》和刘劭《人物志》;墨家,3 部,17 卷,全为先秦之作;纵横家 2 部,6 卷,为两种传本的《鬼谷子》,亦为先秦之作。[①] 这种情况在其后的历代经籍志、艺文志中,大致相类。因此后世之四部分类法拘泥于《汉志》之成规,以之整齐后世典籍,在逻辑上是走不通的。黄虞稷将《汉志》中那些血脉断绝的诸学派一并省入杂家,处理虽嫌简单,某种程度上是对这种墨守的不满和应对。

与墨、纵横、名诸家不同,其他的一些诸子学派虽不断有新的典籍出现,但其意义与《汉志》所言已经大相径庭。如《汉志》之杂家,重在治国理民而兼取诸家,"兼儒、墨,合名、法",是与学术相涉的诸子学派之一。其所谓"杂",乃指其学术理念的综合性,并非杂乱无章之意。而在后世四部分类法中,杂家渐渐成为那些不好确定类属的书籍的集合,学术和学派意义开始蜕变,从而成为单纯的图书类目设置。在《隋志》中,杂家所包的内容已经非常庞杂,佛、道、类书等内容都可置之其中,"诸子杂家之义,汉后已亡,著录杂家之冗,历世愈烈"[②];《旧唐书·经籍志》中,杂家还包含了一些符应、祥瑞的东西,如《瑞应图记》《瑞应图赞》《祥瑞图》等。《宋史·艺文志》中,杂家的内容有与政治相涉者,如虞世南《帝王论略》;有涉及符瑞者,如《祥瑞录》;有涉及乡约族规者,如《谕俗编》《弟子职》《女诫》《乡约》《家仪》《乡仪》;有涉及小学韵理的,如《十经韵对》《四库韵对》;甚至还有谈及服饰的,如《服饰变古》。杂家之杂,被推至一个极致。《明史·艺文志》受黄虞稷影响,将法、名诸家归入杂家,则其所谓杂家又多了一些内容。由于《明志》收录书籍限于本朝,所以杂家更多一些笔记类著作。从《隋志》至《明志》,杂家作为类目存在,其内容庞杂不堪,成为了各类闲散典籍的大杂烩。著录的依据也很难固定,编目者的主观性较强,"凡于诸家著述,不能遽定意指之所归,爱之则附于儒,轻则推于杂"[③]。

至《四库全书总目》,杂家作为一种图书类目在内容和范围上更加清晰,有了杂学、杂考、杂说、杂品、杂纂、杂编六个小类目。从目录学的角度来讲,《总目》的

---

① 《隋书》卷三十四《经籍三》,第 1004 页。

② 程千帆:《目录学丛考》,中华书局,1939 年,第 43 页。

③ 叶瑛:《文史通义校注》附《校雠通义》,中华书局,1985 年,第 1038 页。

这种做法解决了杂家类典籍的无序状态，是目录体例上的一大进步。但若是从《汉志》的角度看，无疑将“杂家”作为学派意义上的价值涤荡一清。杂家完全成为满足于目录之学的工具，《汉志》中赋予它的诸子特性，在此基本没有了踪迹，完成了“目录学史上的‘杂家’向‘杂家类’转化”①。

又如道家。《汉志》之道家，以“秉要执本、清虚以自守”为核心，乃是老庄所言之无名、无为之道，意旨是较为单一的。随着后来道教的兴起，“道家”的内涵逐渐发生变化，宗教意味越来越浓。如《旧唐书·经籍志》中的道家类，除了收录一些道家的基本典籍外，也将道教书籍著录其中，如陶弘景之《登真隐诀》、张湛之《养生要集》等修道长生之书，且道家类后还附有佛教之书。在《宋史·艺文志》中，道家类同样将佛家及神仙附入其中，所谓神仙就是道教中成仙、炼丹、长生之术。在《明史·艺文志》中，道教典籍则从附录正式进入道家的范围，《明志》对道家和道教典籍不再作区分，有涉及炼丹者，如《金丹密语》《金丹直指》《金丹秘旨》等；涉及神仙之事者，如《蜀中神仙记》《国朝仙传》等。至《四库全书总目》，“道家”中道教内容更多，求仙、修道、炼丹等，应有尽有。

因此，从杂家、道家的例子看，《汉志》之诸子体系在小的类目中也发生了一些潜移默化的变化，与《汉志》的原始寓意发生了较大差距。变化的原因，乃是后世学术、知识体系发生了巨大变动，而目录在典籍著录上又不得不借助于《汉志》的诸子学派体系，唯一的办法就是对原有类目进行“旧瓶装新酒”的改造。这种改造，使得《汉志》原有的学术关照被极大扭曲，很多类目都已名存实亡。当然，我们这些分析并不是要对四部分类法的这一改造进行谴责，而是指出其与《汉志》是如何在表面的相似中进行变动的，并在这种变动中寻得中国思想、学术演进的轨迹。

3. 对数术、方技类文献的轻视

在《汉志》中，数术、方技类文献的比重是很大的，约占全部图书总量的四分之一。两者分别作为独立的一级类目出现，与六艺、诸子类文献并驾齐驱。《汉志》的这种安排，不单是基于数量对比的考虑，确实也是由于数术、方技在时人的

---

① 程有庆：《“杂家”与“杂家类”浅说》，《文献》，2002年第3期。

精神世界中“日用而不知”的作用,《史记》《汉书》中诸多传、志都浸染着它们的痕迹,如《史记》之《天官书》《律书》《历书》《封禅书》《日者列传》《龟策列传》,《汉书》之《律历志》《郊祀志》《天文志》《五行志》等。除了官方认可的层面,在个人精神领域,数术、方技知识也是重要的组成部分,我们前面所举的出土文献中的例子,就是很好的证明。这些出土材料有的来自贵族、官吏的墓葬,有的来自边吏、戍卒的生活用品,地域上不分东西南北,具有较强的代表性。如此,则数术、方技知识确实为当时知识、信仰世界的重要内容,《汉志》对两家的重视,是于史有征的。

至荀勖《新簿》,数术与诸子及兵书同被纳入乙部,开启了后世数术、方技类文献并入子部的先例。不过魏晋南北朝时期,仍处于六分法与四部分类法相互拉锯的状态,数术类文献的部类归属仍不固定。如王俭之《七志》,有《阴阳志》,“纪阴阳图纬”[①],又有《术艺志》,“纪方技”[②];南朝梁时,“于文德殿内别藏众书……乃分数术之文,更为一部”,也赋予了数术文献的独立地位。甚至在阮孝绪《七录》那里,其已经具备了经史子集的基本体例,仍有专门之《技术录》著录数术文献。至《隋志》,数术或方技类文献作为独立一级类目不复存在,完全被纳入子部之中,以后的正史之经籍、艺文志也没有恢复它们的独立地位。

如前面所讲,四部分类法继承了《汉志》中两者所辖的小类目,如天文、历算、五行等,对两类书籍进行著录、归并,对数术、方技类典籍也没有完全忽略。这种处理,从效果上讲尚能使人接受,但毕竟取消了数术、方技类典籍的独立性,降低了它们在知识、思想体系内的作用,消解了它们作为一类知识的系统性和完整性。这对于我们把握传统社会的知识结构和社会心理,实际上是一个重大的损失。就这一点,《汉志》的体例设置,显然更加合理。

---

① 《隋书》卷三十二《经籍一》,第 906 页。

② 《隋书》卷三十二《经籍一》,第 907 页。

参考书目

古籍：

1. 班固:《汉书》,北京:中华书局,1962 年。
2. 程树德:《论语集释》,北京:中华书局,1990 年。
3. 杜预:《春秋经传集解》,上海:上海古籍出版社,1997 年。
4. 方向东:《大戴礼记汇校集解》,北京:中华书局,2008 年。
5. 郭庆藩:《庄子集释》,北京:中华书局,2004 年。
6. 何宁:《淮南子集释》,北京:中华书局,1998 年。
7. 胡应麟:《四部正讹》,北平:朴社,铅印本,1933 年。
8. 桓谭:《新论》,上海:上海人民出版社,1976 年。
9. 黄晖:《论衡校释》,北京:中华书局,1990 年。
10. 焦循:《孟子正义》,北京:中华书局,1987 年。
11. 蒋礼鸿:《商君书锥指》,北京:中华书局,1986 年。
12. 孔颖达:《尚书正义》,上海:上海古籍出版社,2007 年。
13. 孔颖达:《周易正义》,北京:北京大学出版社,2000 年。
14. 刘光蕡:《前汉书艺文志注》,北京:清华大学出版社,2012 年。
15. 梁玉绳:《史记志疑》,北京:中华书局,1981 年。
16. 楼宇烈:《老子道德经注校释》,北京:中华书局,2008 年。
17. 陆德明撰,黄焯汇校:《经典释文汇校》,北京:中华书局,2006 年。
18. 司马迁:《史记》,北京:中华书局,1959 年。
19. 沈钦韩:《汉书艺文志讲疏》,北京:清华大学出版社,2011 年。

20. 苏舆:《春秋繁露义证》,北京:中华书局,1992 年。
21. 孙星衍等辑:《汉官六种》,北京:中华书局,1990 年。
22. 王利器:《新语校注》,北京:中华书局,1986 年。
23. 王利器:《盐铁论校注》,北京:中华书局,1992 年。
24. 王鸣盛:《蛾术编》,北京:商务印书馆,1958 年。
25. 王鸣盛:《十七史商榷》,南京:凤凰出版社,2008 年。
26. 王先谦:《荀子集解》,北京:中华书局,1988 年。
27. 王先慎:《韩非子集解》,北京:中华书局,1998 年。
28. 王应麟:《汉艺文志考证》,北京:中华书局,2011 年。
29. 王应麟:《困学纪闻》,上海:上海古籍出版社,2008 年。
30. 邢昺:《论语注疏》,北京:北京大学出版社,2000 年。
31. 邢昺:《孝经注疏》,上海:上海古籍出版社,2009 年。
32. 徐元诰:《国语集解》,北京:中华书局,2002 年。
33. 许维遹:《吕氏春秋集释》,北京:中华书局,2009 年。
34. 荀悦:《两汉纪》,北京:中华书局,2002 年。
35. 阎振益、钟夏:《新书校注》,北京:中华书局,2000 年。
36. 姚振宗:《七略别录佚文　七略佚文》,上海:上海古籍出版社,2008 年。
37. 姚振宗:《汉书艺文志条理》,北京:清华大学出版社,2011 年。
38. 姚振宗:《汉书艺文志拾补》,北京:清华大学出版社,2011 年。
39. 俞樾:《诸子平议》,北京:中华书局,1954 年。
40. 郑玄注,贾公彦疏:《周礼注疏》,上海:上海古籍出版社,2010 年。
41. 郑玄注,孔颖达疏:《礼记正义》,上海:上海古籍出版社,2008 年。
42. 郑樵:《通志二十略》,北京:中华书局,1995 年。
43. 章学诚著,叶瑛校注:《文史通义校注》,北京:中华书局,1985 年。

研究专著:

1. 安作璋、熊铁基:《秦汉官制史稿》,济南:齐鲁书社,2007 年。

2. 白奚:《稷下学研究》,北京:三联书店,1998年。

3. 边家珍:《经学传统与中国古代学术文化形态》,北京:人民出版社,2010年。

4. 曹慕樊:《目录学纲要》,重庆:西南师范大学,1988年。

5. 昌彼得:《中国目录学讲义》,台北:文史哲出版社,1973年。

6. 晁福林:《夏商西周的社会变迁》,北京:北京师范大学出版社,1996年。

7. 陈国庆:《汉书艺文志注释汇编》,北京:中华书局,1983年。

8. 陈鼓应:《黄帝四经今注今译——马王堆汉墓出土帛书》,北京:商务印书馆,2007年。

9. 陈致著,吴仰湘、黄梓勇、许景昭译:《从礼仪到世俗化——〈诗经〉的形成》,上海:上海古籍出版社,2009年。

10. 陈登原:《古今典籍聚散考》,上海:华东师范大学出版社,2010年。

11. 陈桐生:《〈史记〉与诸子百家之学》,合肥:安徽大学出版社,2006年。

12. 陈柱:《墨学十论》,桂林:广西师范大学出版社,2010年。

13. 陈其泰:《清代公羊学》,上海:上海人民出版社,2011年。

14. 陈苏镇:《〈春秋〉与"汉道":两汉政治与政治文化研究》,北京:中华书局,2011年。

15. 陈槃:《古谶纬研讨及其书录解题》,上海:上海古籍出版社,2010年。

16. 程千帆:《目录学丛考》,上海:中华书局,1939年。

17. 傅荣贤:《〈汉书·艺文志〉研究源流考》,合肥:黄山书社,2007年。

18. 高怀民:《先秦易学史》,桂林:广西师范大学出版社,2007年。

19. 郭沫若:《中国古代社会研究》,北京:商务印书馆,2011年。

20. 顾实:《汉书艺文志讲疏》,上海;上海古籍出版社,2009年。

21. 顾颉刚:《中国上古史研究讲义》,北京:中华书局,2007年。

22. 郭沂:《郭店竹简与先秦学术思想》,上海:上海教育出版社,2001年。

23. 桂思卓著,朱腾译:《从编年史到经典——董仲舒的春秋诠释学》,北京:中国政法大学出版社,2010年。

24. 胡宝国:《汉唐间史学的发展》,北京:商务印书馆,2003年。

25. 黄克剑:《由“命”而“道”——先秦诸子十讲》,北京:线装书局,2006 年。

26. 黄朴民:《天人合一——董仲舒与汉代思潮》,长沙:岳麓书社,1999 年。

27. 康有为:《新学伪经考》,北京:中国人民大学出版社,2010 年。

28. 李小树:《秦汉魏晋南北朝史学史稿》,北京:中国人民大学出版社,2007 年。

29. 李零:《兰台万卷——读〈汉书・艺文志〉》,北京:三联书店,2011 年。

30. 李零:《中国方术正考》,北京:中华书局,2006 年。

31. 李零:《中国方术续考》,北京:东方出版社,2000 年。

32. 李零:《简帛古书与学术源流》,北京:三联书店,2007 年。

33. 李锐:《战国秦汉时期的学派问题研究》,北京:北京师范大学出版社,2011 年。

34. 梁涛:《郭店竹简与思孟学派》,北京:中国人民大学出版社,2008 年。

35. 廖名春:《马王堆帛书周易经传释文》,成都:四川大学出版社,1998 年。

36. 刘师培:《刘师培儒学论集》,成都:四川大学出版社,2010 年。

37. 吕绍虞:《中国目录学史稿》,台北:丹青图书有限公司,1986 年。

38. 吕思勉:《史学与史籍七种》,上海:上海古籍出版社,2009 年。

39. 吕思勉:《吕思勉读史札记》,上海:上海古籍出版社,2005 年。

40. 吕思勉:《先秦学术概论》,昆明:云南人民出版社,2005 年。

41. 梁启超:《先秦政治思想史》,北京:东方出版社,1996 年。

42. 罗琨:《商代战争与军制》,北京:中国社会科学出版社,2010 年。

43. 李学勤:《简帛佚籍与学术史》,南昌:江西教育出版社,2001 年。

44. 罗根泽:《诸子考索》,北京:人民出版社,1958 年。

45. 鲁迅:《中国小说史略》,桂林:广西师范大学出版社,2010 年。

46. 鲁惟一著,王浩译:《汉代的信仰、神话和理性》,北京:北京大学出版社,2009 年。

47. 逯耀东:《魏晋史学的思想与社会基础》,北京:中华书局,2006 年。

48. 马宗霍、马巨:《群经通论》,北京:中华书局,2011 年。

49. 缪文远:《战国制度通考》,成都:巴蜀书社,1998 年。

50. 蒙文通:《经学抉原》,上海:上海世纪出版集团,2006 年。

51. 皮锡瑞:《经学历史》,北京:中华书局,1959 年。

52. 皮锡瑞:《经学通论》,北京:中华书局,1954 年。

53. 彭林:《〈周礼〉主体思想与成书年代研究》,北京:中国人民大学出版社,2009 年。

54. 戚良德:《文心雕龙校注通译》,上海:上海古籍出版社,2008 年。

55. 钱穆:《两汉经学今古文平议》,北京:商务印书馆,2005 年。

56. 钱穆:《中国文化史导论》,北京:商务印书馆,1994 年。

57. 宋会群:《中国术数文化史》,开封:河南大学出版社,1999 年。

58. 宋艳萍:《公羊学与汉代社会》,北京:学苑出版社,2010 年。

59. 汪高鑫:《中国史学思想史散论》,北京:北京师范大学出版社,2010 年。

60. 王锦民:《古学经子》,北京:华夏出版社,2008 年。

61. 王重民:《中国目录学史论丛》,北京:中华书局,1984 年。

62. 王葆玹:《今古文经学新论》,北京:中国社会科学出版社,1997 年。

63. 王素:《唐写本论语郑氏注及其研究》,北京:文物出版社,1991 年。

64. 王国维:《观堂集林》,北京:中华书局,1959 年。

65. 徐兴无:《刘向评传》,南京:南京大学出版社,2005 年。

66. 许兆昌:《先秦乐文化考论》,哈尔滨:黑龙江人民出版社,2010 年。

67. 许雪涛:《公羊学解经方法》,广州:广东人民出版社,2006 年。

68. 许倬云:《西周史》,北京:三联书店,2012 年。

69. 徐复观:《两汉思想史》,上海:华东师范大学出版社,2001 年。

70. 徐复观:《中国思想史论集》,上海:上海书店出版社,2004 年。

71. 徐复观:《中国思想史论集续编》,上海:上海书店出版社,2004 年。

72. 徐复观:《徐复观论经学史二种》,上海:上海书店出版社,2006 年。

73. 阎步克:《士大夫政治演生史稿》,北京:北京大学出版社,1996 年。

74. 姚名达:《中国目录学史》,上海:上海古籍出版社,2011 年。

75. 姚明辉:《汉书艺文志注解》,北京:清华大学出版社,2011 年。

76. 杨向奎:《杨向奎集》,北京:中国社会科学出版社,2006 年。

77. 杨宽:《先秦史十讲》,上海:复旦大学出版社,2006 年。

78. 姚曼波:《〈春秋〉考论》,南京:江苏古籍出版社,2002 年。

79. 余英时:《士与中国文化》,上海:上海人民出版社,2003 年。

80. 余嘉锡:《目录学发微》(含《古书通例》),北京:中国人民大学出版社,2010 年。

81. 余嘉锡:《四库提要辨正》,北京:中华书局,1980 年。

82. 余嘉锡:《余嘉锡论学杂著》,北京:中华书局,1963 年。

83. 张富祥:《王政全书——〈吕氏春秋〉与中国文化》,开封:河南大学出版社,2001 年。

84. 张荣明:《方术与中国传统文化》,上海:学林出版社,2000 年。

85. 张之洞:《书目答问补正》,上海:上海世纪出版集团,2010 年。

86. 张丰乾编:《庄子天下篇注疏四种》,北京:华夏出版社,2009 年。

87. 赵益:《古典术数文献述论稿》,北京:中华书局,2005 年。

88. 张亚初、刘雨:《西周金文官制研究》,北京:中华书局,1986 年。

89. 张舜徽:《汉书艺文志通释》,武汉:湖北教育出版社,1990 年。

90. 章太炎:《诸子学略说》,桂林:广西师范大学出版社,2010 年。

91. 赵伯雄:《春秋学史》,济南:山东教育出版社,2004 年。

92. 钟肇鹏:《谶纬论略》,沈阳:辽宁教育出版社,1991 年。

93. 周予同:《群经概论》,长沙:岳麓书社,2011 年。

94. 尹继佐、周山主编:《中国学术思潮史》,上海:上海社会科学院出版社,2006 年。

95. 朱伯昆:《易学哲学史》,北京:昆仑出版社,2009 年。

学术论文:

1. 程有庆:《“杂家”与“杂家类”浅说》,《文献》,2002 年第 3 期。

2. 丁进:《经学师法、家法与〈汉志·六艺略〉的家数问题》,《中国哲学史》,2012 年第 1 期。

3. 丁进:《汉代经学中的家法和师法辨析》,《湖南大学学报》,2011 年第 5 期。

4. 邓安生:《论“六艺”与“六经”》,《南开学报》,2000 年第 2 期。

5. 葛志毅:《两汉经学与今文章句》,《学习与探索》,1993 年第 5 期。

6. 郭丽:《〈汉书·艺文志〉“小说家”考论》,《东岳论丛》,2009 年第 6 期。

7. 黄丽丽:《试论〈汉书·艺文志〉“诸子出于王官说”(上)》,《中国国家博物馆馆刊》,1999 年第 1 期。

8. 黄丽丽:《试论〈汉书·艺文志〉“诸子出于王官说”(下)》,《中国历史文物》,1999 年第 2 期。

9. 黄朴民:《两汉谶纬简论》,《清华大学学报》,2008 年第 3 期。

10. 黄克剑:《〈论语·述而〉“游于艺”义趣辨正》,《哲学动态》,2012 年第 8 期。

11. 蒋国保:《汉儒称“六经”为“六艺”考》,《中国哲学史》,2006 年第 4 期。

12. 蒋国保:《汉儒之“师法”、“家法”考》,《中山大学学报》,2011 年第 3 期。

13. 李梅训:《〈汉书·艺文志〉不著录谶纬论》,《古籍整理研究学刊》,2010 年第 1 期。

14. 刘巍:《“诸子不出于王官论”的建立、影响与意义》,《近代史研究》,2003 年第 1 期。

15. 李锐:《九流:从创建的目录名称到虚幻的历史事实》,《文史哲》,2004 年第 4 期。

16. 李锐:《“六家”、“九流十家”与“百家”》,《中国哲学史》,2005 年第 3 期。

17. 陆世华:《〈汉书·艺文志〉之“小说”的由来和观念实质》,《中国社会科学院研究生院学报》,2004 年第 4 期。

18. 孟天运:《杂家新论》,《哲学研究》,2001 年第 11 期。

19. 牛卫东:《〈汉书·艺文志〉对〈七略〉的继承与发展》,《江苏图书馆学刊》,2008 年第 2 期。

20. 潘俊杰:《战国中晚期之杂家》,《西北大学学报》,2006 年第 6 期。

21. 庞惠:《论春秋战国诸子学说与西周官学传统》,《史学集刊》,2009 年第

6 期。

22. 沈长云、李晶:《春秋官制与〈周礼〉比较研究——〈周礼〉成书年代再探讨》,《历史研究》,2004 年第 6 期。

23. 孙显斌:《〈七略〉〈别录〉编撰考》,《图书馆杂志》,2011 年第 2 期。

24. 吴龙辉:《六艺的变迁及其与六经之关系》,《中国哲学史》,2005 年第 2 期。

25. 杨权:《论章句与章句之学》,《中山大学学报》,2002 年第 4 期。

后　记

在确定以此课题为研究对象之前，我曾有过不少的担心和顾虑。《汉书·艺文志》之撰成距今已两千载，几乎是为学之人必读之书，前辈时贤谈及者亦不在少数，初出茅庐之人怎敢染指此名篇，遑论研究！

但我在翻阅一些《汉志》研究论著时，还是发现了一些契机和空隙。传统学术范式下对《汉志》的研究集中于疏解、辑佚方面，从学术角度谈及的相对较少，集大成者为章学诚。近代学术兴起后，从体例角度，特别是目录学视角研究《汉志》的论著开始集中涌现，但围绕《汉志》学术本身的研究似乎仍显不足。

有鉴于此，我认为《汉志》的研究非但没有结束，反而是到了研究重点和方法的新的转折点，即由疏解、辑佚、体例为核心向以学术考辨为重点转移。当然，许多学术考辨的工作前人都已做过，且不乏一些具有广泛共识的结论，我们要做的就是在这些共识的基础上将考辨的视域进一步扩展，将约而论之的结论在细节上予以论证。

在写作中，我也确实感受到从学术考辨角度入手，难度是何其之大。《汉志》表面看来只是一份书目记录，文字不多，篇幅不长，其背后隐藏的学术信息和牵涉的问题却是惊人的。甚至可以说，《汉志》中著录的每一种典籍，大小序中每一句评论都可以做成篇、成书的研究。以本文谈及的“王官说”问题为例，《汉志》只是以一种笼统和盖然的话语推溯诸子起源，经过两千年学术的沉淀，竟成为剖析先秦学术的代表性范式，历代都有学人论述、评议，成为贯穿传统学术的一大公案，相关争论至今不绝。从这个角度看，《汉志》虽产生于两千年前，但对中国学术演进的影响是历世而弥新的,《汉志》的研究也永远不会有真正的终点。

就《汉志》研究的漫长进程言,我们的努力仅是微薄和不足道的,提出的结论或许也是肤浅甚至是错误的。即便如此,我们也愿意在这条路上走下去,因为错误本身也是一种尝试,可为后来研究轻松规避的礁石。如此,也算为学术研究贡献一份力量。

在拙作即将面世之际,我终于长舒了一口气。这一段时间的写作经历,真正让我体会了问学之难,也让我对前辈学者有了更多的敬意和钦佩。我想,学术也正是在一代代学者的守望中,缓慢而坚实地前行着。

我最应该感谢的,是我的博士生导师黄朴民老师。古人云,人之所敬畏者不出于“天地君亲师”。在我们当今的社会意识中,天地乃虚设,君也在百年之前被涤荡,所存者不外亲与师。亲之恩在于生命之赐予、血脉之延续,而师之恩在于学术之扶持、品行之砥砺。在我们年轻人今后的人生选择上,师长之恩有时会有更大的影响。追随黄老师只有短短三年,所获绝非学术上的一点进步。黄老师虽然为繁重的教学、行政工作所累,但仍然会定期召集我们,询问我们的学习进度和心得。在我们需要帮助和指导的时候,黄老师也会毫不迟疑地竭力提携,所有的这些都让我们这些求学在外的学子感到了师长的慈爱和关怀。我为能忝居于黄师门下而庆幸,也衷心向我的授业恩师致以谢意!

我还要特别感谢我的硕士生导师仝晰纲老师,我能走进中国人民大学的校门求学,与当年仝师的鼓励和帮助是分不开的。来到北京后,虽两地相隔,但仝师也会经常关心我的学习和生活情况。仝师与我,名为师生,拟于父子!

我还要感谢燕山大学马克思主义学院的各位领导和同事。三年前,我来到秦皇岛这个陌生的城市,生活与工作方面都有许多未知与困难,正是在各位同事的帮助下,我才顺利找到了新的生活方向。我想,真正的职业选择,更多选择的是让人内心感到轻松与认同的生活方式。

最后,我还要感谢我的父母,他们是普普通通的农民,没有高深的文化,但他们期待的眼神和坚实的肩膀给了我前行的动力,也正是他们二十年来的支持才使我走到今天。妻子赵海青在工作和生活中给了我极大的帮助，不仅承担了家庭的琐碎事务，使我免去了后顾之忧，还承担了照料、教育孩子的重任，这也是本书得以问世的重要原因。

本书是2015年河北省社会科学基金项目（项目编号：HB15LS004）的课题成果，另外，本书出版还获得了燕山大学自主研究计划课题（14SKB011）和青年教师博士基金项目的资助，在此一并表示衷心谢忱！

杨新宾谨识

2016年10月12日